Materialseiten

... vor allem zum Forschen und Bearbeiten

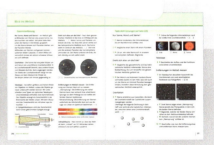

Methodenseiten zeigen Schritt für Schritt, wie du eine Sache sinnvoll angehst.

Erweitern und Vertiefen bietet Informationen an, die über das Grundlegende hinausgehen.

Die **Zusammenfassung** gibt einen Überblick über den Lernstoff des Kapitels.

Die Aufgaben auf den **Teste-dich-Seiten** beenden das Kapitel. Sie helfen dir, dein Wissen selbst einzuschätzen. Lösungen und Hilfestellungen findest du im Anhang.

Aufgaben, Methoden, Texte und Materialien mit tragen zum Erwerb von Kompetenzen aus dem Medienkompetenzrahmen bei.

NORDRHEIN–WESTFALEN

Natur und Technik

Physik 7/8

Cornelsen

NATUR UND TECHNIK
Physik 7/8 Nordrhein-Westfalen

Autorinnen und Autoren: Siegfried Bresler (Bielefeld), Sven Kleinhans (Köln), Alexander Küpper (Köln), Sven Theis (Harsewinkel), Sandra Willms (Bochum)

Unter Verwendung von Beiträgen von Volker Abegg, Bernd Heepmann, Holger Hellendrung, Christian Hörter, Michael Hundertmark, Peter Kiener, Reimund Krönert, Steffen Lenz, Dr. Jochim Lichtenberger, Werner Maier, Franz Mangold, Kristin Menke, Dr. Jürgen Teichmann, Sven Ungelenk, Dr. Erich Wiedenmann, Franz Wimmer

Unter beratender Mitarbeit von Sebastian Kaesler (Salzkotten)

Redaktion: Thomas Gattermann, Stephan Möhrle

Grafik und Illustration: Laura Carleton, Tobias Dahmen, Rainer Götze, Matthias Pflügner

Umschlaggestaltung: SOFAROBOTNIK GbR, Augsburg & München

Layoutkonzept: Typo Concept GmbH, Hannover

Layout und technische Umsetzung: Corngreen GmbH, Leipzig

Begleitmaterialien zum Lehrwerk:
Handreichungen für den Unterricht   978-3-06-010860-2
Kopiervorlagen   978-3-06-010862-6
Unterrichtsmanager Plus online   978-3-06-015024-3

www.cornelsen.de

Dieses Werk enthält Vorschläge und Anleitungen für Untersuchungen und Experimente. Vor jedem Experiment sind mögliche Gefahrenquellen zu besprechen. Beim Experimentieren sind die Richtlinien zur Sicherheit im Unterricht einzuhalten.

1. Auflage, 1. Druck 2021

Alle Drucke dieser Auflage sind inhaltlich unverändert und können im Unterricht nebeneinander verwendet werden.

© 2021 Cornelsen Verlag GmbH, Berlin

Das Werk und seine Teile sind urheberrechtlich geschützt. Jede Nutzung in anderen als den gesetzlich zugelassenen Fällen bedarf der vorherigen schriftlichen Einwilligung des Verlages. Hinweis zu §§ 60a, 60b UrhG: Weder das Werk noch seine Teile dürfen ohne eine solche Einwilligung an Schulen oder in Unterrichts- und Lehrmedien (§ 60b Abs. 3 UrhG) vervielfältigt, insbesondere kopiert oder eingescannt, verbreitet oder in ein Netzwerk eingestellt oder sonst öffentlich zugänglich gemacht oder wiedergegeben werden. Dies gilt auch für Intranets von Schulen.

Soweit in diesem Lehrwerk Personen fotografisch abgebildet sind und ihnen von der Redaktion fiktive Namen, Berufe, Dialoge und Ähnliches zugeordnet oder diese Personen in bestimmte Kontexte gesetzt werden, dienen diese Zuordnungen und Darstellungen ausschließlich der Veranschaulichung und dem besseren Verständnis des Inhalts.

Druck und Bindung: Firmengruppe APPL, aprinta Druck, Wemding

ISBN 978-3-06-010831-2 (Schülerbuch)
ISBN 978-3-06-010859-6 (E-Book)

PEFC zertifiziert
Dieses Produkt stammt aus nachhaltig bewirtschafteten Wäldern und kontrollierten Quellen.
www.pefc.de

PEFC/04-32-0928

Inhaltsverzeichnis

Sicherheit im Fachraum 8
Physik – was ist das? 10
   Erweitern und Vertiefen: Berühmte Köpfe 13
   Methode: Einen Versuch durchführen und protokollieren 14
   Methode: Im Internet recherchieren 🗂️ 16
   Methode: Gute Präsentationen in Physik halten 17

Licht und Schatten

Inhalte aus der Klassenstufe 5/6
Angebot zur Vorbereitung auf die folgenden Kapitel   **18**

Sehen und gesehen werden 20
Licht unterwegs 24
Schatten und Schattenbild 26
Zusammenfassung – Teste dich! 28

Wie wir sehen   **30**

Löcher machen Bilder 32
Sammellinsen machen scharfe Bilder 36
Vergrößern und verkleinern 40
Nah heranholen 🗂️ 42
Linsen zum Sehen 🗂️ 44
Unser Gehirn bestimmt, was wir sehen 48
Zusammenfassung 50
Teste dich! 52

 enthält Inhalte, die zum Erwerb von Kompetenzen aus dem Medienkompetenzrahmen beitragen

Spiegel, Trugbilder, farbiges Licht　　54

Spieglein, Spieglein …	56
Trugbilder durch Brechung	60
Erweitern und Vertiefen: Wundervoller Sonnenuntergang	64
Weißes Licht steckt voller Farben	66
Infrarot und ultraviolett	70
Farben überall	72
Zusammenfassung	76
Teste dich!	78

Geschwindigkeit und Bewegungen　　80

Geschwindigkeit	82
Methode: Kein Zahlenwert ohne Einheit	84
Methode: Genau messen – sinnvolle Messwerte angeben	85
Erweitern und Vertiefen: Das Internationale Einheitensystem	87
Mit Geschwindigkeiten rechnen	88
Erweitern und Vertiefen: Fahrradtacho	92
Erweitern und Vertiefen: „Blitzer" am Straßenrand	93
Verschiedene Bewegungen	94
Methode: Messwerte im Diagramm darstellen	98
Methode: Messwerte im Diagramm darstellen – mit dem Computer	100
Zusammenfassung – Teste dich!	102

Elektrizität nutzen　　104

Inhalte aus der Klassenstufe 5/6
Angebot zur Vorbereitung auf die folgenden Kapitel

Elektrische Geräte und Schaltungen	106
Methode: Elektrische Versuche sicher durchführen	109
Elektrische Geräte und Energie	110
Zusammenfassung – Teste dich!	114

Elektrizität verstehen 116

Elektrisch geladen 118
Elektrisches Feld 122
So wird elektrische Energie transportiert 124
Elektrische Stromstärke 128
   Methode: Elektrische Stromstärke messen 131
Elektrische Spannung 🔖 132
   Methode: Elektrische Spannung messen 135
   Methode: Fehler in Schaltungen finden 136
   Erweitern und Vertiefen: Gefährliche Spannungen 137
Parallelschaltung im Haushalt 138
Schutzmaßnahmen im Stromnetz 142
Zusammenfassung 146
Teste dich! 148

Elektrische Leistung und Energie 150

Elektrische Leistung 152
   Erweitern und Vertiefen: 7 Radfahrer = 1 Toast 156
   Erweitern und Vertiefen: Mit weniger Leistung
   genauso hell 157
Wie teuer ist elektrische Energie? 158
   Erweitern und Vertiefen: Projekt: Energiesparen
   in der Schule – wir helfen mit 🔖 161
Zusammenfassung – Teste dich! 162

Elektrischer Widerstand 164

Elektronenstrom mit Hindernissen 166
Wovon hängt der Widerstand ab? 168
   Methode: Versuche planen 170
Widerstand, Spannung und Stromstärke 172
Zusammenfassung – Teste dich! 176

Sonne, Erde und Mond   Inhalte aus der Klassenstufe 5/6 Angebot zur Vorbereitung auf die folgenden Kapitel   178

Tag und Nacht 180
Jahreszeiten 📖 182
Der Mond – Licht und Schatten 📖 186
Finsternisse am Himmel 188
Zusammenfassung – Teste dich! 190

Blick ins Weltall   192

Nur Sonne, Mond und Sterne? 📖 194
Dreht sich alles um die Erde? 198
Gravitation 202
Teleskope 204
   Erweitern und Vertiefen: Besondere Teleskope 209
Entfernungen im Weltall messen 210
   Methode: Sachtexte lesen und verstehen 214
   Erweitern und Vertiefen: Big Bang – die Urknalltheorie 215
Zusammenfassung – Teste dich! 216

Anhang 218

Lösungen der Testaufgaben 218
    Licht und Schatten 218
    Wie wir sehen 218
    Spiegel, Trugbilder, farbiges Licht 219
    Geschwindigkeit und Bewegungen 220
    Elektrizität nutzen 221
    Elektrizität verstehen 222
    Elektrische Leistung und Energie 223
    Elektrischer Widerstand 223
    Sonne, Erde und Mond 224
    Blick ins Weltall 225
Basiskonzepte 226
Operatoren 228
Stichwortverzeichnis 229
Bild- und Textquellenverzeichnis 232
Tabellen

Sicherheit im Fachraum

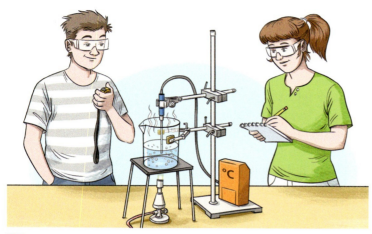

1 Experimentierregeln beachten!

2 Warnung: Vorsicht: Nicht in den Strahl blicken!

Im Fach Physik wirst du häufig im Fachraum arbeiten. Um Gefahren zu vermeiden, musst du dich an die Sicherheitsregeln halten.

Im Fachraum • Beachte beim Betreten:
- Den Fachraum darfst du grundsätzlich nur mit der Lehrkraft betreten.
- Wildes Herumrennen ist ebenso gefährlich wie das Schubsen eines Mitschülers oder einer Mitschülerin. Es könnte zu Verletzungen kommen.
- Lege deine Tasche und Jacke niemals hinter deinem Stuhl oder in Fluchtwegen ab. Du könntest bei Gefahr darüber stolpern.
- Nichts essen oder trinken!

Experimentieren • Beachte unbedingt:
- Lies dir vor dem Versuch die Arbeitsanweisungen genau durch.
- Halte Ordnung und entferne unnötige Dinge vom Arbeitsplatz.
- Trage eine Schutzbrille, wenn es gefordert wird. → 1
- Binde lange Haare zurück.
- Lege Schals und lose Kleidung ab.
- Beginne erst dann zu experimentieren, wenn dich die Lehrkraft dazu auffordert.
- Experimentiere nie an Steckdosen oder Gasanschlüssen.
- Sei vorsichtig beim Umgang mit heißen, hellen oder elektrischen Gegenständen.
- Schaue nie direkt in Laserlicht oder LED-Lampen. → 2
- Gehe sorgsam mit Versuchsgeräten um, damit sie nicht beschädigt werden.
- Melde es sofort deiner Lehrkraft, wenn du einen Defekt an einem Gerät entdeckst, zum Beispiel ein beschädigtes Anschlusskabel.

Sicherheitseinrichtungen • Falls es trotz aller Vorsicht zu einem Unfall kommt, musst du die Sicherheitseinrichtungen im Fachraum kennen. → 3 – 8

Beachte im Notfall:
- Drücke den Not-Aus-Schalter.
- Hole Hilfe.
- Hilf anderen Personen.
- Verlasse schnellstmöglich den Raum über die Fluchtwege.

Aufgabe

1 Sicherheitseinrichtungen
a Nenne sie.
b Beschreibe, wann du sie nutzt.
c Beschreibe den Fluchtweg aus eurem Fachraum bis zum Sammelplatz der Schule.

der **Not-Aus-Schalter**
das **Notfalltelefon**
der **Erste-Hilfe-Kasten**
der **Feuerlöscher**
die **Augendusche**

Not-Aus-Schalter • Drücke im Notfall zuerst den Not-Aus-Schalter. Er sperrt sofort die Gaszufuhr. Außerdem wird der Strom im Fachraum ausgeschaltet.

3

Fluchtwege • Fluchtwege sind mit einem grünen Schild markiert. Präge dir die Fluchtwege gut ein, sodass du sie auch im Dunkeln finden kannst.

4

Notfalltelefon • Auf dem Notfalltelefon ist eine Telefonnummer notiert. Rufe sie vom Notfalltelefon aus an, wenn du oder andere Hilfe benötigen.
Hilfe findest du auch im nächsten Klassenzimmer oder im Sekretariat. Bleibe ruhig und gib genau Auskunft, was passiert ist.

5

Feuerlöscher, Löschdecke und Löschsand • Lass dir von deinem Lehrer oder deiner Lehrerin zeigen, wie man den Feuerlöscher bedient.
Lösche brennendes Benzin nur mit Löschsand. Auf keinen Fall darfst du Wasser verwenden! Wenn ein Mensch brennt, wirfst du am besten eine Löschdecke über ihn. Bringe dich nie selbst in Gefahr. Wenn du ein Feuer nicht selbst löschen kannst, musst du den Raum schnell über den Fluchtweg verlassen.

6

Erste-Hilfe-Kasten • Er enthält Pflaster für kleinere Verletzungen sowie Verbände und Wundauflagen für größere Verletzungen.

7

Augendusche • Wenn du ätzende Stoffe oder Flüssigkeiten ins Auge bekommen hast, kannst du oder ein Helfer sie mit der Augendusche wieder herausspülen.

8

Physik – was ist das?

1 Experimentieren mit Licht: Farbige Schatten

Materialien zur Erarbeitung: A–D

Jeden Tag kann man spannende Dinge beobachten, in der Natur oder zu Hause. Jeder Körper wirft Schatten, wenn die Sonne auf ihn scheint. Zu Hause kann man Schattenspiele machen. Warum gibt es eigentlich Schatten?

Physik – eine Naturwissenschaft • Das griechische Wort „physis" bedeutet ungefähr das Gleiche wie das lateinische „natura".

| Man kann Physik als Erforschen der Natur beschreiben.

Physikerinnen und Physiker beobachten Vorgänge und Erscheinungen, die sie durch Experimente nachstellen und zu erklären versuchen. Die Physik hilft uns dabei, alltägliche Beobachtungen zu verstehen und Vorhersagen für die Zukunft zu treffen. Weil die Natur so vielfältig ist, unterteilt man den Physikunterricht in einzelne Bereiche:
• Optik (Lehre vom Licht)
• Mechanik (Lehre von Kräften und Bewegungen)
• Elektrizitätslehre
• Astronomie und viele mehr

Andere Naturwissenschaften • Neben der Physik befassen sich weitere Wissenschaften mit der Natur. Sie haben eigene Aufgabengebiete.
Die Physik befasst sich nicht mit den Lebewesen in der Natur. Das ist die Aufgabe der Biologie. Es ist nicht Aufgabe der Physik herauszufinden, wie neue Stoffe gebildet werden. Darum kümmert sich wiederum die Chemie.

Vorgehen in den Naturwissenschaften • Alle Naturwissenschaften sind etwas für Neugierige. Ihr sollt selbst Sachen ausprobieren und erforschen. Das muss nicht nur in der Schule geschehen. Auch zu Hause könnt ihr einige der Versuche aus diesem Buch durchführen. Eure Lehrkraft gibt euch dazu Tipps.

Beim Untersuchen von Vorgängen in Natur und Technik stellt ihr Fragen an die Natur. Diese beantwortet ihr durch sinnvoll geplante und dokumentierte Experimente. → [2]

Beim Experimentieren ist es wichtig, genau zu beobachten und Ideen und Vermutungen über Abläufe zu formulieren. → [3]

Dabei werdet ihr häufig Messgeräte einsetzen, weil Augen und Ohren oft nicht ausreichen. → [4] Einfache Messgeräte kennt ihr auch schon: Lineal, Stoppuhr oder Thermometer.

> Physikerinnen und Physiker experimentieren, beobachten, messen, dokumentieren und erklären.

Aufgaben

1. ▣ Beschreibe, was du unter Physik verstehst.

2. ▣ Gib mehrere Naturwissenschaften und ihre Aufgabengebiete an.

3. ▣ „Im Alltag kann es wichtig sein, Vorhersagen treffen zu können." Begründe und nenne Beispiele.

[2] Experimentieren

[3] Genau beobachten

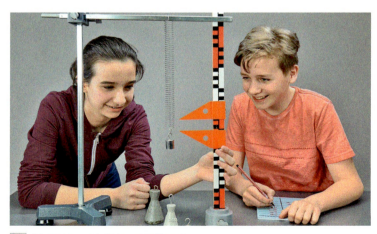

[4] Messen und dokumentieren

Physik – was ist das?

Material A

2 Spiegel – 2 Spiegelbilder?

Materialliste: Winkelspiegel (oder 2 Spiegel), Spielfigur, Winkelscheibe (oder Geodreieck)

1 Stellt den Winkelspiegel so auf, dass der Winkel zwischen den beiden Spiegelflächen 120° beträgt. → 1
Wie viele Spiegelbilder der Figur seht ihr gleichzeitig?
☒ Tragt die Anzahl in eine Tabelle ein. → 2

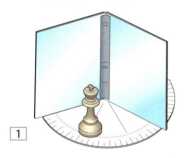

1

Winkel zwischen den Spiegeln	Anzahl der Spiegelbilder
120°	?
?	3
?	5

2 Beispieltabelle

2 ☒ Findet heraus, für welche Winkel man 3 bzw. 5 Spiegelbilder erhält.

3 ☒ Sind noch mehr Spiegelbilder möglich? Probiert es aus.

Material B

Papier wegpusten – kinderleicht?

Materialliste: leere Wasserflasche, Papierkügelchen

1 Es kann doch nicht schwer sein, das Kügelchen in die Flasche zu pusten! → 3
Versucht es selbst einmal!

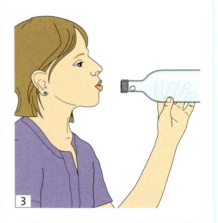

3

Material C

Gleich schnelle Pendel?

Materialliste: Bindfäden, Gewichte, Stativ

1 Schwingen alle Pendel gleich schnell? → 4
a ☒ Plant einen Versuch, um es herauszufinden.
b ☒ Beschreibt euer Vorgehen.
c ☒ Fertigt für den Versuch ein komplettes Protokoll an. Lest dazu die Seiten 14/15.

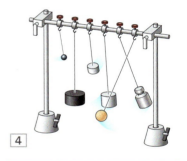

4

Material D

Wer tönt denn da?

Materialliste: mehrere Stimmgabeln (darunter 2 gleiche) auf Resonanzkästen

1 Schlagt eine der beiden gleichen Stimmgabeln an – und haltet ihre Zinken gleich wieder fest. → 5 Ist der Ton jetzt vorbei?
☒ Vermutet eine Erklärung.

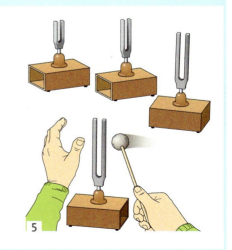

5

Erweitern und Vertiefen

Berühmte Köpfe

Albert Einstein • Einer der bekanntesten Physiker ist Albert Einstein (1879–1955). → 6 Er wurde in Ulm geboren und wuchs in München auf. In der Schule war er ein aufgeweckter, bisweilen gar aufrührerischer Schüler. Seine Leistungen waren gut bis sehr gut – weniger in den Sprachen, aber herausragend in den Naturwissenschaften. Die schulische Ausbildung vollendete er im Aargau in der Schweiz. Einstein verließ das Polytechnikum in Zürich mit dem Diplom als Mathematik- und Physiklehrer. Weil er als Lehrer keine Anstellung fand, nahm er eine Stelle im Schweizer Patentamt in Bern an. Mit nur 26 Jahren veröffentlichte er 1905 einige seiner wichtigsten Werke, in denen auch die bekannte Formel $E = m \cdot c^2$ vorkommt.

Wie es begann • Die Anfänge der Physik reichen rund 2500 Jahre zurück. Griechische Philosophen wie Demokrit (460–371 v. Chr.) und Aristoteles (384–322 v. Chr.) dachten über Zusammenhänge von Naturerscheinungen nach und versuchten Regeln der Natur mathematisch darzustellen. → 7

6 Albert Einstein

Physik heute • Kopernikus (1473–1543), Kepler (1571–1630), Galilei (1564–1642) und Newton (1642–1726) gestalteten die Naturwissenschaft Physik im modernen Sinn. → 8 9
Physiker und Physikerinnen forschen und forschen in den riesigen Dimensionen des Weltalls und in den winzigen der Atome. → 10 – 12

Aufgabe

1 ◻ „Berühmte Köpfe": Informiere dich über das Leben einer dieser Personen. → 7 – 12

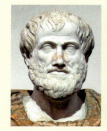 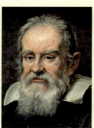    

7 Aristoteles   8 Galileo Galilei   9 Isaac Newton   10 Lise Meitner   11 Stephen Hawking   12 Lisa Randall

Physik – was ist das?

Methode

Einen Versuch durchführen und protokollieren

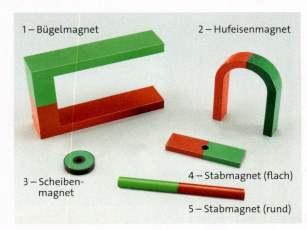

1 Welcher Magnet ist der stärkste?

Versuche geben Antworten • Jeder Magnet zieht Gegenstände aus Eisen an. Manche Magnete sind so stark, dass man den Eisengegenstand nur noch schwer wieder abziehen kann. Andere Magnete sind dagegen sehr schwach. Wenn ihr mehrere Magnete vergleichen möchtet, wäre eine mögliche Fragestellung: Welcher Magnet ist der stärkste? → 1
Am Anfang eines jeden Versuchs steht solch eine Frage. Sicher habt ihr Vermutungen, wie die Antwort lauten könnte. Ihr könnt sie durch Messungen überprüfen.

Versuchsprotokoll • Das Protokoll hilft euch, über den Versuch zu sprechen. Ihr könnt so eure Ergebnisse mit denen eurer Mitschülerinnen und Mitschüler vergleichen und Gesetze der Natur erkennen.
Legt das Protokoll vor dem Versuch an. Notiert und zeichnet darin, was zu jedem einzelnen Schritt des Versuchs gehört.

1. Fragestellung Formuliert, was ihr herausfinden wollt. Schreibt es in euer Protokoll. → 2

2. Vermutungen Sprecht in der Gruppe über eure Vermutungen und notiert sie.

3. Planung Überlegt, mit welcher Versuchsidee ihr die Versuchsfrage beantworten wollt. Legt eine Materialliste an. Skizziert den Versuchsaufbau mit allen Geräten. → 2

4. Durchführung Führt den Versuch nach eurer Planung durch.
Beschreibt im Protokoll, was ihr gemacht habt. Auch die Reihenfolge ist wichtig, damit der Versuch in gleicher Weise wiederholt werden kann.

5. Beobachtung Haltet genau fest, was ihr gesehen, gehört, gerochen, gefühlt oder gemessen habt. Beim Beobachten geht es nur um die Aufnahme und nicht um die Deutung der ermittelten Fakten. Stellt eure Ergebnisse übersichtlich dar, zum Beispiel in einer Tabelle. → 2

6. Auswertung Deutet die Beobachtungen: Was sagen sie zur Versuchsfrage aus? Lässt sich eine Je-desto-Beziehung aufstellen? Wertet Messdaten nach Größe oder Tendenz (nimmt zu, nimmt ab) aus. Beantwortet zum Schluss die Versuchsfrage mithilfe der beobachteten Fakten.

Aufgabe

1 ◼ Beschreibe den Unterschied der Protokollpunkte „Durchführung" und „Beobachtung".

Versuchsprotokoll Namen: Anton, Daniela, Kubilay Datum: 14.3.20..

Fragestellung:
Welcher Magnet ist der stärkste?

Vermutungen:
Anton meint, der Bügelmagnet (Nr. 1) ist am stärksten. Daniela vermutet, der Stabmagnet (Nr. 4) ist der stärkste. Kubilay meint, dass der Hufeisenmagnet (Nr. 2) der stärkste ist.

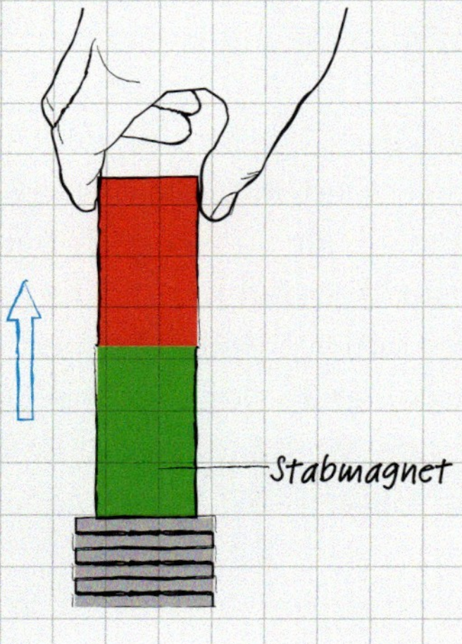

Versuchsidee:
Wir messen die Stärke des Magneten, indem wir Eisenscheiben mit dem Magneten hochheben. Am stärksten ist der Magnet, der die meisten Scheiben heben kann.

Materialliste: verschiedene Magnete mit Nummern, Unterlegscheiben aus Eisen

Durchführung:
Wir haben die Unterlegscheiben zu einem Turm gestapelt. Dann haben wir einen Magneten an die Oberseite des Turms gehalten und ihn langsam hochgezogen. Dann haben wir gezählt, wie viele Scheiben mit dem Magneten hochgehoben wurden.

Versuchsskizze: — Stabmagnet

Beobachtung:

Magnet Nr.	1	2	3	4	5
Anzahl der angehobenen Scheiben	12	10	4	8	7

Auswertung:
Die meisten Scheiben konnte der Bügelmagnet heben. Dieser Magnet ist der stärkste. Die Vermutung von Anton stimmte.

2 Musterprotokoll

Physik – was ist das?

Methode

Im Internet recherchieren

Im Internet findest du unzählige Informationen zu physikalischen Themen. Gibst du z. B. den Suchbegriff „Magnete" in eine Suchmaschine ein, werden Millionen von Treffern aufgelistet. Es ist nicht einfach, wichtige und unwichtige Informationen zu unterscheiden. Damit du nicht zu viel Zeit brauchst, musst du bei einer Recherche gezielt vorgehen:

1. Thema eingrenzen Stelle Fragen zum Thema, die dich interessieren.
Beispiele: Welche Wirkung haben Magnete? Wofür werden Magnete eingesetzt?

2. Suchen Überlege dir sinnvolle Suchbegriffe zu deinen Fragen. Rufe dann eine Suchmaschine auf und gib die Suchbegriffe ein. Suchmaschinen sind Programme, die die Inhalte von Milliarden von Webseiten kennen. Es gibt auch Suchmaschinen für Jugendliche. Sie zeigen weniger, aber verständlichere Treffer an.
Beispiele: Magnete Wirkung; Magnete Einsatz

3. Treffer filtern und auswerten Wenn du sehr viele Treffer erhältst, grenze das Ergebnis mit weiteren Suchbegriffen ein. Je mehr Begriffe du verwendest, desto zielgenauer ist dein Ergebnis. Es ist möglich, dass die Suchmaschine als erste Treffer Werbung zeigt. Dann ist der Treffer als „Anzeige" gekennzeichnet. Je nach Suchmaschine kannst du die Treffer filtern, zum Beispiel dir nur Bilder anzeigen lassen oder nur Beiträge aus der letzten Woche. Nun geht es an die Auswertung. Enthalten die Treffer relevante (für dich wichtige) Informationen für dein Thema? Prüfe, ob die Informationen verständlich und aktuell sind.

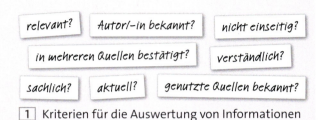

1 Kriterien für die Auswertung von Informationen

Jeder kann im Internet veröffentlichen. Daher ist es wichtig einzuschätzen, ob eine Quelle verlässlich ist. Verlässliche Quellen sind z. B. staatliche Einrichtungen und Forschungsinstitute. Sie machen z. B. Angaben über die genutzten Quellen. → 1 Zur Sicherheit solltest du Informationen aus verschiedenen Quellen beziehen und vergleichen.

4. Treffer speichern Speichere geeignete Webadressen unter deinen Lesezeichen oder Favoriten ab. So kannst du die Webseiten wieder aufrufen und als Quellen angeben.

Aufgaben

1 Wir nutzen heute vor allem das Internet, wenn wir Informationen suchen. Gib weitere Quellen für die Recherche zu physikalischen Themen an. Beschreibe jeweils Vorteile und Nachteile der verschiedenen Quellen.

2 Führe eine Recherche zum Thema „Magnete" durch und nutze die Hinweise zur Suche und zur Auswertung.

Methode

Gute Präsentationen in Physik halten

Zu einer guten Präsentation gehört eine gute Vorbereitung. Man hört dir zu, wenn dein Publikum dich als kompetent einstuft und du deine Medien gut vorbereitet hast: geordnet, übersichtlich und ansprechend. Dein Engagement sollte zu erkennen sein. In der Physik sind gute Präsentationen nicht viel anders als in anderen Fächern — es gibt aber Besonderheiten. Hier findest du ein paar Tipps:

1. Inhalt Recherchiere gründlich zu deinem Thema: Du musst den Inhalt verstehen, den du präsentieren willst. Nutze verschiedene Quellen und verwende Fachbegriffe. Bist du bereit, sie auf Nachfrage zu erklären? Bei umfangreichen Themen hilft dir eine Gliederung, z. B. in Form einer Mindmap: In der Mitte steht das Thema. Äste mit Gliederungspunkten führen davon weg und können sich immer weiter in Zweige aufteilen. → 2 Dann gilt es, jeden Gliederungspunkt mit Inhalt zu füllen.

2. Vortrag und Körpersprache Übe den Vortrag ein, um Sicherheit zu bekommen. Sprich frei und lies nicht ab. Bilde kurze, verständliche Sätze. Erkläre die Fachbegriffe und übe, sie fehlerfrei auszusprechen. Stelle Blickkontakt zu allen Personen im Publikum her. Deine Hände sollten frei sein. Körpersprache macht eine Präsentation lebendig. Zeige z. B. bei einem Lernplakat mit einer Hand auf die Stelle, zu der du gerade sprichst. Habe einen festen Stand. Wichtige Inhalte sollten in einer Zusammenfassung wiederholt werden.

3. Medien Auf Lernplakate und Folien von Präsentationsprogrammen gehören nur Stichwörter — erklären sollst du. Schreibe groß und lesbar. Setze wenige Farben gezielt ein. Bilder lassen sich mit Dokumentenkameras vergrößert darstellen. In einer Physik-Präsentation kannst du mit selbst gebauten Modellen erklären, wie Geräte funktionieren. Du kannst Versuche live durchführen oder vorab filmen und als Video in deine Präsentation einbauen. Ihre Ergebnisse und viele Zusammenhänge lassen sich übersichtlich in Diagrammen darstellen. Aber bedenke: Schicke Medien können inhaltliche Mängel nicht ersetzen.

Aufgaben

1 ▣ Nenne Besonderheiten, die bei Präsentationen im Fach Physik auftreten können.

2 ▣ Halte eine gute Präsentation zum Thema „Magnete und ihre Wirkung".

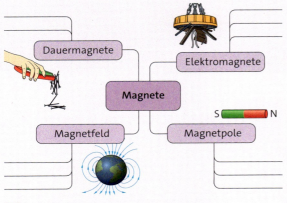

2 Mindmap zum Thema „Magnete"

Licht und Schatten

Weißt du schon, wie sich Licht ausbreitet?

Weißt du schon, was unsere Augen zum Sehen benötigen?

Weißt du schon, wie ein Schattenbild entsteht?

Sehen und gesehen werden

1 Forscher im Untergrund

Materialien zur Erarbeitung: A–C

Das Erforschen von Höhlen und Bergwerken ist spannend und gefährlich. Man braucht dafür helle Lampen.

Licht aussenden und empfangen • Licht ist nie von alleine da. Es kommt immer von irgendwo: von einer Kerze, von einer Lampe, der Sonne, den Sternen ... Lichtquellen erzeugen Licht. → 2 Eine Kamera braucht Licht – ohne Licht macht sie schwarze Fotos. Auch Solarzellen, die Blätter von Bäumen und unsere Augen nehmen Licht auf und nutzen es. Sie sind Lichtempfänger.

| Lichtquellen senden Licht aus.
| Lichtempfänger fangen Licht auf.

Lichtquellen sehen • Du siehst die Flamme, wenn ihr Licht in deine Augen gelangt. → 3 Die Flamme sendet Licht aus, die Augen empfangen es. „Ich blicke zur Flamme" bedeutet: Meine Augen sind so gerichtet, dass Licht von der Flamme hineingelangt. Die Augen selbst senden kein Licht zur Flamme hin aus. Wenn Augen Lichtquellen wären, müssten sie im Dunkeln von alleine leuchten. Aber das tun sie nicht – nicht einmal Katzenaugen.

| Augen sind Lichtempfänger.
| Wir sehen Lichtquellen nur, wenn
| ihr Licht in unsere Augen gelangt.

2 Lichtquellen und Lichtempfänger

3 Die Lichtquelle sehen

Licht und Schatten

| die Lichtquelle
| der Lichtempfänger
| die Streuung
| die Absorption
| die Reflexion

Licht trifft auf Gegenstände • Leuchte im dunklen Raum mit der Taschenlampe auf eine weiße Wand. Dann wird nicht nur die angestrahlte Stelle hell, sondern auch Dinge in der Nähe. Die helle Stelle verteilt Licht in alle Richtungen. Sie streut das Licht. → 4
Trifft weißes Licht auf rote Gegenstände, ist das Streulicht rot. → 5
Schwarze Gegenstände nehmen das Licht auf. Sie absorbieren es. → 6
Spiegel lenken Licht in eine bestimmte Richtung. Sie reflektieren es. → 7
Glas lässt einen großen Teil des Lichts ungehindert durch. → 8

 4 Streuung

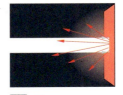 5 Streuung

 6 Absorption

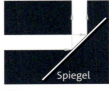 7 Reflexion

 8 Durchlassen

| Wenn Licht auf einen Gegenstand trifft, kann es gestreut, absorbiert, reflektiert oder durchgelassen werden.

Beleuchtete Gegenstände sehen • Das Buch ist keine Lichtquelle. Du siehst es trotzdem. Das Licht von der Sonne oder einer Lampe beleuchtet das Buch. Das Buch streut das Licht. Ein Teil des Streulichts fällt in deine Augen. → 9

| Wir sehen beleuchtete Gegenstände, wenn das gestreute oder reflektierte Licht in unsere Augen fällt.

Aufgaben

1 ▣ Ordne nach Lichtquelle und Lichtempfänger: Sonne, Bildschirm, Kamera (ohne Blitz), Solarzelle, Auge, Reflektor am Fahrrad.

2 ▣ Erkläre den Unterschied zwischen Lichtquellen und Lichtempfängern.

3 ▣ „Ohne die Streuung des Lichts könnten wir fast nichts sehen." Erkläre diese Aussage.

4 ▣ Der Vollmond erhellt die Nacht. Erkläre, wie das möglich ist.

5 ▣ „Du leuchtest mit dem Spiegel in meine Augen!" Der Spiegel ist keine Lichtquelle: Erkläre, was gemeint ist.

6 ▣ Beschreibe die Streuung, die Absorption und die Reflexion des Lichts an je einem Beispiel.

9 Das beleuchtete Buch sehen

Sehen und gesehen werden

Material A

Leuchtet die Lampe?

Materialliste: Taschenlampe, schwarzer Karton, leere Blechdose (innen schwarz)

1 ▶ Im dunklen Raum wird das Licht der Taschenlampe in die geschwärzte Dose gerichtet. → 1
a Seht ihr von der Seite, ob die Lampe leuchtet? Beschreibt eure Beobachtung.
b Beschreibt, wie man von der Seite her sicher feststellen kann, ob die Lampe leuchtet.

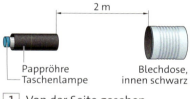

1 Von der Seite gesehen

Material B

Licht und Gegenstände

1 ▶ Bei dieser Tabelle fehlen die Überschriften. → 2
a Was haben alle Gegenstände in der linken Spalte gemeinsam, was alle in der rechten Spalte? Übertrage die Tabelle ins Heft und ergänze die Überschriften.
b Ordne diese Gegenstände in die Tabelle ein: Auge, Display eines Tablets, Laubblatt, Mond, Blitz, Glühwürmchen, Kerze.
c Notiere weitere Dinge die leuchten, aber keine Lichtquelle sind.

?	?
Taschenlampe	Handykamera
Sonne	Sonnenkollektor

2 Was haben sie gemeinsam?

Material C

Indirektes Licht

Materialliste: Taschenlampe, Karton (weiß, rot, schwarz …), Transparentpapier, zerknitterte Alufolie, Spiegel

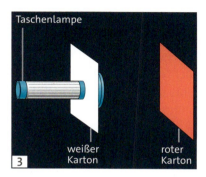

3

1 Schneidet ein Loch in den weißen Karton. Schiebt die Lampe hindurch. → 3 Geht in einen dunklen Raum.
a ▶ Schaltet die Lampe ein. Haltet den roten Karton ins Licht. Schaut von seiner Seite her auf den weißen Karton. Beschreibt, was ihr dort beobachtet.
b ▶ Haltet die Materialien nacheinander ins Licht. Notiert, was ihr auf dem Karton an der Lampe beobachtet.

2 ▶ Wie verläuft das Licht von der Lampe bis zum weißen Karton? Fertige eine Skizze an und zeichne den Lichtweg mit Pfeilen.

Material D

Schwarz und Weiß

1 ▶ Gesicht und Hände ohne Körper? Erkläre, wie dieser Eindruck entsteht. → 4

Material E

Der „Zauberstock"

1 ⊠ Nikolas schwenkt den weißen Stock im Licht des Projektors sehr schnell immer wieder auf und ab. → 5 Die Sonnenblumen sind dort zu sehen, wo sich der Stock bewegt. Erkläre diese Beobachtung.

Material F

Vorstellung vom Sehen – früher und heute

Bereits vor mehr als 2000 Jahren machten sich Philosophen im antiken Griechenland Gedanken über das Sehen.

1 ⊠ Die Bilder zeigen drei Vorstellungen vom Sehen aus der Antike. → 6 – 8 Ordne sie den Texten zu. → A – C

2 ⊠ Beschreibe unsere Vorstellung vom Sehen. → 9

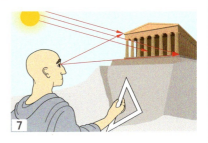

Ständig lösen sich Atome von der Oberfläche der Körper ab. Sie fliegen als Abbild des Körpers durch die Luft und gelangen ins Auge.

A

Von den Augen gehen „Sehstrahlen" aus, mit denen die Umgebung abgetastet wird wie mit langen Fühlern.

B

Das Zusammenwirken zweierlei Strahlen macht das Sehen möglich. „Sehstrahlen" gehen vom Auge aus, Lichtstrahlen von einer Lichtquelle.

C

Licht unterwegs

1 Wo hat sich die Sonne versteckt?

Material zur Erarbeitung: A

Die Sonne wird von Wolken verdeckt. Trotzdem kann man ziemlich genau vermuten, wo sie am Himmel steht.

Licht wird sichtbar • Wenn Staub oder
5 Nebel in der Luft sind, sieht man, wie sich Licht ausbreitet. → 1 Jedes beleuchtete Staubkörnchen oder Wassertröpfchen streut ein wenig Licht in alle Richtungen. Ein Teil des gestreu-
10 ten Lichts fällt in unsere Augen. Die im Licht aufleuchtenden Körnchen oder Tröpfchen sind zwar einzeln nicht zu erkennen. Sie machen aber zusammen den Weg des Lichts sichtbar.

Geradlinig • Unter dem „Lichtwürfel"
15 steht eine Glühlampe. Der Kreidestaub macht sichtbar, dass sich das Licht geradlinig ausbreitet. → 2 3
Auch das Licht von der Sonne breitet
20 sich geradlinig aus. → 1 Tröpfchen in der Luft machen die Lichtwege sichtbar.

Strahlenmodell • In Zeichnungen stellen wir den Weg des Lichts durch gera-
25 de Linien dar. → 4 Pfeilspitzen an den Linien zeigen die Ausbreitungsrichtung an. Die Linien mit den Pfeilspitzen werden als Strahlen bezeichnet. Man spricht vom Strahlenmodell des Lichts.

> Das Licht breitet sich von einer Lichtquelle geradlinig in alle möglichen Richtungen aus.

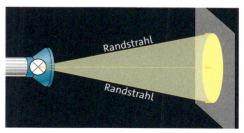

4 Gezeichnete Lichtwege

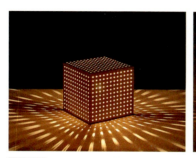

2 3 „Lichtwürfel" – ohne und mit Staub in der Luft

Aufgaben

1 ▶ Bei einer Taschenlampe sieht man den Lichtweg im Nebel gut. Erkläre diese Beobachtung.

2 ▶ Bestimme mit zwei Linealen, wo sich die Sonne versteckt. → 1 Erkläre, wie du vorgehst.

Licht und Schatten

die geradlinige Lichtausbreitung
das Strahlenmodell

Material A

Licht wird sichtbar

Materialliste: Kreidestaub oder Nebelmaschine, Karton aus Pappe, Glühlampe mit Lampenfassung, Anschlusskabel

1. Stecht viele Löcher in den Karton. Stülpt ihn über die Lampe. Schaltet die Lampe an.
   ▶ Beschreibt, was ihr seht.

2. Die Umgebung des Kartons wird „vernebelt".
   a ▶ Beschreibt, was ihr jetzt seht.
   b ▶ Schreibe auf, was der Versuch über die Ausbreitung des Lichts zeigt.

3. ▶ Vergleiche den Versuch mit Bild 1: Was entspricht der Lampe, was dem Karton und was dem Kreidestaub (Nebel)?

Material C

Laserstrahl und Schnur

Materialliste: Laserpointer, Schnur, Kreidestaub, Stativ

Die Lehrkraft baut den Laserpointer auf. → 6

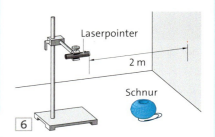

6

Achtung • Mit dem Laserpointer nicht in Augen leuchten! Nicht hineinblicken!

1. Befestige die Schnur am Laserpointer. Spanne sie bis zum Lichtfleck an der Wand. Mache den Laserstrahl jetzt mit Kreidestaub sichtbar.
   ▶ Beschreibe deine Beobachtungen.

Material B

Blick durch den Schlauch

5

Materialliste: Schlauch (rund 50 cm lang), Teelicht, Feuerzeug

Achtung • Brandgefahr!

1. ▶ Blicke durch den Schlauch hindurch auf die Flamme. → 5 Beschreibe, wie es dir gelingt.

Material D

Lichtwege

1. Eine kleine Lampe sendet Licht in alle Richtungen aus. Ein Teil davon geht durch ein Blendenloch hindurch auf eine Pappe. → 7

▶ Zeichne das Bild groß ins Heft ab. Ergänze die Randstrahlen des Lichts, das vom Mittelpunkt der Lampe zur Pappe geht. Zeichne den ganzen Lichtfleck auf der Pappe ein.

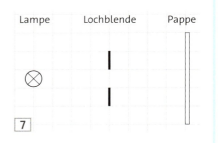

7

25

Schatten und Schattenbild

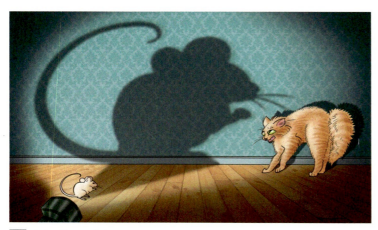

1 Schattenspiel

Material zur Erarbeitung: A

Die „Schattenmaus" ist riesig. Wie entsteht das dunkle Bild an der Wand?

Schatten • Wie entstehen Schatten? Wir erklären es so: → 2 Das Licht breitet sich von der Kerze geradlinig in alle Richtungen aus. Ein Teil des Lichts geht an der Hand vorbei. Ein anderer Teil des Lichts wird von der Hand nicht durchgelassen. Hinter der Hand entsteht ein dunkler Bereich ohne Licht – der Schatten.

Wenn man einen Schirm hinter die Hand hält, passiert Folgendes: → 3
- Der Schirm wird dort hell beleuchtet, wohin das Licht der Kerze gelangt.
- Der Schirm bleibt dort dunkel, wo er sich im Schatten der Hand befindet.

Die dunkle Fläche auf dem Schirm hat den gleichen Umriss wie die Hand. Wir bezeichnen sie deshalb als Schattenbild der Hand.

Die Größe des Schattenbilds hängt von den Abständen zwischen der Kerze, der Hand und dem Schirm ab.

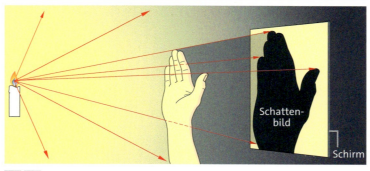

2 3 Schatten und Schattenbild

> Wenn ein beleuchteter Gegenstand Licht nicht durchlässt, entsteht dahinter ein Schatten.
> Ein Schirm hinter dem Gegenstand wird dort dunkel, wo er sich im Schatten befindet. Es entsteht ein Schattenbild des Gegenstands.

Aufgaben

1. Nenne drei Dinge, die für ein Schattenbild erforderlich sind.

2. Wenn wir von Schatten sprechen, meinen wir oft das Schattenbild. Erläutere die beiden Begriffe.

3. Im Schatten ist es dunkler als in der Sonne. Erkläre die Beobachtung.

der Schatten
das Schattenbild

Material A

Schattenbilder zeichnen

Materialliste: Lampe oder Kerze, große Papierblätter, Zeichenstifte

Achtung • Brandgefahr bei Verwendung einer Kerze!

1 ☒ Zeichnet gegenseitig eure Schattenbilder. → 4

2 Die Schattenbilder sollen nun ineinanderliegen. → 5 Wie müsst ihr die Lichtquelle oder die sitzende Person verschieben?
☒ Beschreibt, wie ihr vorgeht und wie sich das Schattenbild dabei verändert. Skizziert eure Anordnung.

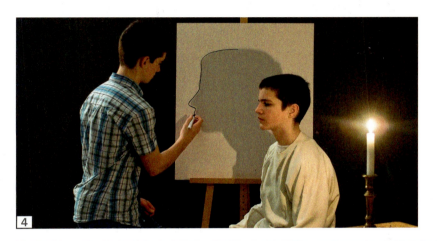

4

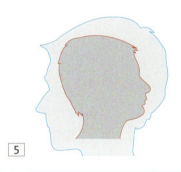

5

Material B

Schattenbild vorhersagen

Materialliste: Glühlampe mit Fassung, Brett, Schnur, Stativ

1 Baue den Versuch auf. → 6
a ☒ Schalte die Lampe noch nicht ein. Zeichne mithilfe der Schnur das Schattenbild des Bretts auf die Tafel.
b ☒ Schalte die Lampe jetzt ein. Hast du das Schattenbild richtig vorgezeichnet? Begründe Unterschiede.

Material C

1 Am Strand gibt es viel Sonne und wenig Schatten. → 7
a ☒ Gib an, wo sich das Schattenbild des Sonnenschirms befindet.
b ☒ Beschreibe, wo sich der Schatten befindet.

Licht und Schatten

Zusammenfassung

Sehen und gesehen werden • Lichtquellen wie die Sonne, Flammen, Lampen und Monitore erzeugen Licht und senden es aus. Lichtempfänger wie Kameras, grüne Blätter und Solarzellen fangen Licht auf. → 1
Wir sehen Lichtquellen nur, wenn ihr Licht in unsere Augen gelangt.

Licht trifft auf Gegenstände • Wenn Licht auf Gegenstände trifft, kann es gestreut, absorbiert, reflektiert oder durchgelassen werden. → 2

Beleuchtete Gegenstände sehen • Wir sehen beleuchtete Gegenstände, wenn sie Licht in unsere Augen streuen oder reflektieren. → 3

1 Lichtquellen – Lichtempfänger

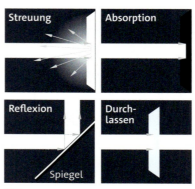

2 Licht trifft auf Gegenstände

3 Das Buch sehen

Licht unterwegs • Das Licht breitet sich von einer Lichtquelle geradlinig in alle möglichen Richtungen aus.

Strahlenmodell • Wir zeichnen den geraden Weg des Lichts durch gerade Linien (Strahlen). Pfeilspitzen zeigen die Ausbreitungsrichtung an. → 4

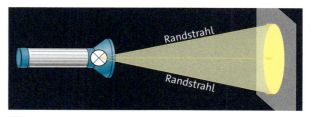

4 Lichtwege mit Strahlen darstellen

Schatten und Schattenbild • Wenn ein beleuchteter Gegenstand Licht nicht durchlässt, fehlt hinter ihm Licht. Der Gegenstand hat einen Schatten. → 5 Ein Schirm hinter dem Gegenstand wird dort dunkel, wo er sich im Schatten befindet. Wo Licht auf den Schirm fällt, wird er hell beleuchtet. Es entsteht ein Schattenbild des Gegenstands.

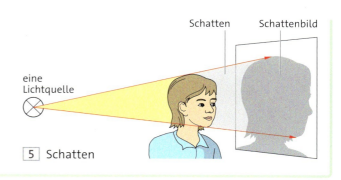

5 Schatten

Teste dich! (Lösungen auf Seite 218)

Sehen und gesehen werden

1. ✉ Nenne vier Lichtquellen und vier Lichtempfänger aus dem Alltag.

2. ✉ Erkläre, warum man in einer klaren Vollmondnacht im Freien ohne Lampe lesen kann. Tipp: Die Streuung spielt zweimal eine Rolle.

3. ✉ Schreibe mit diesen Begriffen einen Satz zur Verkehrssicherheit: Fußgänger – weiß – schwarz – Kleidung – Nacht.

4. ✉ Aljoscha: „Nebel verschlechtert die Sicht."
Christine: „... und manches macht er erst sichtbar."
Nimm Stellung dazu.

Licht unterwegs

5. Lasershow bei einem Konzert → 6
a. ✉ Das Foto zeigt eine Eigenschaft des Lichts sehr deutlich. Nenne sie.
b. ✉ Die Personen im Vordergrund sehen dunkel aus. Erkläre diese Beobachtung.

6. ✉ Ein Rauchmelder funktioniert so: → 7
Wenn Licht von der Leuchtdiode auf den Lichtempfänger fällt, ertönt ein Warnsignal. Erkläre, warum das Licht nur dann auf den Lichtempfänger fällt, wenn Rauch dazwischen ist.

Schatten und Schattenbild

7. Diana schreibt mit rechts.
a. ✉ Beschreibe, wohin der Schatten ihrer Hand fällt, wenn die Lampe an den verschiedenen Orten steht. → 8
b. ✉ Welcher Lampenort ist für Diana günstiger? Begründe.

8. ✉ Du hältst einen Stift zwischen eine Kerze und eine Wand. Skizziere:
a. So entsteht ein großes Schattenbild des Stifts.
b. So entsteht ein kleines Schattenbild des Stifts.

9. Tanja geht nachts an Straßenlaternen vorbei.
a. ✉ Auf dem Gehweg ist ein Schattenbild zu sehen. Erkläre, wie es entsteht.
b. ✉ Wann ist das Schattenbild kurz, wann lang? Fertige als Antwort zwei Skizzen an.

6 Lasershow

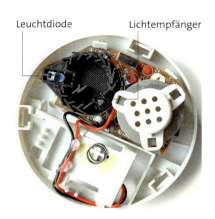

7 Rauchmelder

8 Richtig beleuchten

Wie wir sehen

Unser wichtigstes Sinnesorgan liefert uns scharfe Bilder der Umgebung. Wie funktioniert das Auge?

Ein komisches Bild – warum ist das Gesicht an der Rückseite der Glaskugel zu sehen und wieso steht es auf dem Kopf?

Zum Sehen braucht man mehr als seine Augen. Der Seheindruck entsteht erst im Gehirn. Hier spielt es uns einen Streich.

Löcher machen Bilder

[1] [2] Das Foto aus der Mülltonne

Material zur Erarbeitung: A

[3] Das umgekehrte Bild der Flamme

Die Häuser sind mit einer besonderen Kamera fotografiert worden – einer Mülltonne mit einem Loch in der Seite!

Das Bild hinter dem Loch • Wenn man eine brennende Kerze vor eine Wand stellt, wird die Wand beleuchtet. Hält man eine Postkarte dazwischen, sieht man ihren Schatten auf der Wand. Und wenn die Karte ein kleines Loch hat, sieht man auf der Wand – ein umgekehrtes Bild der Flamme! → [3]

So entsteht das Bild • Die Flamme sendet Licht geradlinig in alle Richtungen aus. Ein Teil des Lichts geht durch das Loch hindurch: → [4] – [6]
- Licht von der Flammenspitze geht durch das Loch und erzeugt unten auf der Wand einen Lichtfleck. → [3]
- Licht vom Fuß der Flamme geht durch das Loch und erzeugt oben auf der Wand einen Lichtfleck. → [4]
- Auch von den anderen Punkten der Flamme geht Licht durch das Loch und ergibt jeweils einen „zugehörigen" Lichtfleck auf der Wand. → [5]

> Von jedem Punkt der Flamme geht Licht durch das Loch in der Blende. Auf einer Wand hinter dem Loch entsteht zu jedem Punkt der Flamme ein kleiner Lichtfleck. Alle Lichtflecke zusammen ergeben das Bild der Flamme.

Schärfe und Helligkeit der Bilder • Die Größe des Lochs bestimmt, wie scharf und hell die Bilder sind:
- Das Bild der Flamme besteht aus sehr vielen Lichtflecken. Beim großen Loch sind die Lichtflecke groß. → [7] Weil sich benachbarte Lichtflecke überlappen, ist das Bild unscharf.
- Beim kleinen Loch sind die Lichtflecke klein. → [8] Weil sich benachbarte Lichtflecke kaum überlappen, ist das Bild scharf.
- Das kleine Loch lässt viel weniger Licht durch als das große.

> Große Löcher erzeugen unscharfe und helle Bilder. Kleine Löcher erzeugen scharfe und dunkle Bilder.

Aufgaben

1. ▸ Beschreibe den Lichtweg von der Flammenspitze zum Lichtfleck. → [4]

2. ▸ Erkläre, warum das Bild der Flamme auf dem Kopf steht. → [3]

3. ▸ Fertige eine Skizze der Mülltonne an. → [2] Trage in die Skizze ein, wo sich das Loch befindet und wo das Bild entsteht.

die Bildentstehung
der Lichtfleck

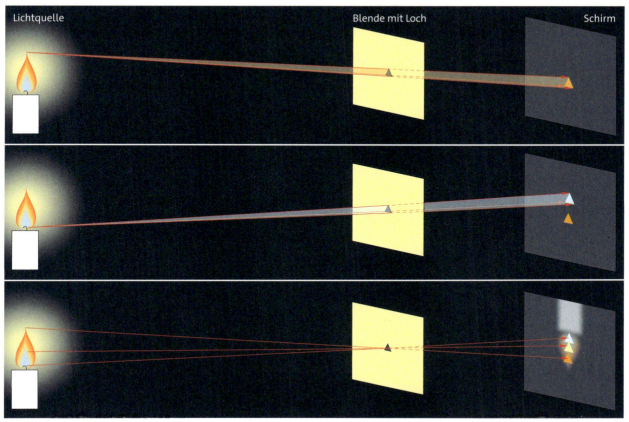

4 – 6 Schritt für Schritt zum Bild der Kerzenflamme

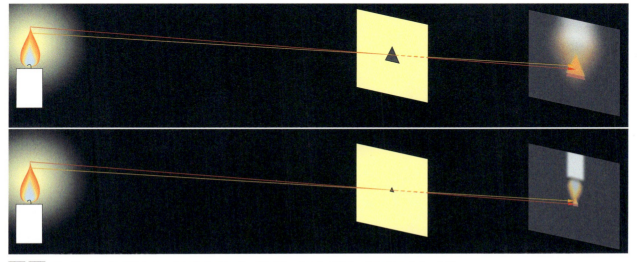

7 8 Großes Loch: Bild unscharf und hell – kleines Loch: Bild scharf und dunkel

Löcher machen Bilder

Material A

Ein Loch macht Bilder

Materialliste: Postkarte, weißes Papier oder Transparentpapier, Alufolie, Klebstoff, Pinnwandnadel, Teelicht, Feuerzeug

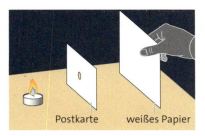

1 Was sieht man auf dem Papier?

Achtung • Brandgefahr!

1 Schneide ein Loch in die Postkarte, etwa so groß wie eine 1-Cent-Münze.

2 Gehe in einen dunklen Raum und zünde das Teelicht an. Halte die Postkarte zwischen Teelicht und Papier. → 1
▶ Beschreibe, was du auf dem Papier siehst.

3 Klebe das Loch mit Alufolie zu. Stich ein kleines Loch in die Folie. Halte die Karte zwischen Teelicht und Papier.
▶ Vergleiche die Bilder hinter den verschieden großen Löchern.

4 Halte das Papier dicht hinter die Postkarte. Schiebe es dann langsam immer weiter weg.
▶ Wie verändert sich das Bild? Ergänze im Heft: Je weiter ich das Papier vom Loch entferne, desto ◇.

Material B

2 Bild der Flamme

Scharf oder hell

1 Ein Loch erzeugt dieses Bild der Flamme. → 2
a ▶ Das Loch wird einmal vergrößert und einmal verkleinert. Beschreibe jeweils, wie sich das Bild der Flamme verändert.
b ▶ Erkläre die Veränderungen.

Material C

Nautilus

1 Der Nautilus lebt im Pazifik. → 3 Sein Auge besteht aus einer Kammer voll Wasser, die vorne ein Loch hat. Erstaunlicherweise entstehen auf der Rückseite des Auges Bilder von der Umgebung.
▶ Erkläre, wie das Bild des Wals im Auge des Nautilus entsteht.

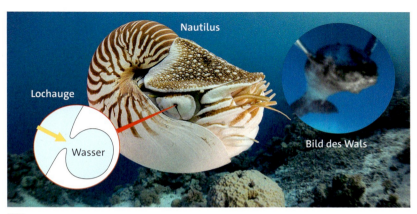

3 Das Auge des Nautilus

Material D

Eine Lochkamera

Materialliste: röhrenförmige Chipsdose, 2 Bogen schwarzer Karton (jeweils 25 cm × 25 cm), Alufolie (2 cm × 5 cm), Transparentpapier (15 cm × 15 cm), Küchenschere, Klebstoff, Klebeband, Lineal, , Pinnwandnadel, Kerze

Achtung • Brandgefahr!

A Stich mit der Nadel ein kleines Loch mitten in den Boden der Chipsdose. Vergrößere das Loch von außen mit der Schere auf einen Durchmesser von rund 1 cm.

B Rolle den ersten schwarzen Kartonbogen zu einer Röhre. Schiebe sie in die Dose.

C Bestreiche den Rand der Chipsdosenöffnung mit Klebstoff. Klebe das Transparentpapier möglichst glatt über die Öffnung. Schneide die überstehenden Ecken ab.

D Rolle den zweiten schwarzen Kartonbogen zu einem Trichter. Die kleine Öffnung des Trichters muss gerade so groß sein, dass du mit einem Auge hindurchschauen kannst. In die große Öffnung muss die Chipsdose hineinpassen. Klebe mehrere Streifen Klebeband von außen auf den Trichter, sodass er sich nicht aufrollt.

E Stecke die Chipsdose mit der Transparentpapieröffnung in den Trichter.

5 So wird die Lochkamera gebaut.

1 Baue deine eigene Lochkamera. → 4 5

4 Lochkamera im Einsatz

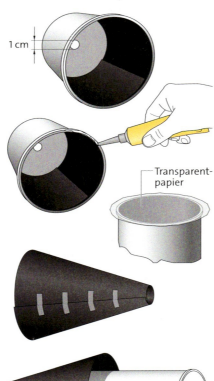

2 Betrachte eine Kerzenflamme mit der Lochkamera.
a Gehe mit der Lochkamera nah an die Flamme heran.
   ▶ Beschreibe Form und Größe des Bilds auf dem Transparentpapier.
b Entferne die Lochkamera langsam von der Flamme.
   ▶ Beschreibe, wie sich das Bild ändert.
c Schiebe die Kerze nach links, rechts und nach oben.
   ▶ Beschreibe, wie sich das Bild verschiebt.
d ▶ Fasse die Beobachtungen in zwei Sätzen zusammen.

3 Beobachte draußen im Sonnenschein Bäume, Autos und Menschen. → 4
   ▶ Beschreibe deine Beobachtungen.

4 ▶ Untersuche, wie sich das Bild verändert, wenn das Loch im Boden der Dose kleiner ist. Klebe dazu die Alufolie mit dem Klebeband über das Loch. Stich dann ein kleines Loch durch die Folie.

5 ▶ Untersucht, wie sich die Bilder bei verschieden langen Chipsdosen unterscheiden. Dazu könnt ihr die Dosen mit der Schere einstechen und abschneiden.

Sammellinsen machen scharfe Bilder

1 Lochkamera

2 Linsenkamera

Materialien zur Erarbeitung: A–C

Die Lochkamera macht ein unscharfes Bild. Mit der Linsenkamera wird das Bild gestochen scharf – obwohl sie ein viel größeres Loch hat!

Lochkamera – Bildflecke • Die Lochkamera macht ein unscharfes Bild, weil sie jeden Punkt des Gegenstands als großen Lichtfleck abbildet. → 3

Linsenkamera – Bildpunkte • Im Objektiv der Linsenkamera ist eine Sammellinse aus Glas. Die Linse ist in der Mitte dicker als am Rand. → 4
Sammellinsen erzeugen scharfe und helle Bilder: → 5

Das Licht von einem Punkt des Gegenstands geht nicht geradlinig durch die Sammellinse. Die Linse „knickt" das Licht so, dass es hinterher wieder zusammenläuft. Es entsteht ein heller Bildpunkt. Alle Bildpunkte zusammen ergeben das helle und scharfe Bild des Gegenstands.

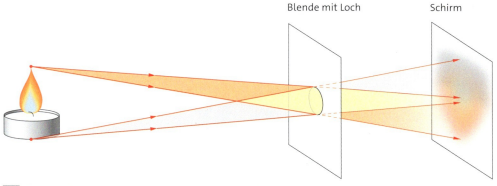

3 Das große Loch erzeugt ein helles, unscharfes Bild.

Wie wir sehen

die **Sammellinse**
die **Bildweite**
die **Gegenstandsweite**
die **Brennweite**

4 Sammellinse

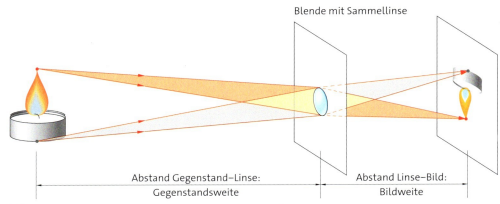

5 Die Sammellinse erzeugt ein helles, scharfes Bild.

> Die Sammellinse erzeugt helle und scharfe Bilder. Sie bildet jeden Punkt des Gegenstands als Bildpunkt ab.

Richtiger Abstand • Wenn man den Schirm von der Sammellinse entfernt, ist das Bild erst unscharf. Dann wird es an einer Stelle scharf. Danach wird es erneut unscharf, weil das Licht wieder auseinanderläuft. → 6

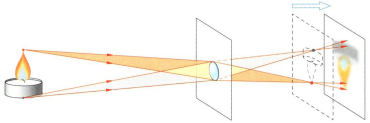

6 Der Schirm wird verschoben: Das Bild wird wieder unscharf.

> Das Bild ist nur in einem einzigen Abstand zur Sammellinse scharf. Dieser Abstand heißt Bildweite.

Brennweite • Das „Brennglas" ist eine stark gewölbte Sammellinse. → 7 Sie „knickt" das Licht besonders stark und erzeugt ein kleines, sehr helles Sonnenbild dicht hinter der Linse. → 8

7 Ein „Brennglas" in Aktion

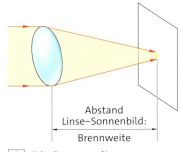

8 Die Brennweite

> Der Abstand zwischen der Sammellinse und ihrem scharfen Sonnenbild heißt Brennweite. Je stärker die Sammellinse gewölbt ist, desto kleiner ist ihre Brennweite (und desto kleiner ist das Sonnenbild).

Aufgaben

1 Ergänze: Licht geht nicht geradlinig durch die Linse, sondern ◇.

2 Erkläre, wie eine Sammellinse scharfe und helle Bilder erzeugt.

Sammellinsen machen scharfe Bilder

Material A

Bilder erzeugen – mit einer Lupe

Materialliste: Lupe, weiße Pappe oder Transparentpapier, Teelicht, Feuerzeug

Achtung • Brandgefahr!

1 Halte die Lupe und die Pappe hinter die Flamme. → 1

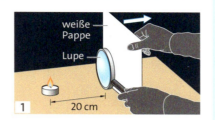

Entferne die Pappe langsam immer weiter von der Lupe.
◉ Beschreibe, was du auf der Pappe beobachtest.

Material B

„Lichtknicker"

Materialliste: Taschenlampe, Lupe, Staub oder Nebel

1 Geht in einen dunklen Raum. Richtet die leuchtende Taschenlampe auf die Lupe. Macht den Lichtweg sichtbar.
◉ Beschreibt den Lichtweg.

Material C

„Brenngläser"

Materialliste: unterschiedlich dicke Sammellinsen, Zeitungspapier, feuerfeste Unterlage

Achtung • Brandgefahr! Löschmittel bereithalten!

1 Lege an einem sonnigen Tag das Papier im Freien auf eine feuerfeste Unterlage. Entzünde es mithilfe einer Linse.
a ◉ Beschreibe, wie du vorgehst und was du beobachtest.
b ◉ Untersuche, welche Linse den kleinsten Lichtfleck erzeugt. Vergleiche diese Linse mit den anderen Linsen.
c ◉ Was sammelt eine Sammellinse? Beschreibe es anhand der Beobachtungen.

Material D

Licht und Schatten

1 ◉ Auf dem Papier sieht man einen hellen Fleck und den Schatten der Lupe. → 2
Erkläre, wieso die durchsichtige Sammellinse einen Schatten hat.

Material E

Brennweite

1 Die beiden Sammellinsen erzeugen Bilder auf der Wand. → 3
a ◉ Beschreibe und vergleiche die Bilder genau.
b ◉ Welche Linse hat die kleinere Brennweite? Begründe deine Antwort.

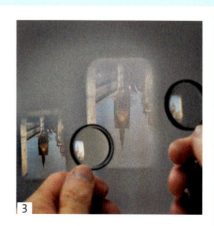

Material F

Wo entsteht das scharfe Bild?

Materialliste: verschiedene Sammellinsen, Teelicht, Lineal, Schirm

Achtung • Brandgefahr!

1 ▸ Erzeugt mit einer beliebigen Sammellinse auf dem Schirm ein scharfes Bild der Flamme. → 4 Messt und notiert die Gegenstandsweite und die Bildweite.

2 ▸ Verändert die Gegenstandsweite. Verschiebt den Schirm, bis wieder ein scharfes Bild entsteht. Messt die Gegenstandsweite und die Bildweite.
Notiert die Werte für mindestens vier verschiedene Gegenstandsweiten.

3 ▸ Verändert die Gegenstandsweite, bis die Bildweite eines scharfen Bilds gleich groß ist. Vergleicht den ermittelten Wert mit der Brennweite der Linse. Ergänzt den Satz: Bildweite und Gegenstandsweite sind gleich groß, wenn die Gegenstandsweite ◇ so groß wie die Brennweite der Linse ist. Wählt aus: genau, halb, doppelt.

4 ▸ Überprüft euer Ergebnis aus Aufgabe 3 mit anderen Sammellinsen.

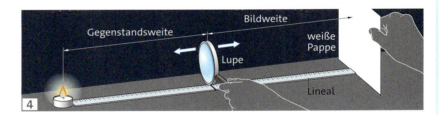
4

Material G

Schärfe einstellen

Digitalkameras bestehen aus dem Objektiv mit verschiedenen Linsen und einem lichtempfindlichen Chip. → 5 Das Bild entsteht auf dem Chip. Es ist nur bei einer bestimmten Bildweite scharf. Deshalb wird bei einer Kamera die Linse verschoben, um die richtige Bildweite einzustellen.

Materialliste: Teelicht, Sammellinse, Schirm als „Chip"

Achtung • Brandgefahr!

1 ▸ Stelle das Teelicht, die Sammellinse und den Schirm so auf, dass ein scharfes Bild entsteht. → 5

2 Verschiebe nun das Teelicht:
• näher an die Linse heran
• weiter von der Linse weg
▸ In welche Richtung musst du die Linse verschieben, damit wieder ein scharfes Bild entsteht? Beschreibe es.

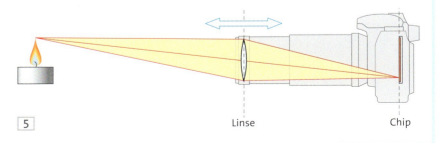
5

Vergrößern und verkleinern

1 Eine Sammellinse – verschieden große Bilder

Gegenstände können verkleinert und vergrößert abgebildet werden – mit der gleichen Sammellinse!

Verkleinern – vergrößern • Die Sammellinse erzeugt von einer fernen Kerze ein stark verkleinertes Bild (fast) in der Brennweite. → 2
Wenn man die Kerze immer näher an die Linse rückt, ändert sich das Bild:
- Das verkleinerte Bild rückt weiter von der Linse weg und wird größer. → 3
- Das Bild wird größer als die Kerze, wenn die Kerze näher als die doppelte Brennweite herankommt. → 4
- Es entsteht kein Bild mehr, wenn die Kerze näher als die Brennweite an die Linse heranrückt. → 5

> Sammellinsen bilden ferne Gegenstände stark verkleinert in der Brennweite ab. Die Brennweite ist die kleinste Bildweite.
> Je näher ein ferner Gegenstand an die Linse rückt, desto weiter rückt sein Bild von der Linse weg und desto größer wird das Bild.

Material zur Erarbeitung: A

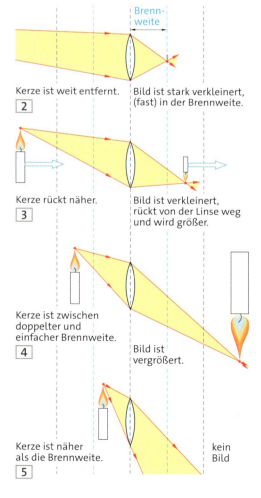

Kerze ist weit entfernt. 2 — Bild ist stark verkleinert, (fast) in der Brennweite.
Kerze rückt näher. 3 — Bild ist verkleinert, rückt von der Linse weg und wird größer.
Kerze ist zwischen doppelter und einfacher Brennweite. 4 — Bild ist vergrößert.
Kerze ist näher als die Brennweite. 5 — kein Bild

Aufgaben

1. Beschreibe die Größe und die Lage der Kerzenbilder. → 2 – 4

2. Manuel erzeugt mit einer Sammellinse ein Bild von einer Kerze auf der Wand. Das Bild soll größer werden. Beschreibe, wie er die Kerze und die Linse verschieben muss. Tipp: Eine Zeichnung kann helfen.

Wie wir sehen

Material A

Große und kleine Bilder mit einer Sammellinse

Materialliste: Sammellinse (Brennweite: f = 100 mm), Teelicht, Schirm, Meterstab, Tonnenfüße

Achtung • Brandgefahr!

1 Stelle die Sammellinse 50 cm hinter dem Teelicht auf. → 6 Verschiebe den Schirm, bis das Bild der Flamme scharf ist.
   ▸ Miss die Bildweite. Beschreibe das Bild.

2 Schiebe die Linse etwas weiter vom Teelicht weg.
   ▸ Miss wieder die Bildweite und vergleiche mit dem Wert von Versuchsteil 1. Beschreibe, wie sich die Größe des Bilds geändert hat.

3 Verschiebe Linse und Schirm und erzeuge so verschiedene Bilder der Flamme:
   • ein möglichst großes Bild
   • ein möglichst kleines Bild
   • ein Bild, das genauso groß ist wie die Flamme
   a ▸ Protokolliere dein Vorgehen.
   b ▸ Beschreibe den Zusammenhang zwischen Bildweite und Bildgröße:
   • Je größer die Bildweite ist, desto ◇.
   • Je kleiner die Bildweite ist, desto ◇.
   c ▸ Beschreibe, wie die Gegenstandsweite mit der Bildweite zusammenhängt.

4 ▸ Miss die kleinstmögliche Bildweite. Vergleiche den Messwert mit der Brennweite der Linse.

5 ▸ Kann die Linse beliebig große Bilder erzeugen, indem man sie immer näher an die Kerze heranrückt? Untersuche diese Frage mit einem Versuch und schreibe ein Protokoll.

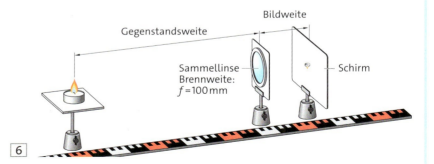

6

Material B

7

Bildgröße und Brennweite

1 Die Glasmurmel erzeugt ein Bild der Kerze. → 7
a ▸ Gib an, ob das Bild der Flammen verkleinert oder vergrößert ist.
b ▸ Mache Aussagen über die Brennweite der Glaskugel.

Nah heranholen

[1] Wer große Tiere in der Natur fotografieren will, muss vorsichtig sein.

Material zur Erarbeitung: A

Eine Großaufnahme – das wäre toll! Leider kann man nicht immer so nah herangehen, wie man möchte.

Brennweite und Bildgröße • „Komm ein wenig näher – du bist so klein auf dem Foto!" So war das früher mit einfachen Kameras.
Bei modernen Kameras muss man den Abstand nicht mehr verringern. Sie haben ein verstellbares Objektiv, das Zoomobjektiv:
- In der Weitwinkeleinstellung wirkt das Objektiv wie eine dicke, stark gewölbte Sammellinse. → [2] Die Brennweite ist klein. Das Bild entsteht nahe an der Linse und ist klein.
- In der Tele-Einstellung wirkt das Objektiv wie eine dünne, schwach gewölbte Sammellinse. → [3] Die Brennweite ist groß. Das Bild entsteht weit von der Linse entfernt und ist groß. Das Objektiv ist jetzt sehr lang, weil die Bildweite so groß ist.

Bei gleicher Gegenstandsweite gilt:

> Je größer die Brennweite der Sammellinse ist, desto größer sind die Bildweite und das Bild.

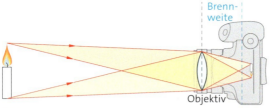

[2] Weitwinkel: kleine Brennweite – kleine Bildweite – kleines Bild

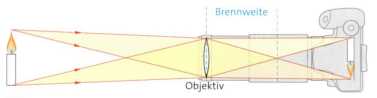

[3] Tele: große Brennweite – große Bildweite – großes Bild

Aufgaben

1 ▸ Gib an, wie sich die Größen beim Heranzoomen ändern: → [2] [3]
- Brennweite des Objektivs
- Bildweite
- Bildgröße

2 ▸ Jana hat zwei Sammellinsen in der Physiksammlung gefunden – eine mit 50 mm Brennweite und eine mit 300 mm. Beurteile, welche sich besser für die Tele-Einstellung einer Kamera eignen würde.

das Objektiv

Material A

Brennweite und Bildgröße

Materialliste: Sammellinsen (Brennweite: f = 50 mm, 100 mm, 300 mm …)

1. Erzeuge im Unterrichtsraum mit den verschiedenen Sammellinsen jeweils das scharfe Bild eines Fensters auf der gegenüberliegenden Wand.
   ▣ Fasse deine Beobachtungen zusammen:
   „Je kleiner die Brennweite der Linse ist, desto ◇."
   Tipp: Für verschiedene Sammellinsen mit gleichem Durchmesser gilt: Je dicker die Sammellinse in der Mitte ist, desto kleiner ist ihre Brennweite.

Material B

Objektive von Kameras

| 4 | Weitwinkeleinstellung (W) | 5 | Tele-Einstellung (T)

1. ▣ Viele Kameras haben ein verstellbares Objektiv (Zoomobjektiv). → 4 5
   a Vergleiche die Weitwinkeleinstellung mit der Tele-Einstellung. Gib an, was dir am Objektiv auffällt.
   b Beschreibe, wofür man die Tele-Einstellung nutzt.
2. Ein Teleobjektiv erkennt man sofort. → 6
   ▣ Beschreibe sein Erkennungsmerkmal.

6 Verschiedene Objektive

📱 Material C

Handykameras

1. ▣ Optischer Zoom – digitaler Zoom
   a Recherchiere Informationen zu Vor- und Nachteilen von optischem Zoom und digitalem Zoom bei Handykameras. Achte darauf, dass die Informationen nicht älter als 1 Jahr sind und möglichst keine Kaufempfehlungen

für bestimmte Geräte enthalten.
   b Fasse Vor- und Nachteile von optischem und digitalem Zoom zusammen.

2. ▣ Viele Handys sind mit mehreren Kameras ausgestattet. → 7 Beschreibe, welche Vorteile das bringt.

3. ▣ Dein Onkel möchte sich ein neues Handy mit einer guten Kamera kaufen. Gib an, worauf er beim Vergleich verschiedener Modelle besonders achten sollte und begründe.

Linsen zum Sehen

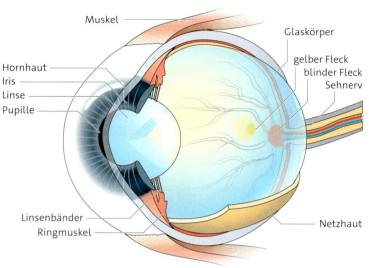

1 So ist unser Auge aufgebaut.

Das Auge erzeugt Bilder. Wenn sie nicht scharf genug sind, hilft eine Brille.

Die Abbildung im Auge • Das Licht von einem Gegenstand geht zuerst durch die durchsichtige, gewölbte Hornhaut. → 1 Dann folgt eine Blende mit einem Loch in der Mitte: die bunte Iris (Blende) mit der schwarzen Pupille (Loch). Hinter der Pupille trifft das Licht auf die Augenlinse. Sie erzeugt zusammen mit der Hornhaut das Bild des Gegenstands auf der Netzhaut.

Beim Blick auf einen fernen Baum ist die Augenlinse dünn und damit nur schwach gewölbt. → 2 Bei einer nahen Ameise ist die Augenlinse dick und damit stark gewölbt. → 3 Für die Veränderung der Linse sorgen die Linsenbänder und der Ringmuskel. → 1 In der Netzhaut sitzen die Sehsinneszellen. Sie werden durch das Licht gereizt und schicken dann elektrische Signale über den Sehnerv zum Gehirn.

> Hornhaut und Augenlinse erzeugen zusammen Bilder auf der Netzhaut. Bei fernen Gegenständen ist die Brennweite der Augenlinse groß, bei nahen Gegenständen ist sie klein. Die Bildweite bleibt immer gleich.

Normalsichtig • Normalsichtige sehen Nahes und Fernes scharf. Ihr Augapfel ist von der Hornhaut bis zur Netzhaut etwa 24 mm lang.

Kurzsichtig • Kurzsichtige sehen nur nahe Dinge scharf. Ihr Augapfel ist länger als normal. → 4 Dadurch entstehen scharfe Bilder ferner Gegenstände schon vor der Netzhaut. Die Bilder auf der Netzhaut sind unscharf.

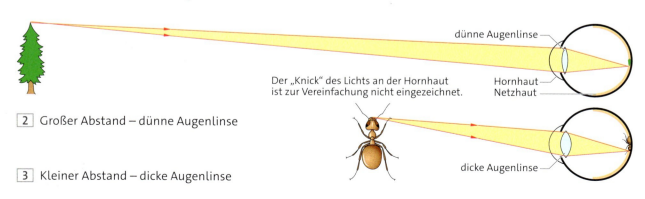

2 Großer Abstand – dünne Augenlinse

3 Kleiner Abstand – dicke Augenlinse

Der „Knick" des Lichts an der Hornhaut ist zur Vereinfachung nicht eingezeichnet.

das Auge
die Brille
die Kurzsichtigkeit
die Weitsichtigkeit

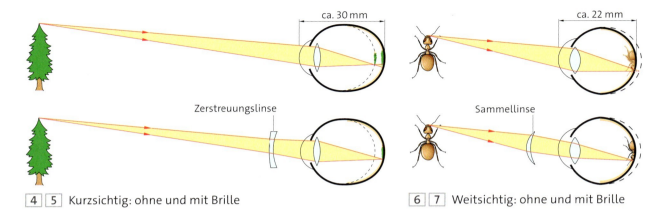

4 5 Kurzsichtig: ohne und mit Brille   6 7 Weitsichtig: ohne und mit Brille

Kurzsichtige brauchen eine Brille mit Zerstreuungslinsen. Diese Linsen sind in der Mitte dünner als am Rand. → 5 Sie „knicken" das Licht von einem Gegenstandspunkt so, dass es hinter der Linse stärker auseinanderläuft als davor. Dadurch kann die Augenlinse das Licht erst etwas weiter hinten zusammenführen – auf der Netzhaut.

> Kurzsichtige sehen ferne Gegenstände unscharf. Durch Brillen mit Zerstreuungslinsen entstehen scharfe Bilder erst auf der Netzhaut.

Weitsicht • Weitsichtige sehen nur ferne Gegenstände scharf. Dafür gibt es zwei Ursachen:
- Der Augapfel ist kürzer als normal. → 6 Das scharfe Bild würde erst hinter der Netzhaut entstehen.
- Die Augenlinse wölbt sich beim Sehen naher Gegenstände nicht genug. Die Brennweite der Linse ist so groß, dass das scharfe Bild erst hinter der Netzhaut entstehen würde.

Weitsichtige brauchen eine Brille mit Sammellinsen. Diese Linsen führen das Licht von einem Gegenstandspunkt zusätzlich zur Augenlinse zusammen. → 7 Dadurch entsteht das scharfe Bild schon auf der Netzhaut.

> Weitsichtige sehen nahe Gegenstände unscharf. Durch Brillen mit Sammellinsen entstehen scharfe Bilder schon auf der Netzhaut.

Aufgaben

1 Nenne die Teile des Auges, die das Bild auf der Netzhaut erzeugen.

2 Ergänze im Heft: Die ⟨?⟩ der Augenlinse kann verändert werden. Die ⟨?⟩ bleibt bei nahen und fernen Gegenständen gleich groß.

3 Kurzsichtig – weitsichtig
a Ergänze im Heft:
  • Ein Kurzsichtiger sieht ⟨?⟩ Dinge scharf und ⟨?⟩ Dinge unscharf.
  • Ein Weitsichtiger sieht ⟨?⟩ Dinge scharf und ⟨?⟩ Dinge unscharf.
b Erkläre jeweils, wie Brillen helfen.

Basiskonzept

System
→ Seite 226 f.

Linsen zum Sehen

Material A

Kurzsichtig – weitsichtig

Kurzsichtige brauchen Brillen mit Zerstreuungslinsen. Im Modellversuch entspricht die Sammellinse der Augenlinse und der Schirm entspricht der Netzhaut. → 1

Materialliste: Zerstreuungslinse, Sammellinse, Kerze, Schirm, Tonnenfüße, Metermaß

Achtung • Brandgefahr!

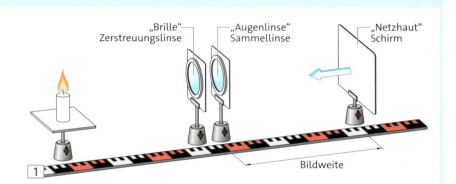

1 Stelle die Zerstreuungslinse dicht vor die Sammellinse.
a ▣ Verschiebe den Schirm, bis das Bild der Kerze scharf ist. Miss die Bildweite.
b ▣ Nimm die Zerstreuungslinse weg. Beschreibe das Bild auf dem Schirm.
c ▣ Verschiebe den Schirm, bis das Bild wieder scharf ist. Der Aufbau entspricht jetzt dem „normalsichtigen" Auge. Miss die Bildweite.
d ▣ Vergleiche die Bildweiten. Welches Auge ist kürzer: das normalsichtige oder das kurzsichtige?

2 ▣ Weitsichtige brauchen Brillen mit Sammellinsen. Plane einen Modellversuch dazu und führe ihn durch. Schreibe ein Protokoll.

Material B

Verschiedene Linsen

1 ▣ Ordne die Linsen in Sammellinsen und Zerstreuungslinsen. → 2 Begründe deine Zuordnung.

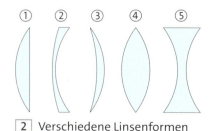

2 Verschiedene Linsenformen

2 Sammellinse – Zerstreuungslinse
a ▣ Ordne die Linsentypen den Bildern zu.
→ 3 4 Begründe deine Zuordnung.
Tipps: Linsenform, „Knick" im Licht
b ▣ Gib an, welche Linse kurzsichtigen Menschen hilft und welche weitsichtigen Menschen.

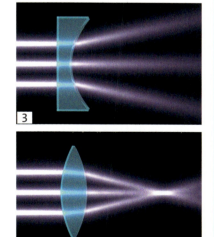

Wie wir sehen

Material C

„Brillenstärke"

1 Die „Brillenstärke" wird in Dioptrien angegeben. → 5
a ⊠ Berechne die fehlenden Werte in der Tabelle. → 6
b ⊠ Nenne die „stärkste" Linse.

„Brillenstärke"
Stark gewölbte Sammellinsen „knicken" das Licht stark. Ihre Brennweite ist klein. Der Kehrwert der Brennweite (in m) ist groß. Er beschreibt die „Brillenstärke" und wird in Dioptrien angegeben.
Beispiel: Eine Sammellinse mit einer Brennweite von 0,2 m hat eine „Brillenstärke" von $\frac{1}{0,2} = 5$ Dioptrien. Diese Sammellinse führt das Licht stärker zusammen als eine Sammellinse mit 2 Dioptrien, weil diese eine größere Brennweite von 0,5 m hat: $\frac{1}{0,5} = 2$.
Bei Zerstreuungslinsen gibt man die „Brillenstärke" durch negative Dioptrien an.

5

Brennweite	Dioptrie
2,0 m	?
0,5 m	?
?	10
20 cm	?

6 Verschieden „starke" Linsen

Material D

7

Brillen und Kontaktlinsen

Miriam hat seit einiger Zeit Probleme, Tafelanschriebe oder Plakate zu lesen. → 7

Materialliste: Handy

8 Kontaktlinse

1 ⊠ Notiert Gründe, warum Miriam keine Brille tragen möchte und warum sie eine Brille tragen sollte.

2 🎬 ⊠ Filmt ein Rollenspiel mit zwei Personen, die Miriam und ihre Freundin spielen. Die Freundin hat im Spiel bemerkt, dass Miriam nur schlecht sehen kann.

3 Auch Kontaktlinsen gleichen Sehfehler aus. → 8
Informiert euch in einem Augenoptikgeschäft über die Vor- und Nachteile von Kontaktlinsen.
⊠ Beschreibt, für welche Personen und in welchen Situationen das Tragen von Kontaktlinsen sinnvoll sein kann.

Unser Gehirn bestimmt, was wir sehen

1 Seht ihr alle das Gleiche?

Mal siehst du zwei Köpfe, mal einen Pokal. → 1 Auf deiner Netzhaut ist aber beide Male das gleiche Bild!

Auge und Gehirn • Das Netzhautbild der Blume steht auf dem Kopf. → 2 Wir sehen die Welt aber aufrecht. Das Gehirn „betrachtet" das Netzhautbild nämlich nicht einfach wie ein Foto. Vielmehr wertet es die Signale aus, die von der Netzhaut kommen. Dabei ist unsere Erfahrung wichtig. Sie besagt, dass eine Blume aufrecht steht. Das Gehirn schließt daher aus dem umgekehrten Netzhautbild auf einen aufrecht stehenden Gegenstand.

Manchmal erkennt dein Gehirn zwei verschiedene Dinge an der gleichen Stelle. → 1 Es deutet dann das gleiche Netzhautbild zum Beispiel mal als Pokal und mal als Köpfe.

Räumliches Sehen • Wir haben zwei Augen – warum sehen wir nicht alles doppelt? Betrachte einen nahen Gegenstand, der vor einem weit entfernten Gegenstand steht. → 3 Halte dazu erst das linke, dann das rechte Auge geschlossen. Du erkennst, dass sich der nahe Gegenstand an verschiedenen Stellen vor dem Hintergrund befindet. Unser Gehirn erzeugt aus dem Unterschied der Netzhautbilder einen räumlichen Seheindruck.

3 Linkes Auge offen – rechtes Auge offen

| Der Seheindruck von unserer Umgebung entsteht erst im Gehirn.

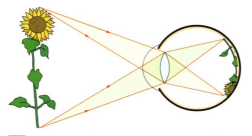

2 Aufrechte Blume – umgekehrtes Bild

Aufgaben

1 ⊠ Wir sehen Dinge aufrecht, obwohl ihr Netzhautbild auf dem Kopf steht. Erkläre dies.

2 ⊠ Erkläre, weshalb wir nicht alles doppelt sehen.

der Seheindruck

Material A

Vertrackte Farben

1 Die Liste mit den Farbnamen hat es in sich. → 4

a ▸ Lies die Wörter nicht vor, sondern nenne laut und möglichst schnell die Farben, in denen sie gedruckt sind.

b Fünfjährige haben keine Schwierigkeiten mit dieser Aufgabe.
▸ Erkläre den Unterschied.

4 blau grün rot gelb blau gelb grün rot blau weiß schwarz weiß gelb

Material B

Mit zwei Augen sehen

Materialliste: Papier, Stift, leere Flasche

1 Schließe ein Auge und halte eine Röhre aus Papier vor das andere Auge. Schaue durch die Röhre in die Ferne. Öffne dann auch das zweite Auge. → 5
a ▸ Beschreibe, was du siehst.
b ▸ Erkläre deine Beobachtung.

2 Eine leere Flasche steht auf dem Tisch. Stecke von oben einen Stift hinein – halte dabei aber ein Auge geschlossen. Wiederhole dann den Versuch mit beiden Augen geöffnet.
▸ Erkläre den Unterschied.

3 Stelle dich ans Fenster. Bei gestreckten Armen sollen sich die Spitzen der Zeigefinger berühren. → 6
Blicke nicht auf die Finger, sondern über sie hinweg zum Himmel. Ziehe dann die Fingerspitzen etwas auseinander.
▸ Beschreibe, was du jetzt siehst.

5

6

Material C

Lass dich täuschen!

1 Folge den Hinweisen unter den Bildern. → 7 8
▸ Beschreibe deine Seheindrücke.

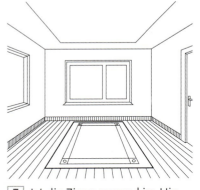

7 Ist die Zimmerwand im Hintergrund breiter als die Vorderkante des Teppichs? Miss nach!

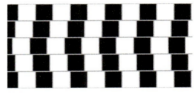

8 Krumm und schief? Prüfe es.

Wie wir sehen

Zusammenfassung

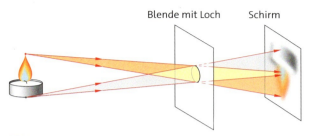

1 Großes Loch: Bild hell, aber unscharf

Löcher machen Bilder • Vom Gegenstand fällt Licht durch das Loch in der Blende. Auf dem Schirm hinter der Blende entsteht zu jedem Punkt des Gegenstands ein Lichtfleck. Alle Lichtflecke zusammen ergeben das umgekehrte Bild des Gegenstands. → 1
Je weiter der Schirm vom Loch entfernt ist, desto größer wird das Bild.

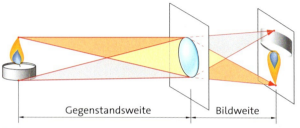

2 Sammellinse: Bild hell und scharf

Sammellinsen machen scharfe Bilder • Die Sammellinse bildet jeden Gegenstandspunkt in einem Bildpunkt ab. Das umgekehrte Bild ist hell und scharf – aber nur in einem einzigen Abstand zwischen Sammellinse und Schirm. → 2 Der Abstand zwischen Linse und scharfem Sonnenbild heißt Brennweite. Je schwächer die Sammellinse gewölbt ist, desto größer ist die Brennweite.

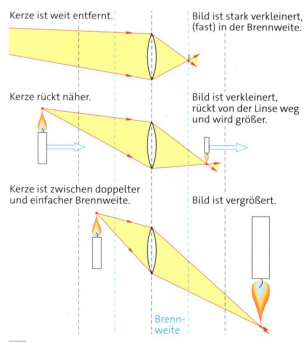

3 Verschiedene Abstände – verschiedene Bilder

Vergrößern und verkleinern – nah heranholen • Ferne Gegenstände werden von der Sammellinse stark verkleinert in der Brennweite abgebildet. → 3 Je näher der Gegenstand an die Sammellinse heranrückt, desto weiter rückt sein Bild von ihr weg und desto größer wird das Bild. Je größer die Brennweite einer Sammellinse ist, desto größer ist das Bild des Gegenstands (bei gleicher Gegenstandsweite). → 4

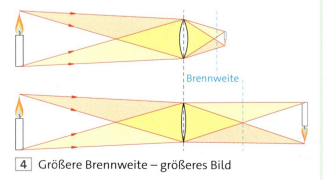

4 Größere Brennweite – größeres Bild

Linsen und Sehen • Das Licht fällt durch die Hornhaut und die Pupille ins Auge. → 5 Die Hornhaut und die Augenlinse „knicken" das Licht und führen es auf der Netzhaut zusammen. Dort entstehen umgekehrte Bilder von der Umgebung.

Unser Gehirn bestimmt, was wir sehen • Der Seheindruck von der Umgebung entsteht erst im Gehirn. Beim Auswerten der Netzhautbilder spielen Erfahrung und Erinnerung eine große Rolle.

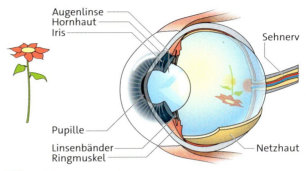

5 Aufbau unseres Auges

Nah und fern • Bei nahen Gegenständen ist die Brennweite der Augenlinse klein. → 6 Bei fernen Gegenständen ist die Brennweite groß. Die Bildweite bleibt immer gleich.

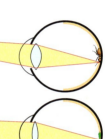

6 Naher Gegenstand – kleine Brennweite; ferner Gegenstand – große Brennweite

Kurzsichtig • Kurzsichtige sehen ferne Gegenstände unscharf. Das scharfe Bild entsteht vor der Netzhaut. Durch die Zerstreuungslinse entsteht es erst auf der Netzhaut. → 7

Weitsichtig • Weitsichtige sehen nahe Gegenstände unscharf. Das scharfe Bild würde hinter der Netzhaut liegen. Durch die Sammellinse entsteht es schon auf der Netzhaut. → 8

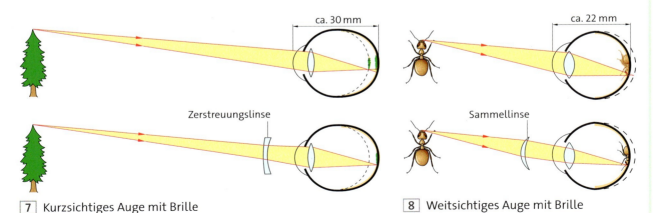

7 Kurzsichtiges Auge mit Brille

8 Weitsichtiges Auge mit Brille

51

Wie wir sehen

Teste dich! (Lösungen auf Seite 218 f.)

Löcher und Sammellinsen machen Bilder

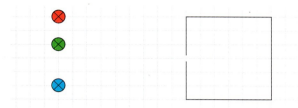

[1] Vorlage für die Zeichnung

1. ▸ Vor einer Lochkamera stehen drei kleine Lämpchen. → [1] Übertrage die Anordnung in dreifacher Größe in dein Heft. Zeichne die Bilder der Lämpchen ein.

2. Lochkamera – Linsenkamera
a ▸ Nenne Gemeinsamkeiten und Unterschiede der Bilder.
b ▸ Erkläre, wieso die Bilder umgedreht sind.

3. ▸ Erkläre, wie die „Brennweite" einer Sammellinse zu ihrem Namen kommt.

4. ▸ So wird das Licht einer fernen Leuchtturmlampe von einer stark gewölbten Sammellinse zusammengeführt. → [2]

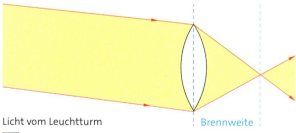

Licht vom Leuchtturm — Brennweite
[2] Ferne Lampe und stark gewölbte Linse

a Skizziere das Gleiche für eine schwach gewölbte Sammellinse.

b Gib den Zusammenhang an: Je stärker eine Sammellinse gewölbt ist, desto ◇ ist ihre Brennweite.

Vergrößern und verkleinern – nah heranholen

5. ▸ Vergrößert – verkleinert
a Beschreibe, wie du mit der Sammellinse das verkleinerte Bild einer Kerze erzeugst.
b Beschreibe, wie du mit der Sammellinse das vergrößerte Bild einer Kerze erzeugst.

6. Die Kerze steht ganz nahe an der Sammellinse. → [3] Es entsteht kein Bild der Kerze.
▸ Erkläre es.

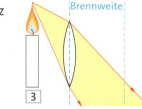

[3] Brennweite

Linsen zum Sehen

7. ▸ Du gehst vom dunklen Flur auf die helle Straße. Beschreibe, wie sich deine Pupille dabei ändert.

8. ▸ Ein Auto fährt auf dich zu. Beschreibe, wie sich sein Bild auf deiner Netzhaut ändert.

9. ▸ Du siehst erst den Kalender scharf und dann die Rose. → [4] [5] Beschreibe, wie sich deine Augenlinse dabei verändert.

[4]

[5]

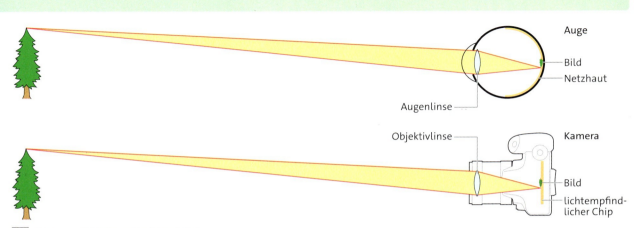

6 Auge und Kamera im Vergleich

10 ◨ Das Auge und die Kamera sind ähnlich aufgebaut. → 6
Übertrage die Tabelle ins Heft. → 7
Ergänze die Tabelle mit den folgenden Einträgen:
Bild auffangen, Bild erzeugen, Chip, Iris, Linse verformbar, Linse verschiebbar, Objektivlinse, Lichteinfall regeln.

Auge	Kamera	Funktion
Augenlinse	?	?
?	Blende	?
Netzhaut	?	?
?	?	scharf stellen

7 Auge und Kamera im Vergleich

11 Kurzsichtig – weitsichtig
a ◨ Beschreibe, was Kurzsichtige scharf sehen können und was nicht.
b ◨ Benenne die Linsen in den Brillen für Kurzsichtige.
c ◨ Beschreibe, wie Brillen für Kurzsichtige funktionieren.
d ◨ Löse die Aufgaben a–c für Weitsichtige.

Unser Gehirn bestimmt, was wir sehen

12 ◨ Auf der Netzhaut ist ein umgedrehtes Bild des Baums. → 6 Erkläre, weshalb wir den Baum trotzdem aufrecht wahrnehmen.

13 Halte eine Münze zwischen das Buch und deine Augen. Blicke sie abwechselnd mit dem rechten und dem linken Auge an.
a ◨ Beschreibe deine Beobachtung.
b ◨ Beschreibe, was deine Beobachtung mit dem räumlichen Sehen zu tun hat.

14 Drehe die Bilder richtig herum. → 8
a ◨ Beschreibe deine Beobachtung.
b ◨ Erkläre, warum dir das Sonderbare nicht schon vorher auffällt.

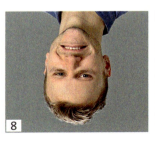

8

Spiegel, Trugbilder, farbiges Licht

Hier wird Licht zerlegt: Das Ergebnis ist wunderschön. Wie können Regenbogen entstehen?

Hat die Antilope zwei Spiegelbilder? Oder gibt es eine andere Erklärung?

Eine Hand taucht ins Wasserbecken. Warum sieht man die Finger doppelt?

Spieglein, Spieglein ...

1 ... an der Wand, wer ist die Schönste im ganzen Land?

Materialien zur Erarbeitung: A–B

In einem Spiegel kannst du dein Spiegelbild sehen. Entspricht es genau deinem Gesicht oder ändert der Spiegel etwas? Um diese Frage zu beantworten, musst du verstehen, wie ein Spiegelbild entsteht. Was macht ein Spiegel mit dem Licht, das auf ihn trifft?

Reflexion • Wenn Licht auf einen Spiegel trifft, lenkt er es gerichtet um. 2 Man sagt: Der Spiegel reflektiert das Licht. Einfallende und ausfallende Lichtstrahlen bilden stets ein V, das senkrecht auf dem Spiegel steht. Das V kann breit oder schmal sein. Das hängt davon ab, in welchem Winkel das Licht auf den Spiegel trifft. Die Senkrechte mitten im V nennt man Einfallslot.

> Am Spiegel gilt das Reflexionsgesetz:
> • Der Einfallswinkel ist genauso groß wie der Reflexionswinkel.
> • Der einfallende Lichtstrahl und der reflektierte Lichtstrahl liegen in einer Ebene mit dem Einfallslot.

Spiegelbilder • Wir sehen die Kerze und die Tasse im Spiegel, wobei die Spiegelbilder scheinbar gleich weit vom Spie-

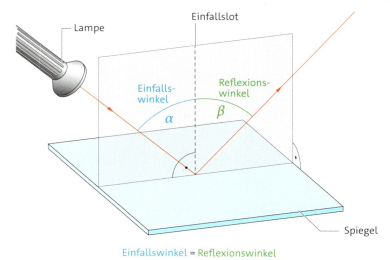

Einfallswinkel = Reflexionswinkel

2 Das Reflexionsgesetz

Spiegel, Trugbilder, farbiges Licht

die Reflexion
das Reflexionsgesetz
das Spiegelbild
das Trugbild

3 Spiegelbilder

4 So entsteht das Spiegelbild.

gel entfernt sind wie die Gegenstände selbst. → 3 Hinter dem Spiegel sind aber weder eine Kerze noch eine Tasse! Das Spiegelbild der Flammenspitze entsteht so: Licht von der Spitze trifft auf den Spiegel. Der Spiegel reflektiert einen Teil des Lichts ins Auge. → 4 Auge und Gehirn bekommen von der Umlenkung des Lichtwegs nichts mit. Deshalb siehst du das Spiegelbild der Flammenspitze genau in der Richtung, aus der das Licht ins Auge fällt. Vom Ort des Spiegelbilds geht kein Licht aus. Wir sehen ein „Trugbild" oder auch „virtuelles Bild".

> Wenn der Spiegel das Licht eines Gegenstands ins Auge reflektiert, sehen wir ein Spiegelbild des Gegenstands. Es liegt in der Richtung, aus der das reflektierte Licht ins Auge fällt.

Aufgaben

1 ▣ Nenne Gegenstände, die wie der Spiegel Licht reflektieren.

2 ▣ Weiße Wände streuen Licht, Spiegel reflektieren es. Beschreibe den Unterschied.

3 ▣ Ergänze: Das Spiegelbild der Kerze scheint vom Spiegel ◈ entfernt zu sein wie die Kerze selbst. → 3

4 ▣ Erkläre, wie das Spiegelbild der Tasse entsteht. → 3

5 ▣ Spiegelbilder sind „Trugbilder". Erkläre, was damit gemeint ist.

6 ▣ „Ohne das Auge gäbe es gar kein Spiegelbild der Kerze." → 4 Nimm Stellung zu der Aussage.

Basiskonzept
Wechselwirkung
→ Seite 226 f.

Spieglein, Spieglein …

Material A

Der Lichtweg am Spiegel

Materialliste: abgeklebte Taschenlampe mit Lichtspalt, Papier (DIN A4), Taschenspiegel

1 Lege das Blatt Papier auf den Tisch und baue den Versuch darauf auf. → 1

1

a ▸ Zeichne die Stellung des Spiegels und einige Punkte des Lichtwegs auf dem Papier ein. Zeichne dann den Lichtweg sorgfältig nach.
b ▸ Drehe den Spiegel etwas zur Seite. Zeichne wieder.
c ▸ Formuliere eine Gesetzmäßigkeit.

Material B

Gespiegeltes Licht im Visier

Materialliste: 2 Papprohre, Taschenlampe, Spiegel

1 Ein Versuch für drei: → 2

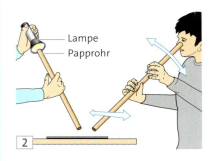

Lampe
Papprohr

2

a ▸ Eine Person leuchtet durch ihr Papprohr auf den Spiegel. Die Person mit dem anderen Papprohr verschiebt und dreht es so lange, bis Licht in ihr Auge fällt. Die dritte Person beschreibt die Stellung der Rohre.
b ▸ Die Richtung des ersten Rohrs wird verändert. Sucht wieder das umgelenkte Licht und beschreibt die Stellung der Papprohre.
c ▸ Wie müsst ihr die Rohre halten? Stellt Regeln auf.

Material C

Der „tote Winkel"

1 ▸ Erkläre, weshalb der Lkw-Fahrer den grün gekleideten Radfahrer sieht, den vorderen Radfahrer im „toten Winkel" aber nicht. → 3

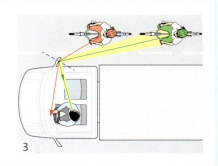

3

Material D

Vertauscht der Spiegel Richtungen?

1 ▸ Im Foto zeigt der rote Stift nach oben, der gelbe Stift nach links und der grüne Stift von dir weg. → 4

a Beschreibe, in welche Richtungen die Stifte des Spiegelbilds zeigen. → 4
b Vertauscht der Spiegel Richtungen? Begründe deine Antwort.

4

Spiegel, Trugbilder, farbiges Licht

Material E

Licht ins Ziel lenken

Materialliste: abgeklebte Taschenlampe mit Lichtspalt (wie in Bild 1), Papier (DIN A4), 2 Taschenspiegel

1 Die Zeichnung zeigt den Grundriss eines Zimmers. → 5 Die Wand steht dem Licht im Weg. Die beiden Spiegel sollen senkrecht auf den Grundriss gestellt werden, sodass sie das Licht zum Kreuz lenken.

a ▶ Zeichnet das Zimmer groß auf eurem Blatt Papier auf. Überlegt euch, wo die Spiegel stehen müssen. Zeichnet sie und den vermuteten Lichtweg ein.

b ▶ Stellt die Spiegel jetzt an den vorgezeichneten Stellen auf eure Zeichnung. Überprüft mit der Lampe, ob ihr das Kreuz trefft.

c ▶ Zeichnet selbst einen Grundriss für andere Teams. Ihr könnt auch mehr als zwei Spiegel verwenden.

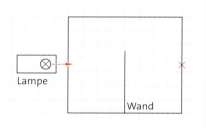

5 Zimmer (Blick von oben)

Material F

6

7

Hinter den Spiegel gießen

Kathrin steht am Lehrerpult und sieht das Becherglas 1 und sein Spiegelbild. → 6
Sie gibt Michael Anweisungen: Er soll das Becherglas 2 genau über das Spiegelbild halten und dort abstellen. Jetzt sieht Kathrin das Becherglas 2 nicht mehr. → 7 Sie gießt Wasser aus dem 3. Becherglas genau „in das Spiegelbild hinein"!

Materialliste: großer Spiegel, Halterungen, 3 Bechergläser, Wasser, Lineal, Lappen

1 ▶ Führt den Versuch vor der Klasse vor.
Messt den Abstand der beiden Gläser vom Spiegel.
Wiederholt den Versuch mit unterschiedlichen Abständen zum Spiegel.

2 ▶ Formuliert als Ergebnis einen Satz, in dem die folgenden Wörter vorkommen: Gegenstand, Spiegelbild, Spiegel, Entfernung.

Trugbilder durch Brechung

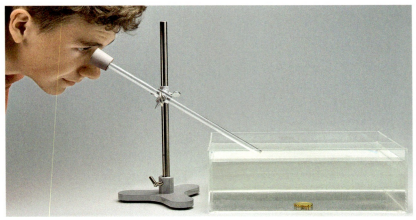

[1] Versuchsaufbau, Blick durch das Glasrohr

Material zur Erarbeitung: A

Jan sieht die Münze durch das Glasrohr. Doch als er versucht, die Münze mit einem Stab durch das Rohr zu treffen, erlebt er eine Überraschung – der Stab verfehlt das Ziel. Dabei hat er genau gezielt!

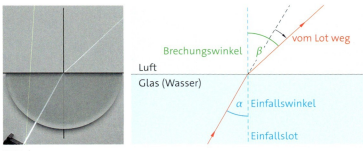

[2] Licht geht aus dem Glas in Luft über: Brechung vom Lot weg.

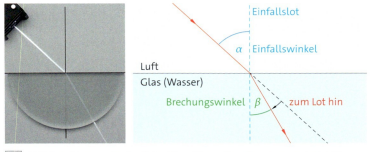

[3] Licht geht aus der Luft in Glas über: Brechung zum Lot hin.

Brechung • Licht fällt auf die Münze und wird gestreut. An der Wasseroberfläche wird das von der Münze kommende Licht abgelenkt.

Licht wird immer abgelenkt, wenn es schräg von Wasser oder Glas auf Luft trifft. Auch wenn Licht aus der Luft kommt, wird es an der Grenzfläche zum Wasser abgelenkt. Diese Ablenkung des Lichtwegs an einer Grenzfläche nennt man Brechung.

Für die Brechung des Lichts gelten folgende Regeln:

- Das Licht wird vom Einfallslot weg gebrochen, wenn es aus dem Glas (Wasser) in die Luft übergeht. → [2]
- Das Licht wird zum Einfallslot hin gebrochen, wenn es aus der Luft ins Glas (Wasser) übergeht. → [3]
- Je flacher das Licht auftrifft, desto stärker ist der „Knick".
- Der Lichtweg ist umkehrbar.

> Licht wird gebrochen, wenn es schräg auf die Grenzfläche zwischen zwei durchsichtigen Stoffen trifft.

Spiegel, Trugbilder, farbiges Licht

Optische Hebung • Unter Wasser sieht man einen Gegenstand (z. B. einen Fisch) nicht dort, wo er sich befindet. Licht wird vom Fisch gestreut. An der Wasseroberfläche wird es vom Lot weg gebrochen. → 4 Ein Teil des Streulichts fällt ins Auge des Fischers. Auge und Gehirn merken den „Knick" im Lichtweg nicht. Der Fischer sieht ein Trugbild des Fischs in der Richtung, aus der das Licht ins Auge einfällt. Der Fisch scheint angehoben zu sein.

> Gegenstände unter Wasser sehen wir scheinbar angehoben. Wir sehen sie in der Richtung, aus der das gebrochene Licht ins Auge fällt.

Totalreflexion • Ein Teil des Streulichts vom Fisch trifft sehr schräg aus dem Wasser auf die Luft. Dieses Licht wird vollständig ins Wasser reflektiert. → 5 Weil kein Licht in das Auge des Fischers fällt, sieht er den Fisch nicht. Mithilfe der Totalreflexion kann man Licht in Glasfaserkabeln über lange Strecken transportieren. Jede Glasfaser besteht aus einem lichtdurchlässigen Kern und einem Mantel. → 6 Licht gelangt an einem Ende in den Lichtleiter. An der Grenze vom Kern zum Mantel wird das Licht immer wieder total reflektiert und so über weite Strecken weitergeleitet.

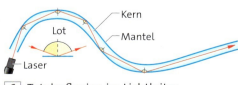

6 Totalreflexion im Lichtleiter

die Brechung
die optische Hebung
die Totalreflexion

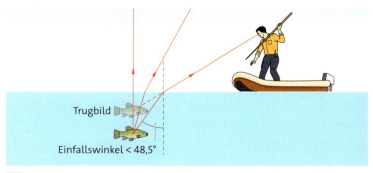

4 Optische Hebung: Der Fischer sieht das Trugbild des Fischs.

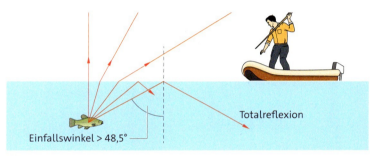

5 Totalreflexion: Der Fischer sieht den Fisch nicht.

Aufgaben

1 Ergänze die Sätze im Heft. Tipp: vom Lot weg, schräg, zum Lot hin
a Licht wird gebrochen, wenn es ❓ auf die Wasseroberfläche trifft.
b Beim Übergang von Luft in Wasser wird das Licht ❓ gebrochen.
c Beim Übergang von Wasser in Luft wird das Licht ❓.

2 Man sieht den Fisch unter Wasser nicht dort, wo er sich befindet.
a Erkläre, wie es zum Trugbild des Fischs kommt. → 4
b Erkläre, warum kein Trugbild entsteht, wenn man sich genau über dem Fisch befindet.

Basiskonzept

Wechselwirkung
→ Seite 226 f.

Trugbilder durch Brechung

Material A

Richtig zielen

Materialliste: Münze, großes Glasbecken, Wasser, Glasrohr, Gummistopfen mit Loch, langer Stab, Stativmaterial

[1] Triffst du die Münze?

1 Du sollst mit einem langen Stab durch das Glasrohr die Münze treffen. → [1]
Zuerst musst du das Glasrohr durch Drehen und Verschieben so einstellen, dass die Münze getroffen wird.

2 ▶ Überprüfe deine Einstellung, indem du den Stab durch das Rohr schiebst. Hast du die Münze getroffen?
Beschreibe deine Beobachtungen.

Material B

Licht geht von Wasser in Luft über

1 Die Lampe leuchtet unter Wasser. → [2]

▶ Ergänze: Je flacher das Licht auf die Luft trifft, desto ◇ wird es gebrochen. Wenn das Licht sehr flach auftrifft, wird es ◇ .

Material C

Licht geht von Luft in Wasser über

Materialliste: Glasbecken, Wasser, Laserpointer (Klasse-1-Laser), Beobachtungsschirm, Stativmaterial

Achtung • Mit dem Laserpointer nicht in Augen leuchten! Nicht hineinblicken!
Vorsicht: Das Licht wird an der Wasseroberfläche auch reflektiert!

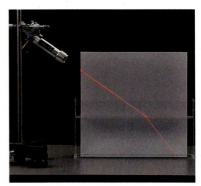

[3] Versuchsaufbau

1 ▶ Der Laserpointer leuchtet auf die Wasseroberfläche. → [3] Der Laserstrahl streift am Schirm entlang. Richtet den Laserpointer aus. Das Licht soll zuerst senkrecht, dann immer flacher auf das Wasser treffen. Beschreibt eure Beobachtungen.

Spiegel, Trugbilder, farbiges Licht

Material D

Der richtige „Knick"

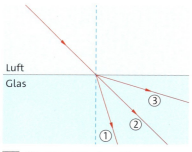

4 Übergang Luft – Glas

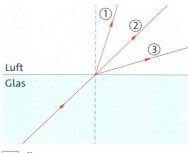

5 Übergang Glas – Luft

1 In beiden Bildern ist jeweils von den Lichtstrahlen 1–3 nur einer richtig gezeichnet. → 4 5

a ▶ Gib an, welche beiden Lichtstrahlen richtig gezeichnet sind.
b ▶ Begründe deine Auswahl.
c ▶ Übertrage die Bilder in dein Heft. Zeichne aber nur die richtigen Lichtstrahlen ein. Trage außerdem jeweils den Einfalls- und den Brechungswinkel ein.

Material E

Leuchtendes Wasser

Materialliste: Wanne, Joghurtbecher (500 ml), etwas durchsichtige Folie, Kleber, Laserpointer, Wasser, Nadel, verdunkelbarer Raum

Achtung • Mit dem Laserpointer nicht in Augen leuchten! Nicht hineinblicken!

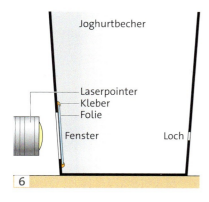

6

1 Vorbereitung → 6
a Schneide in den Joghurtbecher ein ca. 2 cm x 2 cm großes Fenster. Klebe über das Fenster ein Stück durchsichtige Folie. Die Ränder müssen wasserdicht verklebt sein.
b Bohre genau gegenüber dem Fenster ein ca. 2 mm großes Loch in den Becher.

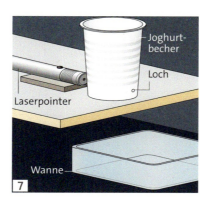

7

2 Durchführung → 7
a Stelle den Joghurtbecher an eine Tischkante.
b Schalte den Laserpointer ein und richte ihn aus. Sein Licht soll genau durch das Fenster und das gegenüberliegende Loch fallen.
c Stelle die Wanne auf den Boden unter den Becher.
d ▶ Fülle Wasser in den Becher. Gehe sicher, dass die Wanne das Wasser auffängt. Beobachte den Wasserstrahl von verschiedenen Seiten und beschreibe, was du siehst.

3 ▶ Erkläre deine Beobachtung mit den Begriffen Reflexion, Brechung oder Totalreflexion.

Trugbilder durch Brechung

Erweitern und Vertiefen

Wundervoller Sonnenuntergang

1 Untergehende Sonne

2 So entsteht das Trugbild der untergehenden Sonne.

Die Abendsonne ist nicht rund • Beim Sonnenuntergang erscheint uns die Sonne platt gedrückt. → 1 Das hat folgenden Grund: Wir sehen ein Trugbild der Sonne. Es entsteht, weil das Sonnenlicht in der Lufthülle der Erde gebrochen wird. Die Lufthülle wird zur Erdoberfläche hin immer dichter. Wenn das Licht in die Lufthülle eindringt, wird es nach und nach immer stärker gebrochen. Dadurch macht es eine Kurve. Unsere Augen bekommen diese Kurve nicht mit. Wir sehen die Sonne in der Richtung, aus der das Licht ins Auge fällt. → 2 Die Sonne wird scheinbar angehoben. Das Licht von ihrem unteren Rand wird stärker gebrochen als das vom oberen. Der untere Rand scheint somit stärker angehoben als der obere. So kommt es zur scheinbaren Abplattung.

Der goldene Wal • Die Sonne wird jeden Abend von einem goldenen Wal verschlungen – so erzählt es eine indianische Legende. Tatsächlich scheint an warmen, klaren Sommerabenden eine zweite Sonne aus dem Meer aufzutauchen und mit der echten Sonne zu verschmelzen. → 3 Bei der zweiten Sonne handelt es sich um ein Spiegelbild. Es entsteht durch Totalreflexion. → 4 Die Luftschicht direkt über dem warmen Meer ist viel wärmer als die Luft wei-

3 Die untergehende Sonne spiegelt sich – in der Luft!

Spiegel, Trugbilder, farbiges Licht

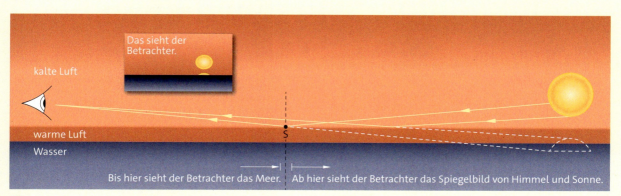

4 So entsteht die Luftspiegelung.

ter oben. Wenn das Licht von der kalten Luft her sehr flach auf die warme Luftschicht trifft, wird es vollständig reflektiert. Die Grenze zwischen kalter und warmer Luft wirkt dann wie ein riesiger Spiegel:
- Bis zum Punkt S sieht der Betrachter die Oberfläche des Meers.
- Weiter entfernt sieht er ein Spiegelbild des Himmels mit der Sonne. Das Licht von allem, was hinter dem Punkt S ganz flach über dem „Luftspiegel" liegt, wird vollständig reflektiert.
- Das Licht von Gegenständen weiter oben trifft so steil auf die warme Luftschicht, dass es nicht mehr vollständig reflektiert wird.

Aufgaben

1 Die „platte" Sonne ist ein Trugbild. → 1
  Gib an, ob du ihren oberen Rand zu tief oder ihren unteren Rand zu hoch siehst.

2 Die untergehende Sonne sieht „platt" aus.
  Erkläre diese Beobachtung einem Mitschüler anhand von Bild 2.

3 Beim Blick über das warme Meer sieht man manchmal merkwürdige „Inseln", die in der Luft zu schweben scheinen. → 5
  Erkläre, wie die „Inseln" zustande kommen.

5 Was schwebt denn da?

65

Weißes Licht steckt voller Farben

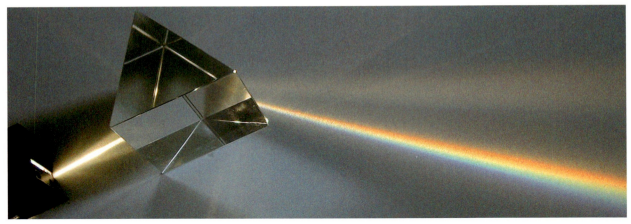

1 Weißes Licht trifft auf ein Prisma aus Glas.

Material zur Erarbeitung: A

Hinter dem Prisma leuchtet ein bunter Streifen auf dem Boden. Die Farben sind wie beim Regenbogen.

Licht wird zerlegt • Licht wird am Prisma gebrochen, ähnlich wie an einer Linse. → 2 Dabei wird es zu einem bunten Streifen aufgespreizt. So wird etwas sichtbar, das wir sonst nicht erkennen: Das weiße Licht besteht aus Licht mit ganz vielen verschiedenen Farben. Die Brechung ist je nach Farbe verschieden stark: Rotes Licht wird am schwächsten gebrochen, violettes Licht am stärksten. Dadurch laufen die farbigen Bestandteile des weißen Lichts ab dem Prisma auseinander. Den bunten Streifen nennt man Spektrum.
Das sichtbare Spektrum des Sonnenlichts reicht von Rot über Orange, Gelb, Grün, Blau bis Violett. → 3 Beim Spektrum sind die Farben immer in der gleichen Reihenfolge angeordnet.

> Licht wird je nach Farbe unterschiedlich stark gebrochen. Alle farbigen Bestandteile des Lichts nebeneinander bilden das Spektrum.

Regenbogen • Du hast wahrscheinlich schon häufig einen farbenfrohen Regenbogen am Himmel bewundert. Einen Regenbogen kannst du nur dann beobachten, wenn hinter dir die Sonne scheint und du in die Richtung einer Wolke aus unzähligen Regentropfen blickst. → 4

2 Weißes Licht wird vom Prisma gebrochen und zerlegt.

| Rot | Orange | Gelb | Grün | Blau | Violett |

3 Sichtbares Spektrum des weißen Lichts und Spektralfarben

Spiegel, Trugbilder, farbiges Licht

das Spektrum
die Spektralfarben
der Regenbogen
der Nebenregenbogen

4 Regenbogen — Schatten des Fotografen

5 Licht wird im Tropfen zerlegt.

Beim Eintritt (1) in einen Regentropfen wird das Sonnenlicht gebrochen und in seine farbigen Bestandteile zerlegt. → 5 An der Rückseite des Regentropfens werden die farbigen Bestandteile des Lichts total reflektiert (2). Das farbige Licht wird beim Austritt (3) erneut gebrochen und verlässt den Regentropfen (fast) in Richtung der Sonne. Deshalb musst du die Sonne im Rücken haben, um einen Regenbogen zu sehen. Je nach Farbe wird das Licht beim Austritt aus dem Tropfen unterschiedlich stark gebrochen. So beträgt der Winkel zwischen dem eintretenden Licht und dem austretenden violetten Licht 41°. Unter diesem Winkel wird besonders viel violettes Licht auf der Tropfenrückseite reflektiert. Für rotes Licht ist dieser Winkel 42,5° groß.

> Ein Regenbogen entsteht, weil das Sonnenlicht beim Eintritt in einen Regentropfen und beim Austritt gebrochen wird. Dabei wird es in seine farbigen Bestandteile zerlegt.

Aufgaben

1 ▶ Nenne die Spektralfarben in der richtigen Reihenfolge. → 3
Beginne mit der Farbe, die das Prisma am schwächsten bricht.

2 ▶ Wie kann man zeigen, dass weißes Licht aus farbigem Licht besteht? Beschreibe es.

3 ▶ Aus dem Deutschunterricht weißt du bereits, wie Sachtexte geschrieben werden.
Verfasse einen erklärenden Sachtext zur Entstehung eines Regenbogens. Nutze dabei deine eigenen Worte, verwende aber auch Fachbegriffe: Sichtbarkeit eines Regenbogens, Licht wird gebrochen, Licht wird reflektiert, Licht wird zerlegt.
Wenn es zum Verständnis deines Textes beiträgt, kannst du eigene Zeichnungen ergänzen.

Weißes Licht steckt voller Farben

Material A

Weißes Licht geht durch ein Prisma

Materialliste: Prisma aus Glas, helle LED-Lampe (z. B. Fahrradscheinwerfer), schwarzes Klebeband, weißer Karton, Handy

1 So geht ihr vor:
a Klebt die Taschenlampe mit dem schwarzen Klebeband so ab, dass nur ein Spalt in der Mitte frei bleibt.
b Stellt das Prisma in den Lichtweg. → 1 Dreht das Prisma so, dass verschiedene Farben erkennbar sind.
c Haltet den Karton dicht hinter das Prisma. Entfernt ihn dann langsam bis auf 1,5 m Abstand. Dabei soll der Karton weiterhin das Licht auffangen.
d ▣ Beschreibt (und fotografiert), was ihr in verschiedenen Entfernungen auf dem weißen Karton beobachtet.

Material B

Weißes Licht trifft auf eine DVD

Materialliste: DVD oder CD, Handy, weiße Wand

1 ▣ Halte die spiegelnde Unterseite der DVD ins Sonnenlicht. Beschreibe (und fotografiere) deine Beobachtung.

2 ▣ Wenn euer Unterrichtsraum verdunkelt werden kann, könnt ihr diesen Versuch durchführen: Lasst die Verdunklung bis auf einen kleinen Streifen herunter. Lenkt das Licht mit der DVD auf eine weiße Wand. Beschreibt (und fotografiert) eure Beobachtungen.

Material C

Rotes Licht geht durch ein Prisma

1 Der Laserstrahl wird nicht zu einem bunten Streifen aufgespreizt. → 2
▣ Erkläre die Beobachtung.

2 Kein „Regenbogenstreifen"?

Material D

Dreimal weißes Licht

1 Drei verschiedene Leuchten mit weißem Licht – ihre Spektren sind aber verschieden. → 3 – 5
a ▣ Vergleiche die Spektren.
b ▣ „Weißes Licht muss nicht aus allen Farben bestehen." Erläutere diese Aussage an einer der Lampen.

3 Spektrum Halogenleuchte

4 Spektrum Energiesparleuchte

5 Spektrum LED-Leuchte

Material E

Der Regenbogen – Lichtverlauf im Wassertropfen

Wie entsteht ein Regenbogen? Du kannst in einem Modellexperiment den Lichtverlauf durch einen Regentropfen darstellen. Als „Regentropfen" nutzt du eine Petrischale.

Materialliste: große Petrischale, Spiegel, Lampe mit Schlitzblende, Schirm aus Pappe → 6

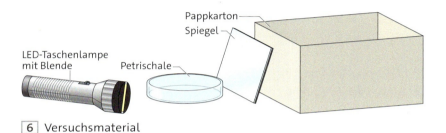

6 Versuchsmaterial

1 ⊠ Baue das Experiment so auf, dass der Lichtverlauf in der Petrischale mit dem Lichtverlauf in einem Wassertropfen vergleichbar ist. Im Modellexperiment müssen also auch verschiedenen Farben auf dem Schirm erkennbar sein.

2 ⊠ Beschreibe den Lichtverlauf durch die Petrischale. Nutze dazu diese Begriffe: reflektiert, gebrochen, zerlegt, Spiegel.

Material F

Der Nebenregenbogen

Manchmal sind zwei Regenbogen am Himmel zu erkennen. → 7

1 ⊠ Beschreibe den Weg des Lichts durch einen Regentropfen bei der Entstehung eines Nebenregenbogens. → 8 Verwende die Begriffe: reflektiert, gebrochen, zerlegt, Spiegel.

2 ⊠ Die Wege des Lichts durch den Regentropfen beim Nebenregenbogen und beim Hauptregenbogen unterscheiden sich. Beschreibe die Unterschiede.

7 Hauptregenbogen und Nebenregenbogen (außen)

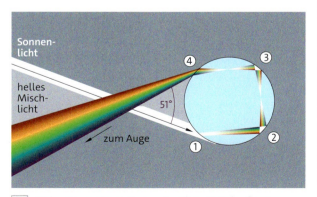

8 Nebenregenbogen: zweimalige Totalreflexion

Infrarot und ultraviolett

 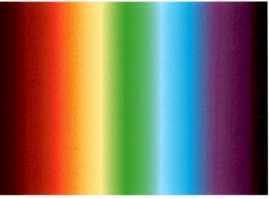 

1 – 3 Das Spektrum des Lichts ist bei Rot und Violett nicht zu Ende.

Wir können Licht in den Farben von Rot bis Violett sehen. Diese Farben sind im Sonnenlicht enthalten. Das Sonnenlicht enthält aber noch mehr: Wir können dieses Licht zwar nicht sehen, aber unsere Haut reagiert darauf.

Infrarotes Licht (IR) • Von der Sonne erreicht uns unsichtbares Licht, das wir mit dem Wärmesinn der Haut spüren. Dieses wärmende Licht liegt im Spektrum der Sonne vor dem roten Licht. → 4 Man nennt es infrarotes Licht (lat. infra: unterhalb von). Auch eine Rotlichtlampe strahlt viel infrarotes Licht ab und erwärmt dadurch unsere Haut. → 1

Ultraviolettes Licht (UV) • Im Sonnenlicht ist weiteres unsichtbares Licht enthalten. Es ruft auf unserer Haut rasch einen Sonnenbrand hervor. → 3 Dieses Licht schließt sich im Spektrum an das violette Licht an. → 4 Man nennt es ultraviolettes Licht (lat. ultra: darüber hinaus). Obwohl das ultraviolette Licht für uns Menschen nicht sichtbar ist, kann es die Augen schädigen. Daher sollte man bei grellem Sonnenlicht immer eine Sonnenbrille tragen. Die Haut kann man mit lichtundurchlässiger Kleidung und Sonnencreme schützen.

> Das Sonnenlicht enthält infrarotes Licht und ultraviolettes Licht, die für uns unsichtbar sind.
> IR-Licht erwärmt unsere Haut, UV-Licht bräunt sie. UV-Licht kann Haut und Augen schädigen.

| Infrarot | Rot | Orange | Gelb | Grün | Blau | Violett | Ultraviolett |

4 Spektrum der Sonnenstrahlung – sichtbar und unsichtbar

Aufgaben

1 Nenne die unsichtbaren Bestandteile der Sonnenstrahlung.

2 Nenne Eigenschaften von infrarotem und von ultraviolettem Licht.

Spiegel, Trugbilder, farbiges Licht

das infrarote Licht
(die IR-Strahlung)
das ultraviolette Licht
(die UV-Strahlung)

Material A

Infrarot nachweisen

Materialliste: Fernbedienung (infrarot), Handy mit Kamera

1 Dunkelt den Raum ab. Eine Person zielt mit der Fernbedienung auf euch und drückt eine Taste. Dabei fotografiert oder filmt ihr die Fernbedienung.

⊠ Beschreibt und erklärt eure Beobachtung.

Material B

Sonnenschutz

1 Zu viel UV-Strahlung kann deine Haut schädigen. Die Eigenschutzzeit gibt an, wie lange du in der starken Mittagssonne „von Natur aus" geschützt bist. Sie hängt vom Hauttyp ab. → 5

a ⊠ Bestimme deinen Hauttyp und die Eigenschutzzeit.

b ⊠ Gib an, welchen Lichtschutzfaktor deine Sonnencreme haben sollte.

c Lichtschutzfaktor 10 bedeutet: Mit dieser Sonnencreme bist du 10-mal so lange geschützt wie ohne.

⊠ Berechne, wie lange du mit deiner Sonnencreme geschützt bist.

	**Hauttyp 1** • sehr helle Haut, Sommersprossen, helle Augen, rotblondes Haar • keine Bräunung, in kürzester Zeit Sonnenbrand • Eigenschutzzeit: unter 10 min • Lichtschutzfaktor: 35 und mehr	**Hauttyp 2** • helle Haut, helle Augen, blonde oder braune Haare, oft Sommersprossen • langsame Bräunung, häufig Sonnenbrand • Eigenschutzzeit: zirka 10–20 min • Lichtschutzfaktor: 25 und mehr

	**Hauttyp 3** • mittlere Hautfarbe, helle bis dunkle Augen, dunkelblondes oder braunes Haar • langsame Bräunung, manchmal Sonnenbrand • Eigenschutzzeit: zirka 20–30 min • Lichtschutzfaktor: 20 und mehr	**Hauttyp 4** • bräunliche oder olivfarbene Haut, braune Augen, dunkles Haar • schnelle Bräunung, selten Sonnenbrand • Eigenschutzzeit: zirka 30–45 min • Lichtschutzfaktor: 15 und mehr

	Hauttyp 5 • braune Haut, schwarze Augen, schwarzes Haar • schnelle Bräunung bis dunkelbraun, selten Sonnenbrand • Eigenschutzzeit: zirka 90 min • Lichtschutzfaktor: 10 und mehr	**Hauttyp 6** • dunkelbraune bis schwarze Haut, schwarze Augen, schwarzes Haar • wenig empfindliche Haut, sehr selten Sonnenbrand • Eigenschutzzeit: mehr als 90 min • Lichtschutzfaktor: 5 und mehr

5 Hauttypen und Eigenschutzzeiten

Farben überall

[1] Leuchtendes Gelb = gelbes Licht?

Material zur Erarbeitung: A

Das gelbe Licht von der Tasse wird durch das umgebende Licht erzeugt. Das gelbe Licht auf dem Display im Handy entsteht aber ganz anders.

Farben auf dem Display • Unter dem Mikroskop sieht man auf dem Display des Handys bunte Leuchtstreifen. → [2] Gelbe Streifen gibt es nicht. Dort, wo die gelbe Tasse auf dem Display zu sehen ist, leuchten rote und grüne Streifen. → [3] Sie sind winzig und liegen so dicht zusammen, dass unser Auge benachbarte Streifen ohne Mikroskop nicht getrennt wahrnimmt. Rotes und grünes Licht „mischen" sich und ergeben für uns den Farbeindruck Gelb. Millionen weiterer Farbeindrücke entstehen, indem man die roten, grünen und blauen Streifen auf dem Display verschieden hell leuchten lässt.

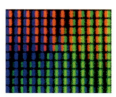

[2] Bunte Leuchtstreifen

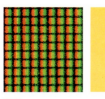

[3] Rot + Grün: Farbeindruck Gelb

> Wenn sich verschiedenfarbiges Licht mischt, entstehen neue Farbeindrücke.
> Wir sprechen von Farbaddition.

Basiskonzept

Wechselwirkung
→ Seite 226 f.

Farbaddition • Auf eine Fläche treffen rotes, grünes und blaues Licht. → [4] Die Farbaddition ergibt:
• Rot + Grün = Gelb
• Rot + Blau = Magenta
• Grün + Blau = Cyan
• Rot + Grün + Blau = Weiß
Je mehr Licht dazukommt, desto heller erscheint der Bereich der Fläche. Leuchtstofflampen geben rotes, grünes und blaues Licht ab. → [5] Die Farbaddition ergibt den Farbeindruck Weiß. Das Licht von der Sonne oder von Glühlampen enthält alle Farben. Die Farbaddition ergibt ebenfalls Weiß.

Körperfarben • Der gelbe Farbeindruck der Tasse entsteht anders als der gelbe Farbeindruck beim Display. Das weiße Licht der Umgebung ist aus vielen Farben zusammengesetzt. Wenn es auf die Tasse trifft, wird ein Teil des Lichts

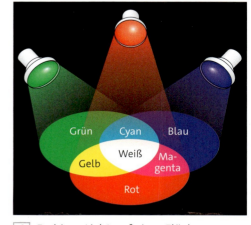

[4] Farbiges Licht auf einer Fläche

[5] Spektrum einer Leuchtstofflampe

Spiegel, Trugbilder, farbiges Licht

die Farbaddition
die Körperfarbe
die Farbsubtraktion

von der Oberfläche der Tasse „verschluckt" (absorbiert). Das nennt man Farbsubtraktion. Der andere Teil des weißen Lichts wird von der Tasse gestreut.

Die gelbe Tasse absorbiert blaues und violettes Licht. Sie streut gelbes, rotes und grünes Licht. → 6 Das rote und grüne Streulicht mischt sich mit dem gestreuten gelben Licht zum Farbeindruck Gelb.

Eine rote Tasse streut nur rotes Licht und absorbiert alle anderen Farben des Lichts. → 7

Weiße Gegenstände streuen fast das gesamte einfallende Licht. → 8
Schwarze Gegenstände streuen fast kein Licht und absorbieren nahezu alle Farben. → 9

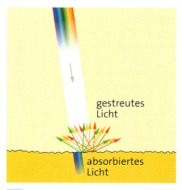
6 Gelbe Tasse

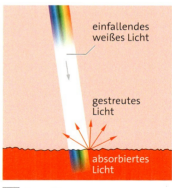
7 Rote Tasse

8 Weiße Oberfläche

9 Schwarze Oberfläche

> Farbige Gegenstände absorbieren einige Farben des weißen Lichts. Dies nennt man Farbsubtraktion. Das restliche Licht wird gestreut. Das gestreute Licht ergibt zusammen den Farbeindruck des Gegenstands.

Gegenstände im farbigen Licht • Wenn Gegenstände mit farbigem Licht angestrahlt werden, so erscheinen sie häufig in einer anderen Farbe. Farbiges Licht beinhaltet nur einen Teil des Farbenspektrums. Wird eine gelbe Tasse mit blauem Licht angestrahlt, erscheint sie fast schwarz, da das blaue Licht von der Oberfläche absorbiert wird. → 10 Da andere Lichtanteile nicht vorhanden sind, trifft kaum Licht in unser Auge.

Aufgaben

1 ▸ Nenne die Farben der Leuchtstreifen im Display eines Handys.

2 ▸ Gib an, wie die Farbeindrücke Magenta und Cyan entstehen. → 4

3 ▸ Beschreibe, was mit weißem Licht geschieht, das auf eine rote Tomate fällt.

4 ▸ Erkläre, welcher Farbeindruck entsteht, wenn eine gelbe Tasse mit rotem Licht angestrahlt wird.

10 Gelbe Tasse unter weißem und unter blauem Licht

Farben überall

Material A

Das Handy unter der Lupe

Materialliste: Stereolupe, Handy

1. ▶ Betrachte das leuchtende Display deines Handys mit der Stereolupe. → 1
  a Stelle auf dem Display ein Bild mit großen weißen Stellen ein. Untersuche die weißen Stellen unter der Stereolupe. Skizziere deine Beobachtung.
  b Untersuche auch farbige Stellen auf dem Display. Skizziere wieder.

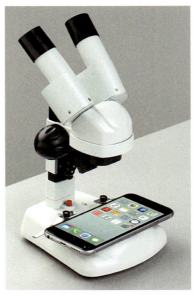

1 Stereolupe und Handy

Material B

Farben auf der Wand

Materialliste: Taschenlampen oder Strahler mit rotem, blauem und grünem Licht

1. ▶ Richte die Lampen auf eine weiße Wand (oder den Tisch). Ihre Lichtflecke sollen sich überlappen.
  a Beobachte die Farben auf der Wand genau. Gib an, wie du die „neuen" Farben erzeugst.
  b Erzeuge einen weißen Lichtfleck. Beschreibe, wie du vorgehst.

Material C

Newtons Versuch zur Farbaddition

1. Isaac Newton war einer der ersten Naturforscher, die mit farbigem Licht experimentierten. Der Versuch rechts geht auf ihn zurück. → 2
  a ▶ Beschreibe den Versuchsaufbau.
  b ✖ Beschreibe und erkläre, was du auf dem weißen Karton (ganz rechts) beobachtest.
  c Wir führen den Versuch noch einen Schritt weiter: Mit einer Pappe blockieren wir den roten und den gelben Lichtstreifen kurz vor der Sammellinse.
  ✖ Stelle eine Vermutung an, was jetzt auf dem weißen Karton zu sehen sein wird. Begründe deine Vermutung. Überprüfe sie nach Möglichkeit.

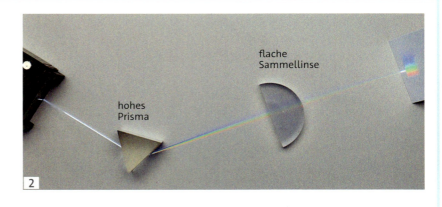

2

Spiegel, Trugbilder, farbiges Licht

Material D

Farbiges Papier in weißem Licht

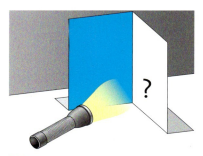

[3] Welche Farbe ist auf dem weißen Blatt zu sehen?

Ist weißes Licht noch weiß, nachdem es von farbigem Papier gestreut wurde?

Materialliste: weißes Blatt Papier (dick); verschiedene farbige Blätter Papier (dick); Experimentierlampe oder Taschenlampe

1 Stelle das weiße Papier und ein farbiges Papier „über Eck" auf. → [3] Lass nun weißes Licht schräg auf das farbige Papier fallen. Tipp: Leuchte nahe in die Ecke.

a ▸ Beschreibe, welche Farbe du auf dem weißen Papier siehst.
b ▸ Tausche das farbige Papier aus. Beschreibe wieder deine Beobachtung.
c ▸ Erkläre, was das farbige Papier mit dem weißen Licht macht. Benutze die Wörter „streut" und „verschluckt".

Material E

Farbige Gegenstände in farbigem Licht

[4] RGB-LED-Lampe

Materialliste: farbige Gegenstände, RGB-LED-Lampe (oder Handy mit RGB-Farb-App) → [4]

1 Die Lampe (oder die Farb-App) mischt farbiges Licht aus den Farben Rot, Grün und Blau. Der Farbeindruck Gelb entsteht also aus der Mischung von rotem und grünem Licht.

a ▸ Gib an, ob es sich um eine Farbaddition oder eine Farbsubtraktion handelt.
b ▸ Welche Farben haben die Gegenstände in weißem Licht? Trage sie in die Tabelle ein (erste Spalte). → [5]
c ▸ Die farbigen Gegenstände sollen gleich mit farbigem Licht beleuchtet werden. Vermute, in welcher Farbe sie erscheinen werden. Trage deine Vermutungen ebenfalls in die Tabelle ein (zweite und dritte Spalte).
d ▸ Überprüft die Vermutungen im dunklen Raum.

Farbeindruck des Gegenstands in weißem Licht	Farbeindruck des Lampenlichts	Vermutung: Farbeindruck des Gegenstands im Lampenlicht	Beobachtung: Farbeindruck des Gegenstands im Lampenlicht
Rot	Gelb	?	?
?	?	?	?

[5] Farbeindrücke

Spiegel, Trugbilder, farbiges Licht

Zusammenfassung

Spieglein, Spieglein ... • Glatte Oberflächen lenken das Licht gerichtet um. Wir sprechen von Reflexion. Am Spiegel gilt das Reflexionsgesetz. → 1

Spiegelbilder entstehen durch Reflexion des Lichts. → 2 Wir sehen das Trugbild in der Richtung, aus der das reflektierte Licht ins Auge fällt. Vom Trugbild geht kein Licht aus.

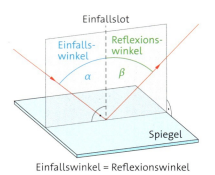

1 Reflexionsgesetz

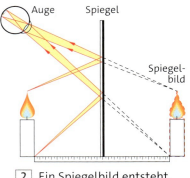

2 Ein Spiegelbild entsteht.

Trugbilder durch Brechung • Licht wird gebrochen, wenn es von einem Stoff schräg in einen anderen übergeht. → 3 4 Gegenstände unter Wasser sehen wir scheinbar angehoben. Wir sehen das Trugbild in der Richtung, aus der das gebrochene Licht ins Auge fällt. → 5
Beim Übergang aus Wasser oder Glas in die Luft kann es zur Totalreflexion kommen. → 6 7

3 Brechung Glas – Luft

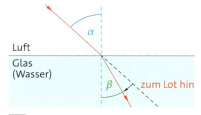

4 Brechung Luft – Glas

5 Optische Hebung

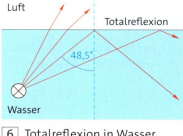

6 Totalreflexion in Wasser

7 Totalreflexion in Glas

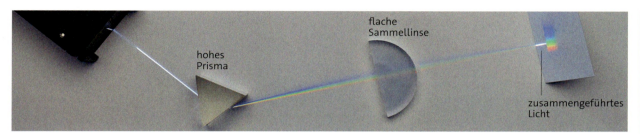

[8] Weißes Licht wird vom Prisma aufgetrennt und von der Sammellinse wieder zusammengeführt.

Weißes Licht steckt voller Farben • Weißes Licht kann mit dem Prisma in viele Farben zerlegt werden. → [8] [9] Diese Farben lassen sich mit der Sammellinse wieder zu weißem Licht zusammenführen. → [8]

Infrarot und ultraviolett • Das Sonnenlicht enthält zwei Anteile, die für uns unsichtbar sind:
- Infrarotes Licht erwärmt die Haut.
- Ultraviolettes Licht bräunt die Haut. UV-Licht kann Haut und Augen schädigen.

| Infrarot | Rot | Orange | Gelb | Grün | Blau | Violett | Ultraviolett |

[9] Spektrum des Sonnenlichts mit sichtbaren und unsichtbaren Anteilen

Farben überall – Farbaddition • Wenn sich Licht verschiedener Farben mischt, entstehen für uns neue Farbeindrücke. Je mehr farbiges Licht dazukommt, desto heller ist das Mischlicht.
Displays erzeugen alle Farbeindrücke mit rotem, grünem und blauem Licht (RGB) in unterschiedlichen Helligkeiten. → [10]

Farben überall – Farbsubtraktion • Ein farbiger Gegenstand absorbiert einige Farben des weißen Lichts und streut die anderen. Die Farben des Streulichts mischen sich zum Farbeindruck des Gegenstands.
Mit Cyan, Magenta, Gelb und Schwarz (CMYK) erzeugen Drucker alle Farbeindrücke. → [11]

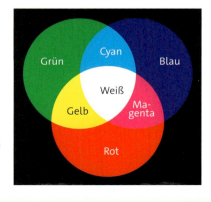

[10] Farbaddition von farbigem Licht

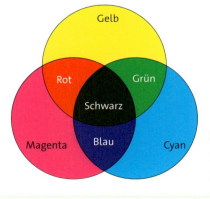

[11] Farbsubtraktion von weißem Licht

Spiegel, Trugbilder, farbiges Licht

Teste dich! (Lösungen auf Seite 218 f.)

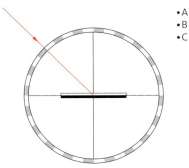

1 Reflexion am Spiegel

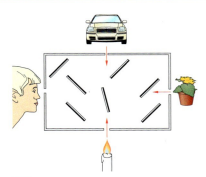

2 Labyrinth aus Spiegeln

3 Abbieger

Spieglein, Spieglein …

1 ☒ Licht fällt auf einen Spiegel. → 1 Gib an, auf welchen Punkt (A, B oder C) das Licht reflektiert wird. Begründe deine Antwort.

2 ☒ Im Kasten sind mehrere Spiegel. → 2 Gib an, welchen Gegenstand (Auto, Blume oder Kerze) das Mädchen sieht. Begründe.

3 ☒ Beim Blick in den Rückspiegel sieht der Fahrer ein blinkendes Auto. → 3 In welche Richtung wird es abbiegen? Begründe.

4 ☒ Schreibe deinen Namen auf ein Blatt Papier. Betrachte die Schrift im Spiegel. Erkläre deine Beobachtung.

Trugbilder durch Brechung

5 Der Taucher will seinem Freund auf dem Boot ein Lichtsignal geben. → 4
a ☒ Gib an, welcher Lichtstrahl in das Auge des Freunds gelangt.
b ☒ Begründe deine Antwort.

6 ☒ Auf welchen Punkt muss der Fischer mit dem Speer zielen, um den Fisch zu treffen? → 5 Begründe deine Antwort.

7 ☒ Hat der Strohhalm einen „Knick"? → 6 Erkläre die Beobachtung mit einer Zeichnung.

8 ☒ Erkläre, wie Licht in Glasfaserkabeln über lange Strecken transportiert werden kann.

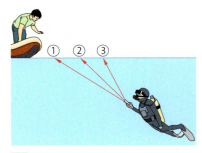

4 Nur ein Lichtstrahl trifft.

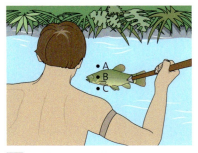

5 Wohin zielen?

6 Knick im Strohhalm?

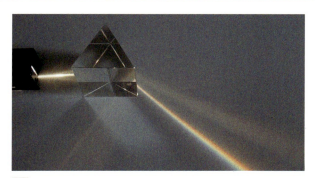

7 Brechung am Prisma

Weißes Licht steckt voller Farben

9 Das Prisma aus Glas wird mit weißem Licht beleuchtet. → 7
a Erkläre den „Knick" im Licht.
b Erkläre, wie es zu dem bunten Streifen auf dem Tisch kommt.

10 „Bei der Entstehung eines Regenbogens wird das Sonnenlicht im Regentropfen einmal gebrochen und zweimal total reflektiert." Stimmt die Aussage? Begründe deine Antwort mithilfe einer Skizze.

Infrarot und ultraviolett

11 Gib an, wie infrarotes Licht und ultraviolettes Licht jeweils auf unsere Haut wirken.

Farben überall

12 Nenne die Grundfarben: → 8
a beim Display
b beim Drucker

13 Von den folgenden Sätzen sind einige richtig und einige falsch:

- Das Spektrum von weißem Licht sieht immer gleich aus.
- Bei der Farbaddition kann man aus Rot, Grün und Blau alle anderen Farben mischen.
- Ein Drucker besitzt die Farbpatronen Rot, Grün und Blau.
- Je mehr Farben man bei der Farbaddition mischt, desto heller wird das Mischlicht.
- Je mehr Farben man bei der Farbsubtraktion absorbiert, desto heller wird das Mischlicht.

a Schreibe die richtigen Sätze in dein Heft.
b Berichtige die falschen Sätze.

14 Weißes Licht fällt durch einen Cyanfilter auf eine rote Blüte. → 9 Beschreibe und erkläre, in welcher Farbe wir die Blüte sehen.

8 Wie entstehen die Farben?

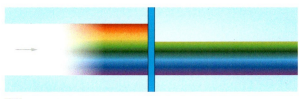

9 Cyanfilter

Geschwindigkeit und Bewegungen

Den Smiley bekommen nur die Fahrerinnen und Fahrer zu sehen, die sich ans Tempolimit halten. Ihre Geschwindigkeit wird gemessen.

Treffpunkt Bushaltestelle an der Schule: Wann musst du losfahren oder losgehen, wenn du pünktlich in der Schule sein willst?

Lena joggt gleichmäßig schnell. Ihr Hund läuft mal schneller und mal langsamer. Die Bewegungen der beiden unterscheiden sich. Ein Diagramm macht es sichtbar.

Geschwindigkeit

[1] Welche Geschwindigkeit kannst du auf dem Board erreichen?

Material zur Erarbeitung: A

Kati ist eine begeisterte Longboarderin. Ihr Freund Tom behauptet: „Ich bin mit meinem Skateboard schneller!"

Gleicher Weg – verschiedene Zeiten • Kati und Tom begeben sich auf den Schulhof und markieren eine Rennstrecke. Dann stoppen sie die Zeit, die sie jeweils für den Weg benötigen.
Tom sagt zu Kati: „Ich habe 20 Sekunden gebraucht. Weil du für denselben Weg nur 16 Sekunden gebraucht hast, warst du schneller." → [2]

> Wer weniger Zeit für denselben Weg benötigt, ist schneller.

[2] Kati braucht weniger Zeit für denselben Weg.

Gleiche Zeit – verschiedene Wege • Beide wollen es ganz genau wissen. Sie messen mit dem Maßband jeweils den Weg, der in 5 Sekunden zurücklegt wird. Kati sagt zu Tom: „Ich war schneller, weil ich in 5 Sekunden 25 Meter zurückgelegt habe. Du hast in derselben Zeit nur 20 Meter geschafft." → [3]

> Wer in derselben Zeit einen längeren Weg zurücklegt, ist schneller. Wer schneller ist, hat eine höhere Geschwindigkeit.

[3] Kati legt in derselben Zeit einen längeren Weg zurück.

Geschwindigkeit berechnen • Leon geht auch in Katis Klasse. Er behauptet: „Ich schaffe mit meinem Skateboard die 60 Meter auf dem Sportplatz in 15 Sekunden." Hat Kati eine größere oder eine kleinere Geschwindigkeit als Leon?
Kati meint: „Lass uns berechnen, wie viele Meter jeder von uns in einer Sekunde schafft."
- Kati: In 5 Sekunden fuhr sie 25 Meter. In 1 Sekunde fuhr sie also 25 Meter : 5 = 5 Meter.
- Leon: In 15 Sekunden fuhr er 60 Meter. In 1 Sekunde fuhr er also 60 Meter : 15 = 4 Meter.

Geschwindigkeit und Bewegungen

die Geschwindigkeit

Kati hat eine größere Geschwindigkeit als Leon, weil sie mehr Meter in einer Sekunde zurückgelegt hat.

> Geschwindigkeit = $\frac{\text{Weg}}{\text{Zeit}}$
>
> $v = \frac{s}{t}$ → 4
>
> Die Einheit der Geschwindigkeit ist 1 Meter pro Sekunde ($1\frac{m}{s}$) oder 1 Kilometer pro Stunde ($1\frac{km}{h}$).

Abkürzungen • Größen wie die Zeit und Einheiten wie den Meter kürzt man in der Physik häufig ab. Einige Abkürzungen kennst du: Man benutzt t als Formelzeichen für die Zeit (engl.: time) und m als Abkürzung für den Meter. Das Formelzeichen der Geschwindigkeit ist v (engl.: velocity). Aufgepasst! Manche Abkürzungen haben mehrere Bedeutungen. So steht das s als Formelzeichen für den Weg, aber auch als Abkürzung für die Sekunde.

Kilometer pro Stunde • Kati weiß, dass man vor der Schule nicht schneller als 30 Kilometer pro Stunde ($\frac{km}{h}$) fahren darf. → 5 Sie schafft mit dem Longboard $5\frac{m}{s}$. Wäre sie damit schneller, als die Polizei erlaubt?
Wer mit der Geschwindigkeit $1\frac{m}{s}$ unterwegs ist, legt in 1 Minute (1 min) 60 m und in 1 h 3600 m zurück. → 6

> $1\frac{m}{s} = 3{,}6\frac{km}{h}$

Mit einer einfachen Rechnung wandelt Kati den Zahlenwert der Geschwindigkeit in $\frac{m}{s}$ in den Zahlenwert der Geschwindigkeit in $\frac{km}{h}$ um. → 7

Kati legt in einer Zeit von 5 s einen Weg von 25 m zurück.
Berechne Katis Geschwindigkeit v.

Gegeben: *Zeit t = 5 s*
                Weg s = 25 m

Berechnung: $v = \frac{s}{t}$

                $v = \frac{25\,m}{5\,s} = 5\frac{m}{s}$

Katis Geschwindigkeit v beträgt 5 Meter pro Sekunde ($5\frac{m}{s}$).

4 Beispiel: Geschwindigkeit berechnen

Weg s	Zeit t
·60 ⌐ 1 m	·60 ⌐ 1 s
·60 ⌐ 60 m	·60 ⌐ 60 s = 1 min
3600 m = 3,6 km	3600 s = 60 min = 1 h

6 Umrechnung: Meter pro Sekunde in Kilometer pro Stunde

5 Tempolimit

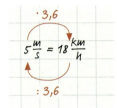

7 Kati fährt nicht zu schnell.

Aufgaben

1 ✏ Ergänze die Aussagen im Heft:
a Je weiter ein Auto in 1 h kommt, desto ◇ ist seine Geschwindigkeit.
b Je weniger Zeit ein Auto für 10 km benötigt, desto ◇ ist seine Geschwindigkeit.

2 ✖ Max fährt 48 m in 8 s, Sara in 6 s.
a Gib an, wer schneller ist – ohne zu rechnen. Begründe deine Antwort.
b Berechne die Geschwindigkeiten in $\frac{m}{s}$ und $\frac{km}{h}$.

Geschwindigkeit

Methode

Kein Zahlenwert ohne Einheit

`1` Entfernung messen – ohne Maßband

Physikalische Größen • Beim Weitsprung misst du die Strecke vom Balken bis zum Landepunkt des Springers und beim Hürdenlauf die Zeit. Strecke (Weg), Zeit und andere messbare Eigenschaften nennt man physikalische Größen.

Maßzahl und Einheit • Nico soll auf dem Schulhof die Strecke zwischen 2 Sitzgruppen messen – ohne Maßband oder Lineal. Er nimmt einen Badmintonschläger und bestimmt, wie oft dieser zwischen die beiden Sitzgruppen passt. → `1` Ergebnis: Die Strecke zwischen den Sitzgruppen ist 12,5-mal so groß wie der Badmintonschläger. Die Zahl 12,5 bezeichnen wir als Maßzahl. Die Strecke vom Anfang bis zum Ende des Badmintonschlägers ist bei Nicos Messung die Einheit. → `2`
Beim Messen vergleichen wir, wie oft die Einheit in der zu messenden Größe enthalten ist.

> physikalische Größe   Maßzahl   Einheit
> Strecke = 12,5 mal 1 Badmintonschläger
> $s = 12{,}5\ \text{BS}$
> Formelzeichen   Symbol für die Einheit

`2` So gibst du einen Messwert an.

Jeder Messwert wird als Produkt von Maßzahl und Einheit angegeben.

Verbindliche Einheiten • Damit die Messwerte an unterschiedlichen Orten vergleichbar sind, braucht man überall dieselben Einheiten. Nicht alle Badmintonschläger sind aber gleich groß. Stattdessen benutzen wir ein Maßband mit den Einheiten Meter und Zentimeter.

Aufgaben

1 ◻ Timo hat $s = 120\ \text{cm}$ gemessen. Gib die physikalische Größe an, die er gemessen hat. Nenne die Maßzahl und die Einheit.

2 ◻ Gib drei weitere physikalische Größen mit Einheiten und Messgeräten an, die du aus der Mathematik oder deinem Alltag kennst.

3 ◻ Das Geld in deinem Sparschwein kannst du zählen und mit einer Einheit benennen. Kann man deshalb Geld als physikalische Größe bezeichnen?
Begründe deine Antwort.

Methode

Genau messen – sinnvolle Messwerte angeben

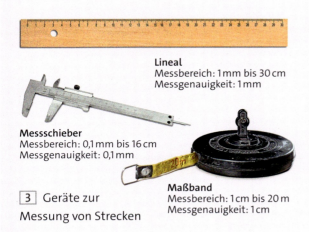

Lineal
Messbereich: 1 mm bis 30 cm
Messgenauigkeit: 1 mm

Messschieber
Messbereich: 0,1 mm bis 16 cm
Messgenauigkeit: 0,1 mm

Maßband
Messbereich: 1 cm bis 20 m
Messgenauigkeit: 1 cm

3 Geräte zur Messung von Strecken

Es gibt viele Geräte zur Messung von Strecken. Nicht alle sind gleich gut geeignet, um beispielsweise die Strecke zwischen den Pfosten eines Fußballtors zu messen. → 3

So gehst du vor:

1. Messgerät mit dem richtigen Messbereich auswählen Der Messbereich eines Messgeräts wird durch den kleinsten und den größten ablesbaren Wert begrenzt.
Beispiel: Beim Maßband ist 1 cm der kleinste ablesbare Wert, 20 m der größte. Der Messbereich geht von 1 cm bis 20 m.
Das Fußballtor ist breiter als 30 cm. Es kann deshalb nicht mit dem Messschieber oder dem Lineal gemessen werden. Das Maßband hat für diese Messung den richtigen Messbereich.

2. Messgenauigkeit bestimmen Die Messgenauigkeit eines Messgeräts wird durch die kleinste Einteilung der Skala bestimmt.
Beispiel: Mit dem Maßband kann man messen, ob die Strecke zwischen den Pfosten 732 cm oder 733 cm beträgt – genauer geht es nicht. Die Messgenauigkeit des Maßbands beträgt 1 cm.

3. Messfehler bestimmen Wenn mehrere Personen das Fußballtor ausmessen, gibt es oft verschiedene Messwerte. Jede Messung ist mit einem Fehler verbunden. Messfehler können beim Ablesen, durch ungenaue Messgeräte oder durch die Messmethode entstehen.
Beispiel: Die Strecke zwischen den Pfosten beträgt 732 cm. Bei mehreren Messungen wirst du sehen, dass es auch 730 cm oder 734 cm sein können. Der Messfehler liegt bei ±2 cm.

4. Sinnvolle Messwerte angeben Messwerte sollen in Einheiten angegeben werden, die das gewählte Messgerät auch anzeigen kann.
Beispiel: Für den Abstand der Pfosten wurden mit dem Maßband 7,32 m ermittelt. Das lässt sich umrechnen: 7,32 m = 732 cm = 7320 mm. Die Angabe in Millimetern ist aber nicht sinnvoll, da das Maßband mit einer Messgenauigkeit von 1 cm dafür zu ungenau ist. Ein Wert von 7321 mm könnte beispielsweise mit dem Maßband gar nicht gemessen werden.

Aufgabe

1 ▶ Wähle für die Messwerte jeweils ein passendes Messgerät. Gib auch die Messgenauigkeit an:
$s = 17,5$ cm; $s = 2,6$ mm; $s = 15,0$ m.

Geschwindigkeit

Material A

Wie schnell bist du?

Materialliste: Stoppuhr, Maßband, Smartphone-App, Tacho, Schrittzähler ...

1. ✉ Wie kannst du deine Geschwindigkeit als Fußgänger und als Radfahrer ermitteln?
Finde verschiedene Möglichkeiten und notiere sie.

Material B

Wie schnell ist ...?

Materialliste: Stoppuhren, Maßband, Modellautos mit Antrieb, Fußball

1. Legt eine 10 m lange „Rennstrecke" fest.
   a ✉ Schätzt, wie lange die Modellautos für die Strecke benötigen. Notiert die Zeiten in Sekunden (s).
   b ✉ Messt, wie lange die Modellautos benötigen.
   Tipp: Oft drückt man die Stoppuhr nicht genau zur rechten Zeit. Messt die Zeit daher mit mehreren Stoppuhren und bildet dann den Mittelwert. → 2 So mitteln sich die Ungenauigkeiten meistens wieder heraus.
   c ✉ Berechnet und vergleicht die Geschwindigkeiten eurer Modellautos.

2. Wie schnell ist ein scharf geschossener Fußball?
   ✉ Plant einen Versuch, um seine Geschwindigkeit zu bestimmen. Führt den Versuch nach Absprache mit eurer Lehrerin oder eurem Lehrer durch.

> Drei Zeitnehmer haben für Jans Modellauto die Zeit gestoppt: 1,5 s ; 1,3 s ; 1,7 s.
> Berechne den Mittelwert.
>
> Rechnung:
> $t_{mittel} = (1,5\,s + 1,3\,s + 1,7\,s) : 3$
> $t_{mittel} = 4,5\,s : 3 = 1,5\,s$
>
> Der Mittelwert beträgt 1,5 s.

1 Funkgesteuertes Modellauto

2 Beispielrechnung: Mittelwert

Material C

Geschwindigkeitskontrolle

Vor der Schule wurde kontrolliert, wie schnell die Autos unterwegs sind.
Dabei wurde gemessen, wie viel Zeit ein vorbeifahrendes Auto für einen bestimmten Weg braucht. → 3

Auto	A	B	C
Weg s	50 m	50 m	100 m
Zeit t	3 s	4 s	13 s
Geschwindigkeit v	? $\frac{m}{s}$	? $\frac{m}{s}$	? $\frac{m}{s}$
	? $\frac{km}{h}$	? $\frac{km}{h}$	? $\frac{km}{h}$

3 Autos mit verschiedenen Geschwindigkeiten?

1. Welches Fahrzeug war schneller: das Auto A oder das Auto B?
   a ✉ Gib es an, ohne zu rechnen.
   b ✉ Begründe deine Antwort.

2. Wer war schneller: das Auto B oder das Auto C?
   a ✉ Beantworte die Frage, ohne die Geschwindigkeiten zu berechnen.
   b ✉ Begründe deine Antwort.

3. ✉ Übertrage die Tabelle ins Heft. → 3
   Berechne für jedes Auto die Geschwindigkeit.

Geschwindigkeit und Bewegungen

Erweitern und Vertiefen

Das Internationale Einheitensystem

SI-Einheitensystem • In den meisten Ländern gilt ein einheitliches Einheitensystem. Das SI-Einheitensystem beruht auf 7 Grundgrößen, deren Einheiten festgelegt wurden. → 4 Alle anderen Größen werden aus den Grundgrößen abgeleitet. So erhält man z. B. die Geschwindigkeit, wenn man den Quotienten aus den Grundgrößen Länge (Weg) und Zeit bildet.

Weitere Einheiten • In einigen Ländern gelten neben dem SI-Einheitensystem weitere Einheiten. In Großbritannien und den USA gibt man zum Beispiel Längen meist nicht in Millimetern, Metern oder Kilometern an, sondern in inch, yard oder mile. → 5 „Tempo 30" bedeutet in Großbritannien nicht 30 Kilometer pro Stunde, sondern 30 Meilen pro Stunde. Das entspricht ungefähr 48 $\frac{km}{h}$! → 6

Grundgröße	Formelzeichen (Ursprung)	Einheit (Abkürzung)
Länge, Strecke, Weg	l, s (lat.: spatium)	Meter (m)
Masse	m (engl.: mass)	Kilogramm (kg)
Zeit	t (engl.: time)	Sekunde (s)
Stromstärke	I (lat.: inductus)	Ampere (A)
Temperatur	T (engl.: temperature)	Kelvin (K)
Stoffmenge	n (lat.: numerus)	Mol (mol)
Lichtstärke	I_v (engl.: luminous intensity)	Candela (cd)

4 Grundgrößen und Einheiten des SI-Systems

Die Verwendung mehrerer Einheitensysteme kann Probleme bringen: Im Jahr 1999 ging die Marssonde MCO (Mars Climate Orbiter) verloren. Um nicht in der Reibungshitze der Marsatmosphäre zu verglühen, durfte sich die Sonde nicht mehr als 150 km der Marsoberfläche nähern. Diese Entfernung war von der NASA im SI-Einheitensystem berechnet worden. Die Navigationssoftware der Sonde nutzte aber andere Einheiten, ohne die Werte umzurechnen. Dadurch ergab sich eine Annäherung von 57 km an den Mars – die Sonde verglühte.

Einheit	Umrechnung	Einheit	Umrechnung
inch	2,54 cm	yard	0,91 m
foot	30,48 cm	mile	1609 m

5 Längenmaße in Großbritannien und den USA

6 Zu Besuch in Großbritannien

Aufgabe

1 In Großbritannien gelten Höchstgeschwindigkeiten von 60 mph (Meilen pro Stunde) auf Landstraßen und 70 mph auf der Autobahn. Rechne die Werte jeweils in Kilometer pro Stunde um.

Mit Geschwindigkeiten rechnen

1 Wegweiser für Wanderer

4 Stunden bis zum Gipfel des Rachel: Wie viele Kilometer muss man laufen?

Wege berechnen • Der Wegweiser steht an einem Wanderweg in den Bergen. → 1 Im Mittel legt hier ein Wanderer in 1 Stunde 3 Kilometer zurück. In 4 Stunden wandert er 4-mal so weit, also 12 Kilometer. → 2 Der Weg zum Gipfel ist also 12 Kilometer lang.

Wege berechnen – mithilfe der Gleichung für die Geschwindigkeit • Die Gleichung $v = \frac{s}{t}$ musst du nach dem Weg auflösen. Du erhältst $s = v \cdot t$. → 3 Für die Umstellung kannst du auch ein Hilfsdreieck benutzen. → 4 Dazu deckst du den gesuchten Weg s ab. Die umgestellte Gleichung wird angezeigt.
Nun kannst du die Werte für die Geschwindigkeit und die Zeit in die umgestellte Gleichung einsetzen. → 5

| Weg = Geschwindigkeit · Zeit
| $s = v \cdot t$

Berechne den Weg, den ein Wanderer bis zum Gipfel zurücklegt.

Gegeben: $v = 3 \frac{km}{h}$
$t = 4h$

Zeit t	Weg s
1 h	3 km
4 h	12 km

·4 (links), ·4 (rechts)

In 4 Stunden legt der Wanderer 12 km zurück.

2 Weg berechnen

$v = \frac{s}{t} \quad | \cdot t$
$v \cdot t = s \quad | \text{umstellen}$
$s = v \cdot t$

3 Auflösen der Gleichung für die Geschwindigkeit nach s

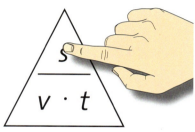

4 Auflösen mit dem Hilfsdreieck ($s = v \cdot t$)

Berechne den Weg, den ein Wanderer bis zum Gipfel zurücklegt.

Gegeben: $v = 3 \frac{km}{h}$
$t = 4h$

Rechnung: $s = v \cdot t$
$s = 3 \frac{km}{h} \cdot 4h$
$s = 12 km$

In 4 Stunden legt der Wanderer 12 km zurück.

5 Weg mithilfe der nach s aufgelösten Gleichung berechnen

Geschwindigkeit und Bewegungen

das Hilfsdreieck

Zeiten berechnen • Ein Jogger ist mit $10\,\frac{km}{h}$ unterwegs. Wie lange braucht er bis zum Gipfel? Für 1 km braucht er 6 min. → 6 Für 12 km braucht er 12-mal so lange, also 72 min = 1 h, 12 min.

Zeiten berechnen – mithilfe der Gleichung für die Geschwindigkeit • Die Gleichung $v = \frac{s}{t}$ kannst du nach der Zeit auflösen. Du erhältst $t = \frac{s}{v}$. → 7 Diese Gleichung zeigt auch das Hilfsdreieck. → 8

Nach dem Einsetzen der Werte für die Geschwindigkeit und die Zeit erhältst du das Ergebnis. → 9 Umrechnung von 1,2 h in min:
1,2 h = 1,2 · 60 min = 72 min
72 min = 1 h, 12 min

> Zeit = $\frac{\text{Weg}}{\text{Geschwindigkeit}}$
> $t = \frac{s}{v}$

Aufgaben

1 Auf der Wanderung zum Gipfel des Rachel kann man einen reizvollen Abstecher von 1,5 h machen. Um wie viele Kilometer wird die Tour dadurch länger?
▶ Berechne den zusätzlichen Weg. Gehe von $v = 3\,\frac{km}{h}$ aus.

2 Ein langsamerer Wanderer ist mit $2,5\,\frac{km}{h}$ unterwegs.
▶ Berechne für den langsameren Wanderer die Zeit bis zum Gipfel des Rachel.

3 Maike fährt mit dem Fahrrad in die Schule, die 4500 m entfernt ist. Mit dem Fahrrad hat sie eine Geschwindigkeit von $18\,\frac{km}{h}$.
▶ Berechne, wie viele Minuten Maike unterwegs ist.

Berechne die Zeit, die der Jogger bis zum Gipfel braucht.

Gegeben: $v = 10\,\frac{km}{h}$
   $s = 12\,km$

Weg s	Zeit t
10 km	60 min
1 km	6 min
12 km	72 min

(: 10, · 12)

Der Jogger braucht 1 Stunde und 12 min bis zum Gipfel.

6 Zeit berechnen

$v = \frac{s}{t}\quad |\cdot t$
$v \cdot t = s\quad |:v$
$t = \frac{s}{v}$

7 Auflösen der Gleichung für die Geschwindigkeit nach t

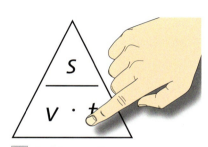

8 Auflösen mit dem Hilfsdreieck ($t = \frac{s}{v}$)

Berechne die Zeit, die der Jogger bis zum Gipfel braucht.

Gegeben: $v = 10\,\frac{km}{h}$; $s = 12\,km$

Rechnung: $t = \frac{s}{v}$

$t = \frac{12\,km}{10\,\frac{km}{h}} = \frac{12\,km \cdot h}{10\,km}$

$t = 1,2\,h = 72\,min$

Der Jogger braucht 1 Stunde und 12 min bis zum Gipfel.

9 Zeit mithilfe der nach t aufgelösten Gleichung berechnen

Mit Geschwindigkeiten rechnen

Material A

Rechnen mit Geschwindigkeiten

Berechne mithilfe der Angaben in Tabellen und Fotos.
→ 1 – 8
Tipp: Achte jeweils auf die Einheiten.

1. Wie weit geht ein Fußgänger in 1 h?

2. Wie weit fährt ein Radler in 8 h mit dem Fahrrad?

3. Wer ist schneller: ein Auto auf der Landstraße oder ein Gepard?

4. Wie viele Minuten benötigt eine Schnecke für 1 m?

5. Wie lange benötigt der Schall für 1 km?

6. Licht ist von der Sonne zur Erde 500 s lang unterwegs.
   a. Wie viele Minuten braucht das Licht von der Sonne zu uns?
   b. Vergleiche damit, wie lange das Licht vom Mond zur Erde benötigt (Entfernung: rund 400 000 km).

7. Rechne um, wie viele Kilometer der Mond in einer Stunde zurücklegt.

Geschwindigkeiten in der Natur	
mäßiger Wind (Windstärke 4)	$7\,\frac{m}{s}$
Rennpferd	$25\,\frac{m}{s}$
Falke	$28\,\frac{m}{s}$
Orkan (Windstärke 12)	$60\,\frac{m}{s}$
Schall in Luft	$340\,\frac{m}{s}$
Erde um die Sonne	$30\,\frac{km}{h}$
Licht	$300\,000\,\frac{km}{s}$

1

Geschwindigkeiten im Alltag	
Fußgänger	$5\,\frac{km}{h}$
Radfahrer	$15\,\frac{km}{h}$
Mofa	$25\,\frac{km}{h}$
Auto (im Ort)	$50\,\frac{km}{h}$
Auto (Landstraße)	$100\,\frac{km}{h}$
Regionalexpress	$160\,\frac{km}{h}$
Düsenverkehrsflugzeug	$950\,\frac{km}{h}$

2

3 Schnecke: $5\,\frac{mm}{s}$

4 Gepard: $34\,\frac{m}{s}$

5 Fußball: bis zu $130\,\frac{km}{h}$

6 Mond umkreist Erde: $1\,\frac{km}{s}$

7 Rennwagen: bis zu $360\,\frac{km}{h}$

8 ICE: bis zu $350\,\frac{km}{h}$

Material B

Der Schulweg

Materialliste: beliebige Karten-App, Handy

1 Wie kommst du zur Schule? Wie lange dauert es?
a ☒ Schätze die Zeiten: zu Fuß, mit dem Rad, mit dem Bus …
b ☒ Gib die Adresse der Schule ins Suchfeld der App ein. Lass die App eine Route berechnen. Setze deine Adresse als Startpunkt ein. Wähle aus, wie du zur Schule kommst.
c ☒ Vergleiche die berechneten Zeiten mit den Zeiten, die du geschätzt hast. Vergleiche auch den vorgeschlagenen Weg mit deinem tatsächlichen Schulweg. Erkläre jeweils die Abweichungen.

2 Suche weitere nahe Ziele.
a ☒ Lass die App jeweils die Wege und Zeiten berechnen.
b ☒ Vermute, wie die App die Zeiten berechnet.

3 ☒ Wenn die App auf deinen Standort zugreifen darf, liefert sie bessere Ergebnisse. Informiere dich über Nachteile der Standortfreigabe.

Material C

Zeiten berechnen

1 ☒ Mirko überlegt, ob er baden oder klettern möchte. → 9 Wohin braucht er weniger Zeit? Berechne es.
Tipp: Im Durchschnitt läuft Mirko $4\,\frac{km}{h}$ schnell und er radelt mit $18\,\frac{km}{h}$.

9 Mirko hat die Wahl.

Material D

Wege berechnen

1 Von A-Dorf nach B-Stadt kommt man über die Landstraße oder über die Autobahn. → 10 Von der Zeit her nimmt sich das nichts: Man braucht auf beiden Wegen 40 min.

a ☒ Gib an, welcher Weg länger ist.
b ☒ Berechne, wie lang beide Wege sind.
Tipp: Auf der Landstraße beträgt die durchschnittliche Geschwindigkeit $60\,\frac{km}{h}$, auf der Autobahn sind es $100\,\frac{km}{h}$.

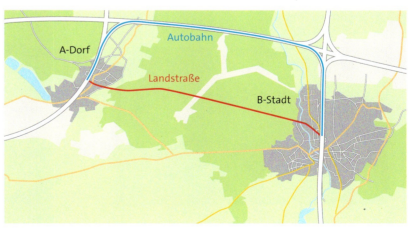

10 Verschiedene Wege berechnen

Mit Geschwindigkeiten rechnen

Erweitern und Vertiefen

Fahrradtacho

Wie schnell fahre ich? • Der Tachometer (kurz: Tacho) zeigt in jedem Moment die Geschwindigkeit an. →1 Er ist ein kleiner Computer. So wird die Geschwindigkeit ermittelt:
An einer Speiche des Vorderrads ist ein Magnet befestigt. →2 An der Vordergabel sitzt ein Magnetsensor. Bei jeder Drehung des Vorderrads kommt der Magnet einmal am Magnetsensor vorbei. Dann fließt kurzzeitig elektrischer Strom. Ein elektrisches Signal wird an den Tacho gesendet.
Das Fahrrad legt zwischen zwei Signalen einen Weg zurück, der dem Umfang des Reifens entspricht. Der Tacho „kennt" diesen Umfang und misst die Zeit zwischen zwei Signalen. Aus dem Umfang und der gemessenen Zeit berechnet der Tacho die Geschwindigkeit.

Aufgaben

1 Ein Modellversuch zeigt, wie der Tacho funktioniert. →3
a ⊠ Der Tacho muss den Reifenumfang „kennen". Du kannst den Reifenumfang an einem Fahrrad einfach ermitteln. Beschreibe, wie du vorgehst.
b ⊠ Im Modellversuch leuchtet die Lampe 20-mal in 10 s auf. Der Reifenumfang soll 2200 mm betragen. Berechne den Weg, den das Fahrrad zurückgelegt hätte und die Geschwindigkeit in $\frac{km}{h}$.

2 ⊠ Misst dein Tacho die richtige Geschwindigkeit?
Überlege dir einen Versuch, um die Messung zu überpüfen.

1 Tacho am Fahrrad

2 Magnet und Magnetsensor

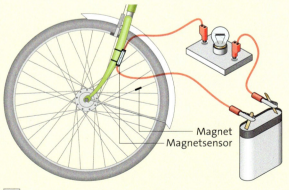

3 Modellversuch zum Tacho

Erweitern und Vertiefen

„Blitzer" am Straßenrand

[4] Blitzerkasten

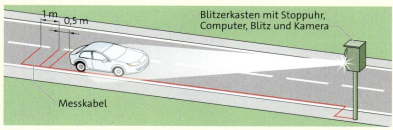

[5] Aufbau der Messung

Drei Kabel in der Straße • Solche Kästen siehst du an Ortseinfahrten und Kreuzungen. → [4] Damit fotografiert die Polizei Raser. Zum Blitzerkasten gehören drei Kabel in der Straße. → [5] Wenn ein Auto über das erste Kabel fährt, wird die Stoppuhr im Blitzerkasten gestartet. Sie misst, wie lange das Auto bis zum zweiten und dritten Kabel braucht. Daraus berechnet der Computer die Geschwindigkeit zwischen den Kabeln. Wenn sie höher ist als erlaubt, fotografiert die Kamera das Auto. Der Blitz sorgt für Helligkeit.

Lasersäule • In der Säule ist ein Laser. → [6] Er sendet rasch hintereinander Blitze aus, die für das Auge ungefährlich sind. Die Blitze werden von einem vorbeifahrenden Auto zurückgeworfen, ein Messgerät in der Säule fängt sie wieder auf. Ein Computer berechnet aus der Laufzeit der Laserblitze den Ort des Autos zu verschiedenen Zeiten. Dann berechnet er den Weg des Autos zwischen zwei Laserblitzen, teilt ihn durch die Zeitdifferenz und erhält so die Geschwindigkeit des Autos.
Raser werden fotografiert. Das Blitzlicht dafür kann man nicht sehen, weil es Infrarotlicht ist.

Aufgaben

1 Gib an, wie viele Messkabel quer zur Fahrtrichtung verlegt sind und wie groß der Abstand zwischen ihnen ist. → [5]

2 Der „Blitzer" misst zwischen den ersten beiden Kabeln folgende Zeiten: → [5]
0,045 s; 0,050 s; 0,060 s; 0,040 s; 0,070 s.
Berechne die Geschwindigkeit der Autos. Wer fährt schneller als 70 $\frac{km}{h}$?

3 Ein Auto ist 50 m von der Lasersäule entfernt. → [6] Berechne die Zeit vom Aussenden des Laserblitzes bis zum Auffangen.
Tipp: Der Blitz hat Lichtgeschwindigkeit.

[6] Lasersäule

Verschiedene Bewegungen

1 Gleiches Ziel – verschiedene Bewegungen

Seilbahn und Mountainbiker fahren ins Tal. Ihre Bewegungen sind verschieden.

Gleichförmige Bewegung • Die Seilbahn fährt mit gleichbleibender Geschwindigkeit: Ihre Bewegung ist gleichförmig.

> Bei einer gleichförmigen Bewegung bleibt die Geschwindigkeit gleich.

Ungleichförmige Bewegung • Die Mountainbiker fahren mal schnell und mal langsam: Ihre Bewegung ist ungleichförmig.

> Ändert sich die Geschwindigkeit eines Körpers, ist die Bewegung ungleichförmig.
> Wenn die Geschwindigkeit des Körpers zunimmt, sprechen wir von einer beschleunigten Bewegung.
> Nimmt die Geschwindigkeit des Körpers ab, sprechen wir von einer verzögerten Bewegung.

Momentangeschwindigkeit und Durchschnittsgeschwindigkeit • Der Tacho zeigt an, wie schnell der Mountainbiker gerade fährt: Er misst die momentane Geschwindigkeit.
Bei der Talfahrt sind die Mountainbiker an vielen Stellen sehr schnell unterwegs. Dort zeigt der Tacho eine hohe Momentangeschwindigkeit an. An holprigen Stellen oder kleinen Anstiegen fahren die Mountainbiker langsamer. Der Tacho zeigt eine niedrige Momentangeschwindigkeit an. → 2
Nach der Radtour berechnet der Tacho die durchschnittliche Geschwindigkeit für die gesamte Strecke:

$$v_d = \frac{s_{gesamt}}{t_{gesamt}}. \rightarrow \boxed{2}$$

Da sich die Seilbahn gleichförmig bewegt, entspricht ihre Momentangeschwindigkeit an jeder Stelle der Durchschnittsgeschwindigkeit.

> Der Tacho zeigt die Momentangeschwindigkeit an.

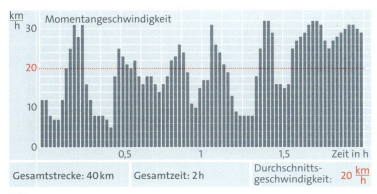

2 Aufzeichnung einer Radtour in einer App

Geschwindigkeit und Bewegungen

die gleichförmige Bewegung
die ungleichförmige Bewegung
die beschleunigte Bewegung
die verzögerte Bewegung
die Momentangeschwindigkeit
die Durchschnittsgeschwindigkeit

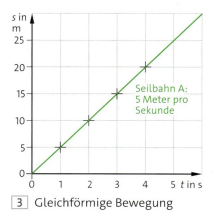

3 Gleichförmige Bewegung

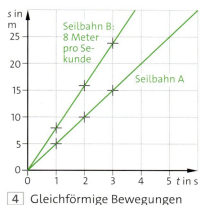

4 Gleichförmige Bewegungen

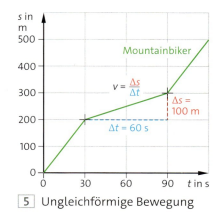

5 Ungleichförmige Bewegung

Gleichförmige Bewegung im Diagramm • Seilbahn A fährt in einer Sekunde 5 m weit, in zwei Sekunden 10 m, in drei Sekunden 15 m … Es gilt:
- doppelte Zeit → doppelter Weg
- dreifache Zeit → dreifacher Weg

Der Weg ist proportional zur Zeit. Wege und Zeiten liegen im Diagramm auf einer Geraden durch den Ursprung. → 3
Seilbahn B fährt mit 8 m pro Sekunde. Sie ist schneller als Seilbahn A. Ihre Gerade im Diagramm ist steiler. → 4

Ungleichförmige Bewegung im Diagramm • Die Fahrt der Mountainbiker ergibt im Diagramm eine „geknickte" Linie. → 5 Im mittleren Abschnitt fahren die Mountainbiker 100 m in 60 s. Du kannst die Geschwindigkeit in einzelnen Abschnitten mithilfe des Diagramms berechnen.

Mit dem Delta-Zeichen Δ vor einer Größe bezeichnet man den Unterschied oder die Veränderung dieser Größe. Schreibt man nur s, meint man einen bestimmten Punkt auf einer Strecke, zum Beispiel die Ziellinie bei einem 400-m-Lauf. Schreibt man allerdings Δs, so meint man die Entfernung vom Start bis zum Ziel. → 6

Bei einer gleichförmigen Bewegung liegen im Diagramm die Messwerte für Wege und Zeiten auf einer Ursprungsgeraden.
Bei ungleichförmigen Bewegungen ergeben sich im Diagramm „geknickte" Linien.

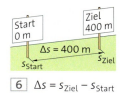

6 $\Delta s = s_{Ziel} - s_{Start}$

Aufgaben

1. ▷ Nenne je drei gleichförmige und ungleichförmige Bewegungen.

2. ▷ Viele Fahrradtachos zeigen auch die Maximalgeschwindigkeit einer Radtour an. Handelt es sich hierbei um eine Momentangeschwindigkeit oder um die Durchschnittsgeschwindigkeit? Begründe deine Antwort.

3. ▷ Seilbahn C fährt mit $4\,\frac{m}{s}$. Übertrage Diagramm 3 in dein Heft. Zeichne die Gerade für Seilbahn C ein.

Verschiedene Bewegungen

Material A

Gleichförmig oder ungleichförmig?

1 ▸ Ordne nach gleichförmigen und ungleichförmigen Bewegungen. → 1 – 8 Begründe jeweils.

Material B

Bewegung im Diagramm

1 Das Diagramm zeigt die Fahrten von drei Autos.

a ▸ Gib an, welche Autos sich gleichförmig bewegen. Begründe jeweils.

b ▸ Die Autos mit den gleichförmigen Bewegungen fahren unterschiedlich schnell. Gib an, welches Auto schneller fährt. Begründe deine Antwort.

c ▸ Gib die richtige Beschreibung an und begründe:
• Auto 2 fährt erst schneller und dann langsamer.
• Auto 2 fährt erst langsamer und dann schneller.

d ▸ Bestimme die Geschwindigkeit von Auto 2 in beiden Abschnitten.

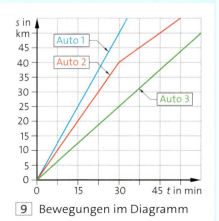

9 Bewegungen im Diagramm

Geschwindigkeit und Bewegungen

Material C

Lena und Toni

Lena joggt zu einem See. Ihr Tempo bleibt immer gleich. Ihr Hund Toni läuft mit. Mal bleibt er zurück, mal ist er recht weit voraus. Das Diagramm zeigt ihre Bewegungen. → 10

1 Beantworte die folgenden Fragen mithilfe des Diagramms:
  a ▶ Welche Linie gehört zu Lenas Lauf?
  b ▶ Wann erreicht Lena den See?
  c ✖ Wann macht Toni Pause?

2 ✖ Notiere weitere Fragen und Antworten.

3 ✖ Beschreibe Tonis Bewegung genauer. Berechne seine höchste Geschwindigkeit. Tipp: Ein ähnliches Beispiel ist unten beschrieben. → 11

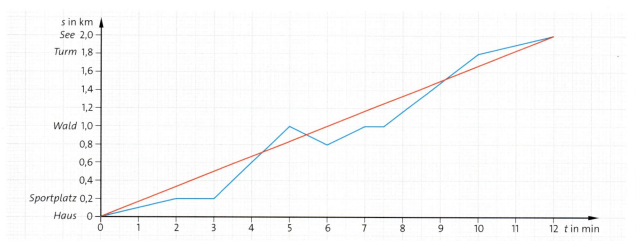

10 Lena joggt mit ihrem Hund Toni.

1 In den ersten 15 min legt Laura 5 km zurück:
  $v = \frac{5000\,m}{15 \cdot 60\,s} = 5{,}56\,\frac{m}{s} = 20\,\frac{km}{h}$.
2 In den folgenden 10 min geht es bergauf. Laura kommt in dieser Zeit nur 2 km weiter:
  $v = \frac{2000\,m}{10 \cdot 60\,s} = 3{,}33\,\frac{m}{s} = 12\,\frac{km}{h}$.
3 Bei Kilometer 7 macht Laura 5 min lang Pause.
4 Dann fährt sie 5 min weiter.
5 Laura hat ihre Trinkflasche vergessen! Sie fährt 5 min mit gleicher Geschwindigkeit zurück. Im Diagramm geht die Kurve nach unten.
6 Nun geht es wieder vom Rastplatz los.

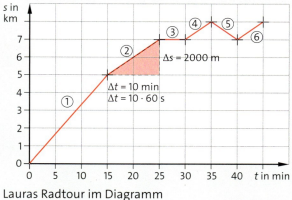

Lauras Radtour im Diagramm

11 So fängt Lauras Radtour an – genauer beschrieben.

Verschiedene Bewegungen

Methode

Messwerte im Diagramm darstellen

So gehst du vor, um zum Beispiel die Fahrt eines Modellautos im Diagramm darzustellen:
→ 1 2

t in s	0	1,0	2,0	3,0	4,0	5,0	6,0
s in m	0	1,5	3,1	4,8	6,3	8,1	9,6

1 Messwerte

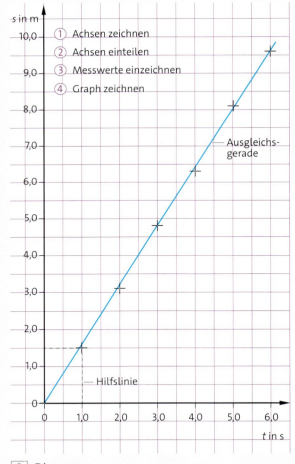

2 Diagramm

1. Achsen zeichnen Lege das Diagramm auf einer leeren DIN-A4-Seite mit Kästchen an. Zeichne die Achsen. Schreibe die Größen und ihre Einheiten daran. Beispiel:
- Die vorgegebene Größe ist die Zeit. Sie gehört an die waagerechte Achse (x-Achse). Beschriftung: t in s
- Der Weg ist die abhängige Größe. Er gehört zur senkrechten Achse (y-Achse). Beschriftung: s in m

2. Achsen einteilen Teile die Achsen gleichmäßig ein. Lege jeweils den größten Wert möglichst weit ans Ende der Achse. Beispiel:
- Der größte Wert für die Zeit ist 6,0 s. Als Maßstab wählen wir: 1 cm entspricht 1 s. Dann wird die Achse mindestens 6 cm lang.
- Der größte Messwert für den Weg ist 9,6 m. Als Maßstab wählen wir: 1 cm entspricht 1 m. Dann wird die Achse etwa 10 cm hoch.

3. Wertepaare einzeichnen Zeichne die Wertepaare mit spitzem Bleistift als Kreuze ein. Beispiel: Zeichne eine dünne Linie von 1,0 s senkrecht nach oben und eine dünne Linie von 1,5 m waagerecht nach rechts. So erhältst du den Punkt für das Wertepaar (1,0 s | 1,5 m). Mit etwas Übung kannst du auf die Hilfslinien verzichten. Benutze ein Lineal oder ein Geodreieck, das du im Diagramm anlegst.

4. Graph zeichnen Wenn die Kreuze ungefähr auf einer Geraden liegen, zeichnest du eine „Ausgleichsgerade". Die Kreuze sollten möglichst nahe an dieser Strecke liegen.

Material D

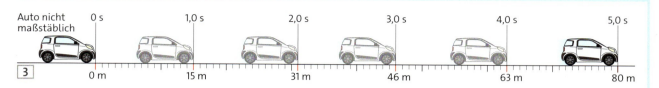

Autofahrt

1 Die Fahrt wurde erfasst. → 3

a ▸ Übertrage die Wertepaare für die Messung aus dem Bild in eine Tabelle. → 4

t in s	0	1,0	?
s in m	0	15	?
v in $\frac{m}{s}$	0	?	?

4 Beispieltabelle

b ▸ Zeichne ein Diagramm mit Ausgleichsgerade. Sieh dir dazu die linke Seite an.

c ▸ Berechne zu jedem Wertepaar die Geschwindigkeit. Ergänze sie in der Tabelle.

Material E

Wie schnell ist der Experimentierwagen?

In mehreren Versuchen zieht ein Experimentierwagen einen Papierstreifen hinter sich her – mit verschiedenen Geschwindigkeiten. Ein Zeitmarkengeber setzt jeweils zehn Punkte pro Sekunde auf die Papierstreifen. → 5

Zur Auswertung markierst du den Startpunkt als P0 und jeden zehnten Punkt (P1, P2 ...). Miss die Wege jeweils von P0 zu P1, von P0 zu P2 usw. Trage Wege und Zeiten in eine Wertetabelle ein. → 6

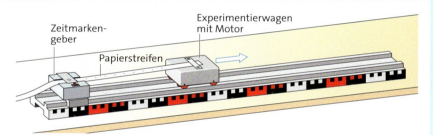

5 Versuchsaufbau

Punkte		P0	P1	P2	P3	P4	P5	P6	P7	P8
Zeit t in s		0,0	1,0	2,0	3,0	4,0	5,0	6,0	7,0	8,0
Weg s in cm	Versuch 1	0,0	7,9	16,1	24,1	32,1	39,9	48,0	56,1	64,0
	Versuch 2	0,0	10,1	19,8	29,9	40,1	49,9	59,9	70,1	80,0
	Versuch 3	0,0	12,0	23,9	35,8	48,1	70,0	71,9	83,8	96,0

6 Wertetabelle für drei Versuche

1 Diagramm zeichnen und auswerten

a ▸ Lege ein Diagramm so groß an, dass du für jeden Versuch einen Graphen einzeichnen kannst. → 6

b ▸ Zeichne die verschiedenen Graphen ein.

c ▸ Vergleiche die Graphen miteinander.

Gib an, welcher Graph die größte Geschwindigkeit darstellt.

d ▸ Berechne jeweils die Durchschnittsgeschwindigkeit für jeden Versuch in $\frac{m}{s}$.

Verschiedene Bewegungen

Methode

Messwerte im Diagramm darstellen – mit dem Computer

Zeit t in min	Zeit t in s	Weg s in m
0	0	0
3	180	1100
6	360	2140
9	540	3160
12	720	4180
15	900	5180
18	1080	6140
21	1260	7080
24	1440	8020
27	1620	8960
30	1800	10000

[1] Fahrradtour auf dem Uferradweg

Finnja, Ahmet, Tom und Sara haben eine Fahrradtour gemacht. Wege und Zeiten haben sie mit dem Handy aufgezeichnet. → [1] Nun sollen sie ihre Fahrt in einem Diagramm am Computer darstellen. Hier lernst du an einem von vielen Tabellenkalkulationsprogrammen, wie das geht. Bei neueren Versionen und anderen Programmen sind die Schritte ähnlich.

1. Tabelle anlegen Beim Starten des Programms öffnet sich eine Tabelle. Die Spalten in der Tabelle haben Buchstaben, die Zeilen haben Zahlen. So findest du die Zelle B3 in der Spalte B, Zeile 3. → [2] In jede Zelle kannst du Buchstaben, Zahlen oder Formeln eintragen. Durch Anklicken wählst du eine Zelle aus.

2. Messwerte eintragen Erstelle den Tabellenkopf: → [3]
- In die Spalte A kommen die Größe und die Einheit für die waagerechte Achse.
- In die Spalte B kommen die Größe und die Einheit für die senkrechte Achse.

Trage die Messwerte ohne Einheiten jeweils in den Zellen darunter ein.

3. Messwerte einzeichnen Wähle alle Zellen mit Messwerten aus. → [4] Führe folgende Schritte aus: Einfügen → Diagramm → Diagrammtyp Punkt (XY) (nur Datenpunkte, keine Linien) → OK. Danach kannst du das Diagramm benennen, die Achsen beschriften und das Gitternetz anpassen. → [5]

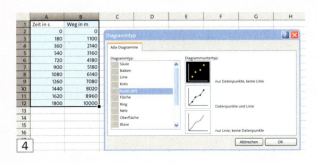

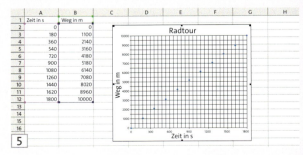

4. Kurve zeichnen Wenn die Punkte im Diagramm ungefähr auf einer Geraden liegen, kannst du vom Programm eine Ausgleichsgerade zeichnen lassen:
- Klicke im Diagramm mit der rechten Maustaste auf einen Messpunkt. Es öffnet sich ein Menü. Wähle „Trendlinie hinzufügen". → 6
- Wähle im Fenster „Trendlinie" den Typ „Linear".
- Die Gerade soll im Punkt (0|0) starten. Setze bei den Optionen bei „Schnittpunkt" einen Haken und füge in das Feld daneben den Wert 0,0 ein. → 7

Wenn die Punkte im Diagramm nicht ungefähr auf einer Geraden liegen sollten, gehst du zurück zu Schritt 3 und wählst als Diagrammtyp: Punkt (XY) (Punkte mit Linien und Datenpunkten).

Geschwindigkeit berechnen • Wie schnell sind die vier Radler auf den einzelnen Kilometern gefahren? Für die Berechnung verwenden wir die Gleichung $v = \frac{s}{t}$:
- Ergänze zunächst den Tabellenkopf in der Zelle C1. → 8
- Schreibe in die Zelle C3 die Rechenvorschrift: =B3/A3.
  Das = sagt dem Programm, dass es um eine Berechnung geht.
  Der / sagt dem Programm, dass geteilt wird.
  B3 sagt dem Programm, wo es den Wert für den Weg s findet: in der Zelle B3.
  A3 sagt dem Programm, wo es den Wert für die Zeit t findet: in der Zelle A3.
- Nun „greifst" du die rechte untere Ecke der Zelle C3 mit der Maus. Ziehe die Maus mit gedrückter linker Taste nach unten. In jeder markierten Zelle wird dann die Geschwindigkeit berechnet. → 9 Dabei wird aus B3/A3 automatisch B4/A4, B5/A5 …
- Runde auf 2 Stellen: Zellen auswählen → Rechtsklick → Zellen formatieren → Kategorie Zahl → Dezimalstellen 2.

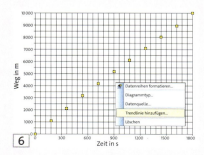

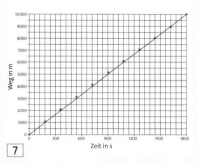

Geschwindigkeit und Bewegungen

Zusammenfassung

Geschwindigkeit • Die Geschwindigkeit gibt an, wie schnell sich ein Gegenstand bewegt.

$$\text{Geschwindigkeit} = \frac{\text{Weg}}{\text{Zeit}}$$

$$v = \frac{s}{t}$$

Wir geben die Geschwindigkeit in Metern pro Sekunde $\left(\frac{m}{s}\right)$ oder in Kilometern pro Stunde $\left(\frac{km}{h}\right)$ an.

Umrechnung: $1\frac{m}{s} = 3{,}6 \frac{km}{h}$ (·3,6 / :3,6)

Mit Geschwindigkeiten rechnen • Mithilfe der Geschwindigkeit kann man auch die benötigte Zeit oder den zurückgelegten Weg berechnen.
→ 1 2

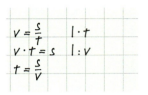
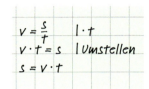

1 Auflösen der Gleichung nach t

2 Auflösen der Gleichung nach s

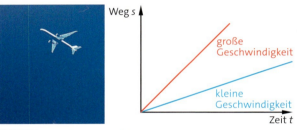

3 4 Gleichförmige Bewegungen

Gleichförmige Bewegungen • Bei gleichförmigen Bewegungen bleibt die Geschwindigkeit gleich groß. → 3
Weg und Zeit sind proportional zueinander:
• doppelte Zeit → doppelter Weg
• dreifache Zeit → dreifacher Weg
Im Diagramm der gleichförmigen Bewegung liegen die Messwerte für Weg und Zeit auf einer Geraden durch den Nullpunkt. → 4

Ungleichförmige Bewegungen • Bei ungleichförmigen Bewegungen ändert sich die Geschwindigkeit. → 5
Im Weg-Zeit-Diagramm liegen die Messwerte für Weg und Zeit nicht auf einer Geraden. → 6

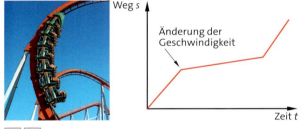

5 6 Ungleichförmige Bewegung

Bei beschleunigten Bewegungen nimmt die Geschwindigkeit zu, bei verzögerten Bewegungen nimmt die Geschwindigkeit ab.

Momentangeschwindigkeit und Durchschnittsgeschwindigkeit • Der Tacho zeigt die Momentangeschwindigkeit an. Bei ungleichförmigen Bewegungen kann sie sich von Moment zu Moment ändern. Für die Gesamtstrecke kann man die Durchschnittsgeschwindigkeit v_d berechnen:

$$v_d = \frac{s_{gesamt}}{t_{gesamt}}.$$

Bei gleichförmigen Bewegungen entspricht die Momentangeschwindigkeit jederzeit der Durchschnittsgeschwindigkeit.

Teste dich! (Lösungen auf Seite 220 f.)

Die Geschwindigkeit – Mit Geschwindigkeiten rechnen

1 Max sagt: „Ich bin mit meinem Fahrrad schon einmal 45 Stundenkilometer gefahren." Beschreibe, was er damit meint. Gib die Geschwindigkeit physikalisch richtig an.

2 Frau Meier erzählt: „Das war ein Verkehr auf der Autobahn. Ich habe für die 270 Kilometer heute 3 Stunden gebraucht!"
a Berechne ihre durchschnittliche Geschwindigkeit in $\frac{km}{h}$.
b An normalen Tagen fährt sie die Strecke im Schnitt mit $120\,\frac{km}{h}$. Berechne, wie lange sie dann für die Fahrt braucht.
c Berechne, wie weit Frau Meier in 3,5 h bei einer Geschwindigkeit von $120\,\frac{km}{h}$ kommt.

3 Marina fährt mit dem Fahrrad $18\,\frac{km}{h}$ schnell. Felix sagt: „Da bin ich ja zu Fuß noch schneller! Ich bin 75 m in 12,5 s gelaufen."
Rechne nach, ob Felix recht hat.
Tipp: Berechne zuerst seine Geschwindigkeit in $\frac{m}{s}$. Rechne dann in $\frac{km}{h}$ um.

4 Anita, Björn, Elena und Nuran müssen um 07:40 Uhr in der Schule sein. Berechne, wann sie starten müssen, um pünktlich anzukommen. Wer muss am frühesten aufbrechen?
- Anita geht 1,5 km zu Fuß: $v = 4{,}0\,\frac{km}{h}$.
- Björn fährt die 8,0 km bis zur Schule mit dem Fahrrad: $v = 14\,\frac{km}{h}$.
- Elena kommt mit dem Mofa: $v = 24\,\frac{km}{h}$. Ihr Weg ist 11 km lang.
- Nuran wird von ihrer Mutter mit dem Auto mitgenommen, weil sie 22 km von der Schule entfernt wohnt: $v = 40\,\frac{km}{h}$.

Verschiedene Bewegungen

5 Ordne in gleichförmige und in ungleichförmige Bewegungen: Auto in der Stadt, Radfahrer auf dem Schulweg, Minutenzeiger der Uhr, Flugzeug in Reiseflughöhe, Sprung vom 5-m-Turm, Tanker in ruhiger See, Läufer beim Start.

6 Bewegungen zweier Autos → 7
a Nenne das insgesamt schnellere Auto.
b Berechne die Durchschnittsgeschwindigkeit in $\frac{m}{s}$ und $\frac{km}{h}$ für beide Autos.
c Stelle die Bewegungen im Diagramm dar.
d Gib an, welches Auto (nahezu) gleichförmig fuhr. Begründe deine Auswahl.

Weg s in m	0	50	100	150	200	
Zeit t in s	0	4	8	13	30	Auto A
	0	5	9	15	20	Auto B

7 Fahrten zweier Autos

7 Bewegung eines Radfahrer → 8
a Ist die Bewegung gleichförmig oder ungleichförmig? Begründe deine Antwort.
b Gib an, wann der Radfahrer gestoppt hat.
c Woran erkennst du im Diagramm, wann der Radfahrer schnell gefahren ist und wann langsam? Beschreibe es an Beispielen.
d Bestimme die Geschwindigkeit des Radfahrers zwischen Minute 3 und Minute 10.

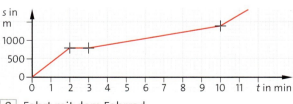

8 Fahrt mit dem Fahrrad

Elektrizität nutzen

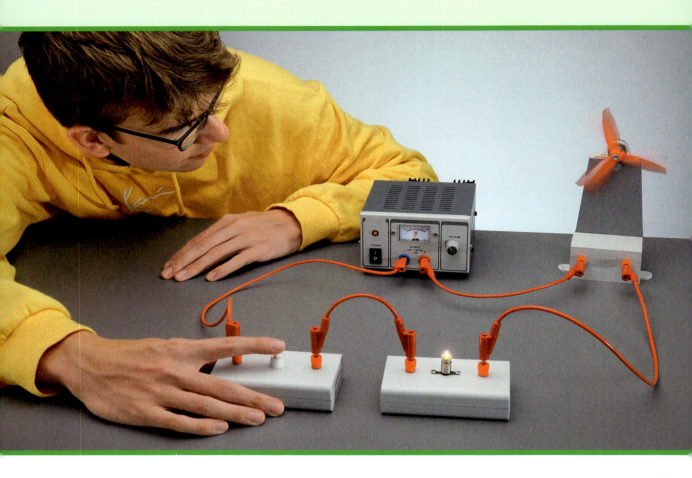

Weißt du schon, wie ein einfacher Stromkreis aufgebaut wird?
Wie geht man dabei sicher vor, ohne sich zu gefährden?

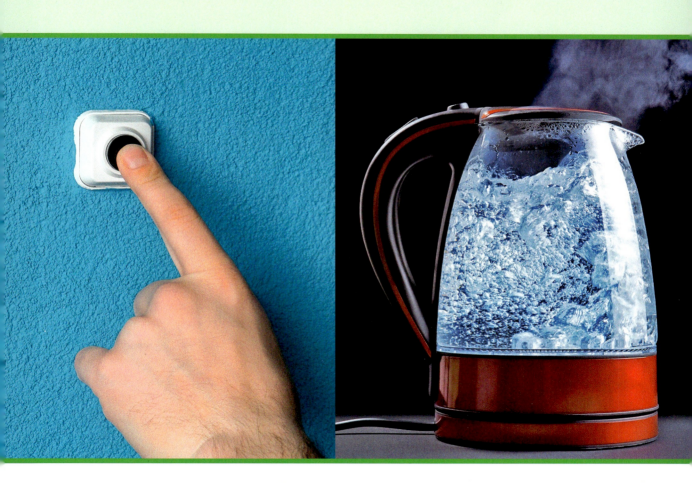

Weißt du schon, wie die Schaltung aufgebaut ist, mit der man die Klingel an der Haustür oder an der Wohnungstür betätigen kann?

Weißt du schon, was Energie ist und was unsere Elektrogeräte mit ihr machen?

Elektrische Geräte und Schaltungen

1 Waschmaschine

Material zur Erarbeitung: A

Die Waschmaschine ist eingeschaltet, doch nichts passiert. Was ist zu tun, damit die Maschine läuft?

Der Stromkreis • Sicher hast du schon einmal eine Lampe an eine Batterie angeschlossen. Für einen einfachen Stromkreis braucht man immer eine elektrische Energiequelle, zum Beispiel eine Batterie, und ein elektrisches Gerät, zum Beispiel eine Lampe oder einen Motor. Alle elektrischen Geräte haben (mindestens) zwei Kontakte. Kabel verbinden sie mit der elektrischen Energiequelle. → 2

Mit einer Batterie und zwei Kabeln kannst du also eine Lampe leuchten oder einen Motor laufen lassen.

Basiskonzept
System
→ Seite 226 f.

Geschlossener Stromkreis • Wenn du einen einfachen Stromkreis mit einer Batterie aufgebaut hast, dann fahre mit einem Finger vom Minuspol der Batterie am Kabel entlang zur Lampe und am anderen Kabel weiter. → 2 So kommst du wieder zur Batterie zurück. Wir sprechen von einem geschlossenen Stromkreis – auch wenn die Schaltung nicht wie ein Kreis aussieht.

Unterbrochener Stromkreis • Die Lampe leuchtet nicht mehr, wenn nur eine Verbindung im Stromkreis unterbrochen ist. Das ist zum Beispiel der Fall, wenn ein Schalter geöffnet wird oder der Glühdraht in der Lampe zerrissen ist. → 3

2 Geschlossener Stromkreis

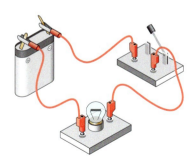

3 Unterbrochener Stromkreis

> Glühlampen, Motoren und andere elektrische Geräte funktionieren nur, wenn sie einen geschlossenen Stromkreis mit der elektrischen Energiequelle bilden.
> Jeder Anschluss des Geräts muss mit einem Pol der elektrischen Energiequelle verbunden sein.

Schaltpläne • Stromkreise werden einfach und übersichtlich als Schaltpläne gezeichnet. → 4 5 Schaltzeichen stehen dabei für die elektrische Energiequelle, die Kabel sowie die elektrischen Geräte. → 8

4 Schaltplan

5 Schaltplan

Elektrizität nutzen

der **Stromkreis**
das **Schaltzeichen**
der **Schaltplan**
die **UND-Schaltung**
die **ODER-Schaltung**

UND-Schaltung • Die Schaltung für den Motor der Waschmaschine ist komplizierter. Der Motor läuft nur, wenn der Schalter am Gerät *und* der Taster in der Tür gedrückt werden. → 6   Die Tür muss also noch geschlossen werden.

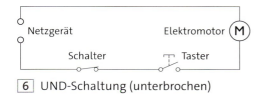

6   UND-Schaltung (unterbrochen)

ODER-Schaltung • In Mehrfamilienhäusern hat jede Wohnung zwei Klingelknöpfe – einen an der Haustür und einen an der Wohnungstür. Die Klingelknöpfe sind Taster. Sie sind nicht in einer Reihe, sondern parallel geschaltet. → 7   Die Klingel läutet, wenn der Taster 1 *oder* der Taster 2 gedrückt ist.

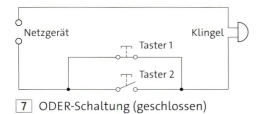

7   ODER-Schaltung (geschlossen)

Aufgaben

1 ▶ Zeichne den Schaltplan für einen Stromkreis aus Batterie, Motor, Schalter und Kabeln.

2 ▶ Zwei Lampen sind gleichzeitig an eine Batterie angeschlossen. Dafür gibt es zwei Möglichkeiten. Zeichne die Schaltpläne.

Bauteil	Zeichnung	Schaltzeichen
Batterie (elektrische Energiequelle)		Minuspol — Pluspol
Netzgerät (elektrische Energiequelle)		—o o—
Kabel (Leitung)		————
Schalter (geöffnet)		—o╱o—
Taster (EIN-Taster)		—o⊤o—
Glühlampe		⊗
Elektromotor		Ⓜ
Klingel		⌒

8   Schaltzeichen (weitere siehe Anhang)

Elektrische Geräte und Schaltungen

Material A

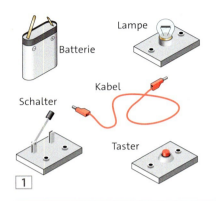

1

Geschlossener Stromkreis

Materialliste: Batterie (4,5 V), Schalter, Taster, Lampe (6 V; 2,4 W), Kabel, Krokodilklemmen

1 Baue mit der Batterie, der Lampe und den Kabeln jeweils einen geschlossenen Stromkreis auf: → 1

- ohne Schalter
- mit Schalter
- mit Taster

a ▣ Beschreibe, wie sich die Schaltungen in ihrer Funktion unterscheiden.

b ▣ Zeichne den Schaltplan für die Schaltung mit Taster und Lampe.

Material B

Schaltungen und Schaltpläne

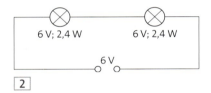

2

Materialliste: Netzgerät (6 V), 2 Lampen (6 V; 2,4 W), Kabel, Krokodilklemmen

1 ▣ Baue die Schaltung auf. → 2 Beschreibe, was passiert, wenn du eine Lampe aus der Fassung drehst.

2 ▣ Finde eine andere Möglichkeit, beide Lampen anzuschließen.

a Zeichne dazu einen Schaltplan.

b Was geschieht, wenn du eine Lampe aus der Fassung drehst? Beschreibe es.

Material C

Waschmaschinenschaltung

Die Waschmaschine läuft nur, wenn ihr Schalter auf EIN steht und ihre Tür den Taster drückt.

Materialliste: Netzgerät (6 V), Schalter, Taster, Motor, Kabel

1 ▣ Wann soll die Waschmaschine laufen? Ergänze die Tabelle im Heft. → 3

Schalter am Gerät	Taster an der Tür	Waschmaschine
AUS (offen)	nicht gedrückt	aus
AUS (offen)	gedrückt	?
EIN (geschlossen)	nicht gedrückt	?
EIN (geschlossen)	gedrückt	?

3 Beispieltabelle

2 ▣ Baue die Schaltung mit den Teilen aus der Materialliste auf. Der Motor steht für die Waschmaschine.

Überprüfe, ob die Schaltung richtig funktioniert. → 3

3 ▣ Zeichne den Schaltplan.

Elektrizität nutzen

Methode

Elektrische Versuche sicher durchführen

Alle elektrischen Schaltungen in diesem Buch werden mit Netzgeräten für Schülerversuche (oder Batterien) aufgebaut. So sind die Versuche bei korrekter Durchführung ungefährlich.

Achtung • Lebensgefahr! Führe niemals Versuche ohne Netzgerät direkt an der Steckdose durch! Bastle nicht an Elektrogeräten herum!

So baust du eine Schaltung richtig auf:

1. Netzgerät aufstellen Prüfe, ob das Netzgerät ausgeschaltet ist. Außerdem muss der Spannungsregler auf „0 V" stehen. Stecke das Netzkabel des Netzgeräts in die Steckdose an deinem Arbeitsplatz. → 4

4

2. Schaltung aufbauen Baue die elektrische Schaltung mit den Bauteilen auf. Überprüfe die Verbindungen nach dem Schaltplan. → 5

5

3. Netzgerät anschließen Jetzt kannst du die Schaltung an das Netzgerät anschließen. Dazu steckst du die Experimentierkabel von der Schaltung in die rote Buchse sowie in die blaue (oder schwarze) Buchse. → 6

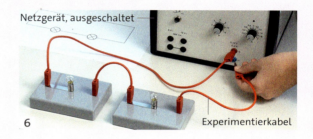
6

4. Netzgerät einschalten Schalte das Netzgerät zunächst ein und drehe den Spannungsregler auf den vereinbarten Wert. → 7 Jetzt überprüfst du, ob deine Schaltung funktioniert. Wenn es Fehler in der Schaltung gibt, schalte das Netzgerät sofort aus! Dann überprüfe die Schaltung erneut. Oft ist es hilfreich, alles neu aufzubauen.

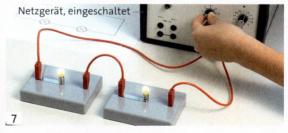
7

Aufgabe

1. 🖉 Beschreibe Schritte, um sicher einen Versuch mit einem Netzgerät durchzuführen.

Elektrische Geräte und Energie

1 Viele Elektrogeräte für vielfältige Aufgaben

Materialien zur Erarbeitung: A–D

Elektrogeräte erleichtern unser Leben!

Energie • Früher wurde Wasser in einem Kessel über dem Feuer erwärmt. → 2 Heute haben wir es einfacher – wir erwärmen es zum Beispiel mit einem elektrischen Wasserkocher in der Küche oder mit einem Sonnenkollektor auf dem Dach. → 3 4
In allen Fällen ist die Wirkung gleich: Das Wasser wird wärmer. Wir stellen uns vor, dass es etwas Gemeinsames gibt, was für die Erwärmung sorgt. Wir nennen es Energie.
Die Energie kommt mit der Elektrizität in den Wasserkocher und mit dem Sonnenlicht in den Sonnenkollektor. Im Holz des Feuers ist chemische Energie gespeichert. In allen Fällen wird die zugeführte Energie in thermische Energie des Wassers umgewandelt.

| Wir nutzen Energie zum Erwärmen, Beleuchten und Bewegen.

2 Kessel im Lagerfeuer

3 Wasserkocher

4 Sonnenkollektor

Elektrizität nutzen

Umwandlung elektrischer Energie • Elektrogeräten wird elektrische Energie zugeführt. Sie wandeln die elektrische Energie in andere Energieformen um:
- Thermische Energie – Elektrische Energie wird von Wasserkochern und Toastern in thermische Energie umgewandelt. → 5 Das wird an glühenden Drähten sichtbar.
- Strahlungsenergie – LED-Lampen und Leuchtstoffröhren wandeln elektrische Energie in Strahlungsenergie um. → 6 Wir nehmen sie als Licht wahr. Auch Mikrowellen und Handys wandeln elektrische Energie in Strahlungsenergie um. Diese Strahlung ist für uns nicht sichtbar.
- Bewegungsenergie – In Bohrmaschinen und Haartrocknern wandeln Elektromotoren elektrische Energie in Bewegungsenergie um. → 7
- Chemische Energie – Elektrische Energie kann Stoffe chemisch verändern. Das wird z. B. beim Aufladen von Akkus genutzt. → 8 Die Akkus speichern chemische Energie.

> Elektrogeräte nehmen elektrische Energie auf und wandeln sie in andere Energieformen um.

die Energie
die elektrische Energie
das Elektrogerät
die Energiekette

 elektrische Energie   thermische Energie

5 Energiekette: Toaster

 elektrische Energie  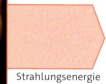 Strahlungsenergie

6 Energiekette: LED-Lampe

 elektrische Energie   Bewegungsenergie

7 Energiekette: Bohrmaschine

 elektrische Energie  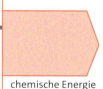 chemische Energie

8 Energiekette: Akkus im Ladegerät

Aufgabe

1 Suche zu Hause nach verschiedenen Elektrogeräten.
 a ▣ Fotografiere zehn Elektrogeräte.
 b ▣ Nenne jeweils die Energieform, die das Elektrogerät abgibt.
 c ▣ Zeichne für drei deiner Beispiele die Energiekette.
 d ▣ Gestalte mit deinen Ergebnissen ein Plakat mit dem Titel „Was elektrische Energie alles kann".

Basiskonzept

Energie
→ Seite 226 f.

Elektrische Geräte und Energie

Material A

Ein einfacher Toaster

Materialliste: Konstantandraht (50 cm lang, 0,2 mm dick), 2 Kabel, 2 Krokodilklemmen, Netzgerät (regelbar bis 12 V), Toastscheibe, Brettchen, Nägel

Achtung • Heißen Draht nicht berühren!

1 Baue das Modell eines Toasters nach. → 1

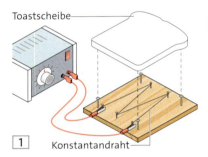

a Der Draht wird einmal um jeden Nagel gewickelt.
b Schließe die Drahtenden mit Krokodilklemmen und Kabeln an ein Netzgerät an.
c Regle das Netzgerät langsam hoch, bis der Draht zu glühen beginnt.
d Lege einen Toast auf und warte 2 Minuten.
   Beschreibe deine Beobachtungen.

2 Nenne Unterschiede zu einem Toaster im Haushalt.

Material B

Warm und hell durch elektrische Energie

Materialliste: Glühlampe, Lupe, Konstantandraht (50 cm lang, 0,2 mm dick), Stricknadel, Isolatoren, Tonnenfüße, Kabel, Netzgerät (regelbar, 5 A)

Achtung • Heißen Draht nicht berühren!

1 Betrachte die Glühwendel der Lampe unter der Lupe. Beschreibe sie.

2 Selbst gebaute Wendel
a Wickle den Konstantandraht eng um die Stricknadel. → 2 Ziehe die Nadel dann aus der Wendel heraus.

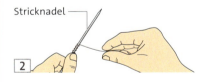

b Schließe die Wendel an das Netzgerät an. → 3 Schalte es ein. Drehe den Regler, bis die Wendel glüht.

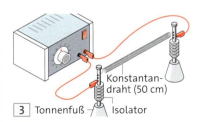

Material C

Ein selbst gebauter Magnet bewegt

In jedem Elektromotor kommen Magnete zum Einsatz, um die Drehbewegung zu erzeugen. Einer dieser Magnete ist ein Elektromagnet, den du selbst nachbauen kannst.

Materialliste: Batterie (4,5 V), lackierter Kupferdraht (dünn, 1 m), Eisennagel, Büroklammern, Kompass

1 Baue das Gerät zusammen. Der Lack muss an beiden Enden des Kupferdrahts abgekratzt werden. → 4

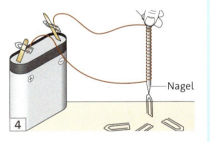

a Untersuche mit diesem Elektromagneten, welche Stoffe er anzieht.
b Probiere aus, wie dein Elektromagnet auf einen Kompass wirkt.
c In welchen Haushaltsgeräten könnten Elektromagnete verborgen sein? Stelle Vermutungen auf.

Material D

Bewegung durch elektrische Energie

Materialliste: Elektromotor (6 V), 2 Flachbatterien, Umschalter, Kabel

1. ▶ Nenne Haushaltsgeräte mit Elektromotoren, bei denen man verschiedene Geschwindigkeiten einstellen kann.

2. ▶ Experimentiere mit dem Elektromotor und den beiden Batterien. → 5
   Verändere:
   a die Geschwindigkeit des Motors
   b die Drehrichtung des Motors

3. ▶ Baue das Modell eines Bohrers mit zwei Geschwindigkeitsstufen. Verwende den Umschalter, den Motor und zwei Batterien.

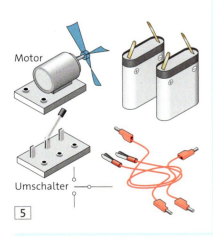

5

Material E

Geräte im Haushalt – heute und früher

6 Staubsauger – Teppichklopfer

7 Bohrmaschinen

8 Waschmaschine – Waschbrett

9 Bügeleisen

1. ▶ Im Haushalt benutzen wir einige dieser Geräte. → 6 – 9 Gib jeweils an, wozu sie dienen. → 10

Gerät	Dazu dient es:
Staubsauger	reinigt die Wohnung
...	...

10 Beispieltabelle

2. ▶ „Die Handbohrmaschine wandelt die Energie aus den Muskeln in Bewegungsenergie um." → 7
Beschreibe vier weitere Geräte auf diese Weise. Zeichne die Energieketten.

3. ▶ Schreibe eine Geschichte „Ein Tag ohne elektrische Geräte". Beschreibe deinen Tagesablauf ohne Handy, elektrische Beleuchtung ... Beschreibe auch Vorteile.

Elektrizität nutzen

Zusammenfassung

Elektrische Geräte • Ein elektrisches Gerät funktioniert nur, wenn seine beiden Anschlüsse durch je ein Kabel mit den beiden Anschlüssen einer elektrischen Energiequelle verbunden sind. Der Stromkreis muss geschlossen sein. → 1 Schalter schließen oder unterbrechen einen Stromkreis. → 2

UND-Schaltung • Zwei Taster sind in Reihe geschaltet. → 3 Das elektrische Gerät funktioniert nur, wenn beide Taster betätigt werden.

ODER-Schaltung • Zwei Taster sind parallel geschaltet. → 4 Das elektrische Gerät funktioniert, wenn ein Taster gedrückt wird.

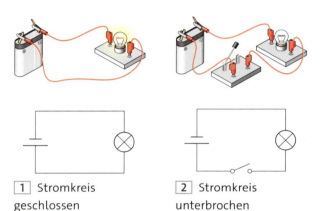
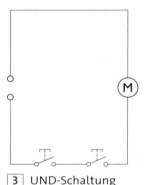
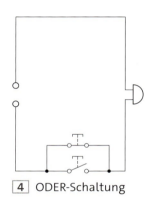

1 Stromkreis geschlossen

2 Stromkreis unterbrochen

3 UND-Schaltung

4 ODER-Schaltung

Elektrische Geräte und Energie • Wir nutzen Energie zum Erwärmen, Beleuchten und Bewegen. Es gibt verschiedene Energieformen, zum Beispiel:
- elektrische Energie
- thermische Energie
- Strahlungsenergie
- Bewegungsenergie
- chemische Energie

Elektrische Geräte nehmen elektrische Energie auf und wandeln sie in andere Energieformen um. → 5 – 8

 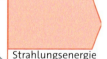

elektrische Energie — Strahlungsenergie

6 Energiekette: Handy

elektrische Energie — Bewegungsenergie

7 Energiekette: Ventilator

elektrische Energie — thermische Energie

5 Energiekette: Wasserkocher

elektrische Energie — chemische Energie

8 Energiekette: Ladesäule

Teste dich! (Lösungen auf Seite 221 f.)

Elektrische Geräte und Schaltungen

1 Die Mikrowelle läuft nur, wenn der Geräteschalter auf EIN steht und die Tür geschlossen ist. → 9
a ▶ Nenne Bauteile, mit denen du die Schaltung nachbauen kannst. Für die Maschine wird ein Motor eingebaut.
b ✕ Skizziere den Aufbau des Stromkreises. Baue ihn danach auf.
c ✕ Nenne weitere Geräte, die die gleiche Schaltung verwenden.

9 Mikrowelle

2 Deine Zimmerlampe soll an der Tür oder am Bett eingeschaltet werden können. → 10
a ▶ Nenne die Bauteile, mit denen du die Schaltung nachbauen kannst.
b ✕ Zeichne einen Schaltplan für die Schaltung.
c ✕ Baue die Schaltung nach dem Plan auf und teste sie mit einer Funktionstabelle.
d ✕ Erkunde den Nachteil der Schaltung.

10 Lampe mit zwei Schaltmöglichkeiten

Elektrische Geräte und Energie

3 In Benzin ist chemische Energie gespeichert.
a ▶ Nenne Beispiele, wie sie in Bewegungsenergie (thermische Energie) umgewandelt wird.
b ✕ Zeichne zu jedem Beispiel eine Energiekette.

4 Elektrogeräte wandeln elektrische Energie in andere Energieformen um.
a ▶ Gib die Energieformen an, in die die elektrische Energie umgewandelt wird. → 11 – 14
b ▶ Zeichne Energieketten für die Geräte.
c ✕ Zeichne den Stromkreis. → 12

 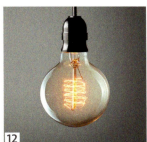

11   12

13   14

5 ✕ Ein Mixer wandelt elektrische Energie in Bewegung um. Es entsteht dabei auch noch eine weitere Energieform, die nicht genutzt wird.
a Nenne die nicht genutze Energieform.
b Nenne drei weitere Geräte, die nicht genutzte Energieformen abgeben.

Elektrizität verstehen

Bei einem Gewittersturm wird die ungeheure Energie der Elektrizität deutlich.

Mit diesem Messgerät kannst du wie ein Profi elektrische Größen messen.

Sicherungen schützen vor Unfällen mit dem elektrischen Strom.

Elektrisch geladen

1 Die Haare „kleben" am Pullover.

Material zur Erarbeitung: A

Sicher hat es bei dir schon manchmal geknistert, wenn du einen Pullover ausgezogen hast. Im Dunkeln siehst du vielleicht sogar kleine Funken.

Elektrisch geladene Gegenstände • Wenn du deinen Pullover auszieht, reibt er sich am T-Shirt oder den Haaren. Das Gleiche passiert, wenn du einen Luftballon an einem Tuch reibst: Es knistert und funkt. Nach dem Reiben ziehen sich Tuch und Luftballon an. → 2 Wir sagen: Die Gegenstände sind elektrisch geladen. Wir stellen uns vor, dass nach dem Reiben ein „elektrischer Stoff" auf Tuch und Ballon ist. Wir bezeichnen diesen „Stoff" als elektrische Ladung.
Reibt man einen zweiten Luftballon am Tuch, so stoßen sich danach die beiden Ballons voneinander ab. → 3 Vom Tuch werden die Ballons angezogen. Zur Erklärung nehmen wir an, dass es zwei Arten elektrischer Ladung gibt: negative und positive Ladung.

2 Anziehung bei ungleichartiger Ladung

3 Abstoßung bei gleichartiger Ladung

| Gegenstände können positiv (+) oder negativ (−) geladen sein. Zwei ungleichartig geladene Gegenstände ziehen einander an. → 2 Zwei gleichartig geladene Gegenstände stoßen sich ab. → 3

Elektronen und Restatome • Du kennst bereits das Teilchenmodell: Wir stellen uns vor, dass alle Gegenstände aus Teilchen aufgebaut sind. Dieses Modell erweitern wir um eine genauere Vorstellung von den Teilchen. Wir bezeichnen sie als Atome. Der Atomkern enthält positiv geladene Protonen. Die Atomhülle wird von negativ geladenen Elektronen gebildet. Jedes Atom hat genauso viele Protonen wie Elektronen, sodass es nach außen hin elektrisch neutral ist. → 4

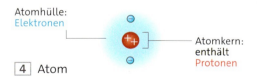

4 Atom

Nur die Elektronen können das Atom verlassen. → 5 Dann bleibt ein positiv geladenes Restatom zurück.

| Wir stellen uns vor, dass Gegenstände aus elektrisch neutralen Atomen bestehen. Wenn negativ geladene Elektronen das Atom verlassen, ist das Restatom positiv geladen.

die	elektrische Ladung
das	Atom
das	Elektron
das	Restatom
der	Ladungsausgleich

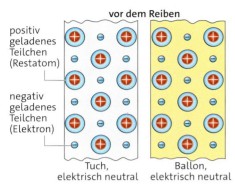
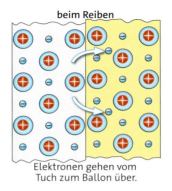
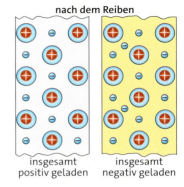

6 Vorstellung vom elektrischen Aufladen

Elektrisch laden • Ungeladene Gegenstände sind elektrisch neutral, weil ihre Atome elektrisch neutral sind. Wenn sich zwei Gegenstände beim Reiben berühren, können Elektronen vom einen Gegenstand auf den anderen übergehen. In unserem Fall gehen Elektronen vom Tuch auf den Ballon über: → 6

- Das Tuch hat Elektronen abgegeben. Die positiv geladenen Restatome sind in der Überzahl. Daher ist das Tuch nun insgesamt positiv geladen.
- Der Ballon hat negativ geladene Elektronen aufgenommen. Sie sind nun in der Überzahl. Der Ballon ist insgesamt negativ geladen.

Beim Reiben werden keine Restatome und Elektronen erzeugt, sondern Elektronen gehen von einem Gegenstand auf einen anderen über.

Ein ungeladener Gegenstand hat gleich viele positiv geladene Restatome und negativ geladene Elektronen. Der Gegenstand erhält eine Ladung, wenn er Elektronen aufnimmt oder abgibt.

Ladungsausgleich • Zwischen ungleichartig geladenen Gegenständen kann es zu einem Ladungsausgleich kommen. Dann fließen Elektronen vom negativ geladenen Gegenstand auf den positiv geladenen. Dabei kann es knistern und funken oder sogar blitzen und donnern wie beim Gewitter. → 7
Die elektrische Ladung eines Gegenstands kannst du mit einer Glimmlampe nachweisen. Sie leuchtet beim Ladungsausgleich auf. → 8

Aufgaben

1 ▸ Zwei Gegenstände ziehen sich an. Gib an, wie sie geladen sind.

2 ▸ Beschreibe, wie Tuch und Ballon geladen sind. → 6

3 ▸ Wenn du deinen Pullover ausziehst, knistert und funkt es. Erkläre diese Beobachtung.

4 ▸ „Reiben erzeugt elektrische Ladung." Nimm Stellung.

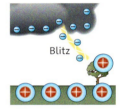

7 Ladungsausgleich zwischen Wolke und Boden

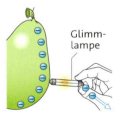

8 Ladungsausgleich zwischen Ballon und Boden

Basiskonzepte

**Wechselwirkung
Struktur der
Materie**
→ Seite 226 f.

Elektrisch geladen

Material A

Magische Luftballons?

Materialliste: Luftballons, Tuch (Pullover) aus Wolle, Faden

1. Reibe die Luftballons mit dem Tuch (Pullover). Du kannst sie auch aneinanderreiben.
   a ▶ Beobachte, wann sich die Ballons wie auf einem der Bilder verhalten. → [1] – [3]
   b ▶ Beschreibe, was du tust, damit sie sich so verhalten.
   c ▶ Stelle Regeln auf, wann sich die Ballons wie verhalten.

2. ▶ Nenne Fälle, in denen sich geriebene Gegenstände anziehen oder abstoßen. → [4]

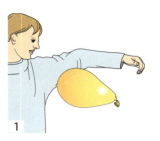

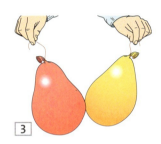

Material B

Funken ziehen

Materialliste: Luftballon, Wolltuch, Blechboden einer Tortenform, Trinkglas, dunkler Raum

1. ▶ Reibe den ganzen Ballon mit dem Tuch. Lege ihn auf den Blechboden. → [5] Du darfst das Metall nicht mit den Fingern berühren. Nähere einen Finger dem Rand des Blechbodens. Beschreibe deine Beobachtung.

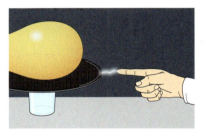

[5] Funkenbildung

Material C

Ladungsprüfer

Materialliste: Glimmlampe, Ballon, dunkler Raum

1. Halte die Glimmlampe an einer Anschlusskappe. → [6] Drücke die Lampe mit der anderen Kappe an den geriebenen Ballon. Leuchtet die Elektrode an seiner Seite auf, ist er negativ geladen. Leuchtet die andere Elektrode auf, ist er positiv geladen.

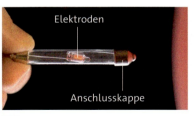

[6] Glimmlampe

Elektrizität verstehen

Material D

Gewitter

1 Lies den Text. → 7
a ▶ Beschreibe den Aufbau einer Gewitterwolke.
b ▶ Erkläre, wie die Ladungstrennung in der Gewitterwolke zustande kommt.
c ▶ Nenne Verhaltensregeln bei Gewitter.
d ▶ Begründe die Verhaltensregeln.
e ▶ Bewerte das Verhalten der beiden Personen. → 8

8 Achtung: Hier können Fehler versteckt sein!

Gewitterwolken haben gewaltige Ausmaße. Die Wolkenunterseite schwebt 1–2 km über dem Erdboden. Die Wolke türmt sich von dort bis in eine Höhe von 10 km auf. Die Temperatur beträgt im unteren Bereich ca. 20 °C. Oben sind es oft weniger als −50 °C.

Durch den großen Temperaturunterschied herrscht in der Wolke ein starker Aufwind. Er reißt Regentropfen und Schneekristalle mit nach oben. Gleichzeitig sind schwere Hagelkörner auf dem Weg nach unten. Beim Fallen streifen sie die aufsteigenden Tropfen und Kristalle. Dadurch wird Ladung ähnlich getrennt wie beim Reiben eines Luftballons. Am oberen Wolkenrand sammeln sich Eiskristalle, die positiv geladen sind. Im unteren Bereich der Wolke befinden sich negativ geladene Wassertropfen. So entstehen in der Wolke riesige Ladungsunterschiede.

Wenn die Ladungsunterschiede zu groß werden, dann gleichen sie sich plötzlich durch einen Blitz aus. Blitze sind riesige elektrische Funken. Sie können innerhalb der Wolke verlaufen oder in Richtung Erdboden springen. Auf ihrem Weg erhitzt sich die Luft bis auf 30 000 °C und leuchtet grell auf. Dabei dehnt sich die Luft explosionsartig aus – es donnert.

Gefährlich sind für uns die Blitze, die auf die Erde kommen. Man sollte sich bei Gewitter möglichst nicht im Freien aufhalten. Geschützt ist man in gesicherten Gebäuden und im Auto. Gewitter entladen sich bevorzugt an erhöhten Punkten im Gelände, an hohen Gebäuden oder in Gewässer. Wer keinen Schutz findet, sollte deshalb nicht am höchsten Punkt im Umkreis sein, nicht baden sowie Abstand zu Bäumen und Gebäuden halten.

7 Gefährliche Entladungen

Elektrisches Feld

[1] Der elektrisch geladene Ballon zieht die Watte an.

Material zur Erarbeitung: A

[2] [3] Elektrisch geladener Ballon

Basiskonzept

Wechselwirkung
→ Seite 226 f.

Bereits in einiger Entfernung von dem elektrisch geladenen Luftballon werden die Wattefäden angezogen.
Wie ist das möglich?

Elektrisches Feld • In der Umgebung eines elektrisch geladenen Gegenstandes können anziehende und abstoßende Wirkungen beobachtet werden:
- Papierschnipsel springen an eine Kunststofffolie, ohne dass sie zuvor berührt wurden.
- Haare stehen zu Berge. → [2]
- Kerzenrauch wird aus der Ferne von einer geladenen Folie angezogen.
- Ein Wasserstrahl lässt sich mit einem geladenen Ballon ablenken. → [3]

Diese Phänomene sind innerhalb des elektrischen Feldes des geladenen Gegenstands zu beobachten.

> Jeder elektrisch geladene Gegenstand ist von einem elektrischen Feld umgeben. Im elektrischen Feld stellt man abstoßende und anziehende Wirkungen fest.

Form des elektrischen Feldes • Das elektrische Feld umgibt den geladenen Körper wie eine unsichtbare Wolke. → [4]

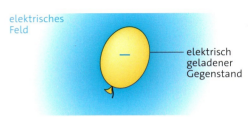

[4] Vorstellung vom elektrischen Feld

Die abstoßenden und anziehenden Wirkungen nehmen mit größerem Abstand zum geladenen Gegenstand ab. Wird der Körper, z. B. durch kräftigeres Reiben, stärker aufgeladen, dann sind die Wirkungen im elektrischen Feld ebenfalls stärker nachweisbar. Auch die Reichweite des Feldes wird größer.

Magnetfeld und elektrisches Feld • Anziehende und abstoßende Wirkungen kennst du bereits von Magneten. Jeder Magnet ist von einem Magnetfeld umgeben. Ein Magnetfeld entsteht durch die magnetisierbaren Stoffe, aus denen Magnete bestehen.
Ein elektrisches Feld wird durch die elektrischen Ladungen der Teilchen in den Gegenständen hervorgerufen.
Beide Felder zeigen anziehende und abstoßende Wirkungen.

Aufgabe

1 ✎ „Meine Haare stehen zu Berge." Erkläre, was das mit dem elektrischen Feld zu tun haben kann.

das elektrische Feld

Material A

Elektrische Felder untersuchen

Materialliste: Folie und Löffel oder Stab aus Kunststoff, Räucherstäbchen, Papierschnipsel oder Hartschaumkügelchen, Teller, Gefäß mit Hahn, Becken

5

1 Lade die Folie durch kräftiges Reiben auf. Halte die Folie dann über die Papierschnipsel. → 5
  a ▶ Bestimme, wie weit das elektrische Feld der Folie wirkt.
  b ▶ Beschreibe, wie du unter Teil a vorgehst.
  c ⊠ Wie stellst du dir das elektrische Feld um die Folie vor? Fertige eine Skizze an.

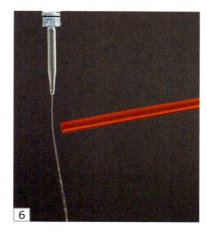

6

2 Berühre mit dem Finger eine Stelle auf der Folie, unter der ein Teilchen klebt.
  a ▶ Beschreibe genau, was passiert.
  b ⊠ Erkläre die Beobachtung. Tipp: Ladungsausgleich

3 Lade den Löffel (Stab) durch kräftiges Reiben auf. Lass einen sehr dünnen Strahl aus dem Wasserhahn ins Becken laufen. → 6
  a ▶ Bestimme, wie weit das elektrische Feld des Löffels (Stabs) wirkt.
  b ⊠ Plane einen Versuch, bei dem der Rauch eines Räucherstäbchens abgelenkt wird. Beschreibe dein Vorgehen.

Material B

Ein Magnetfeld „abtasten"

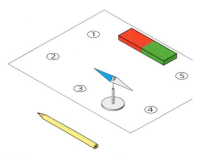

7 „Abtasten" mit der Kompassnadel

Materialliste: Stabmagnet, Kompassnadel, weißes Papier, Bleistift

1 Lege den Stabmagneten auf das Blatt Papier und zeichne seinen Umriss ab. → 7
  a ▶ Stelle die Kompassnadel ungefähr an den Stellen 1–5 auf das Blatt Papier. Zeichne an jeder Stelle einen Pfeil auf das Papier, der die Ausrichtung der Nadel darstellt. Die Pfeilspitze soll zum Nordpol zeigen.
  b ▶ Untersuche die Ausrichtung der Kompassnadel in der Nähe der Stellen 1 und 5 noch genauer.
  c ⊠ Beurteile, an welchen Stellen das Magnetfeld am stärksten ist.

2 ▶ Bestimme die Reichweite des Magnetfelds um den Stabmagneten.

So wird elektrische Energie transportiert

1 Hier wird die Beleuchtung am Fahrrad getestet.

Material zur Erarbeitung: A

Was gehört alles zur Beleuchtung des Fahrrads?

Elektrische Stromkreise • Wenn am Fahrrad das Licht nicht leuchtet, überprüft man die Lampe, das Kabel und vielleicht auch den Dynamo. Diese drei Teile bilden zusammen einen elektrischen Stromkreis.

> Elektrische Stromkreise enthalten drei Teile: → 2
> • Die elektrische Energiequelle (Dynamo, Batterie ...) gibt elektrische Energie ab.
> • Die elektrischen Leitungen transportieren die elektrische Energie.
> • Das elektrische Gerät (Lampe, Elektromotor ...) wandelt die transportierte elektrische Energie in die gewünschte Energieform um.

Energiequellen – Energiewandler • Der Fahrraddynamo gibt nur elektrische Energie ab, wenn sich das Rad dreht. Er wandelt Bewegungsenergie in elektrische Energie um. Auch andere elektrische Energiequellen sind Energiewandler: Batterien wandeln chemische Energie in elektrische um, Solarzellen wandeln Strahlungsenergie um ...

Kreisläufe • Energie wird nicht nur beim elektrischen Stromkreis mithilfe von Kreisläufen transportiert:
• Bei der Heizung strömt Wasser im Kreis. → 3 Im Kessel erhält es thermische Energie, am Heizkörper gibt es wieder Energie ab.
• Beim Radfahren läuft die Kette im Kreis. → 4 Am Antriebskranz erhält sie Bewegungsenergie, am hinteren Kranz gibt sie wieder Energie ab.

2 Einfacher Stromkreis

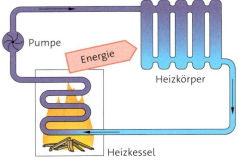

3 Kreislauf „Heizung"

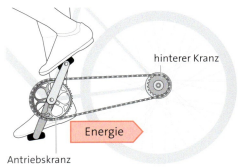

4 Kreislauf „Fahrrad"

die elektrische Energiequelle
der Elektronenstrom

Energie kann von Kreisläufen transportiert werden. Die Energiequelle treibt das Transportmittel (Wasser, Kette, Riemen …) an. Das Transportmittel bewegt sich im Kreis und überträgt Energie.

Elektrischer Strom im Draht • Bei elektrischen Stromkreisen kann man das Transportmittel nicht sehen. Wir stellen uns vor, dass in den Drähten sehr viele Elektronen fließen. → 5 Sie sind negativ geladen und im Draht frei beweglich. Die positiv geladenen Restatome bewegen sich nicht.
Die Elektronen transportieren die elektrische Energie. Die elektrische Energiequelle treibt die Elektronen an und verschiebt sie im Kreis — so ähnlich wie der Antriebskranz die Kettenglieder beim Fahrrad antreibt. → 4

In elektrischen Stromkreisen strömen Elektronen im Kreis. → 6 Die elektrische Energiequelle treibt den Elektronenstrom an. Er transportiert Energie von der Quelle zum Gerät.

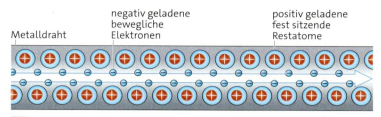

5 Modell für den elektrischen Strom im Draht

Aufgaben

1 Die Fahrradbeleuchtung ist ein elektrischer Stromkreis.
a Nenne seine Bestandteile.
b Nenne die beteiligten Energieformen.
c Zeichne die Energiekette.

2 Stromkreise transportieren elektrische Energie.
a Nenne die drei Grundbestandteile eines elektrischen Stromkreises.
b Gib an, was beim Stromkreis im Kreis strömt.
c „Bei elektrischen Anlagen strömt die elektrische Energie immer im Kreis." Nimm Stellung.

Basiskonzepte

Energie
Struktur der Materie
System
→ Seite 226 f.

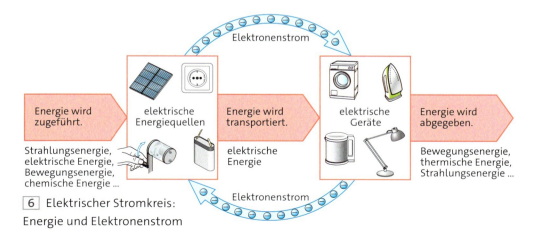

6 Elektrischer Stromkreis: Energie und Elektronenstrom

So wird elektrische Energie transportiert

Material A

Energie transportieren – mit Kreisläufen

Materialliste: 2 Räder, Riemen, Gewichte (1 kg, 5 kg), Faden, 2 Handgeneratoren, 2 Kabel, Stativmaterial

1. Am linken Rad wird Energie zugeführt. → 1 Der Riemen transportiert sie zum rechten Rad. Dort wird die Energie zum Heben eines Gewichts genutzt.
   ▸ Hebe die Gewichte mit dem Riemenkreislauf an. Vergleiche, was du spürst.

2. Tausche die Räder gegen Generatoren aus und den Riemen gegen Kabel. → 2

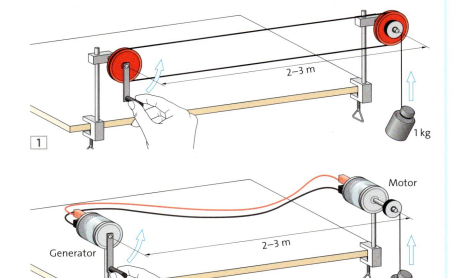

a ▸ Hebe die Gewichte mit dem elektrischen Kreislauf hoch. Vergleiche wieder.

b ▸ Beschreibe Gemeinsamkeiten und Unterschiede der beiden Anlagen.

Material B

Kreislauf Heizung

1. Schau dir die Heizungsanlage auf Seite 122 an.
   a ▸ Nenne die thermische Energiequelle, die Leitungen und das „thermische Gerät".
   b ▸ Zeichne die Energiekette.
   c ▸ Vergleiche Heizungsanlage und elektrischen Stromkreis. Stelle die Bauteile und Energieformen in einer Tabelle gegenüber.

Material C

Solaranlage

1. ▸ Zeichne die Energiekette der Solaranlage. → 3 Gib jeweils an, in welcher Form die Energie zugeführt, transportiert und genutzt wird.

2. ▸ Zeichne den Schaltplan der Solaranlage. Verwende für das Solarmodul das Schaltzeichen einer Solarzelle. → 4

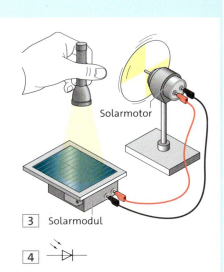

126 | Elektrizität verstehen

Material D

Licht durch Kurbeln

Materialliste: Handgenerator, ein Lämpchen (6 V; 2,4 W), eine Lampe (6 V; 30 W), Autoscheinwerfer (12 V; 60 W), Kabel, Fassung,

1 Elektrische Energie gibt es nicht umsonst. Das spürst du beim Kurbeln. → 5
   Bringe erst das Lämpchen zum Leuchten. Schließe dann die 30-W-Lampe an.
   ▣ Beschreibe den Unterschied, den du spürst.

2 ▣ Verwende nun die Scheinwerferlampe.
   Achtung • Die Lampe kann heiß werden!
   a Vergleiche deine Beobachtung mit Versuch 1.
   b Unterbrich beim Kurbeln die Verbindung zur Lampe. Beschreibe die Veränderung.

3 ▣ Benötigen mehrere Lampen mehr Energie, wenn sie unabhängig voneinander funktionieren? Plane einen Versuch dazu.
   a Skizziere den Versuchsaufbau.
   b Beschreibe die Versuchsdurchführung.

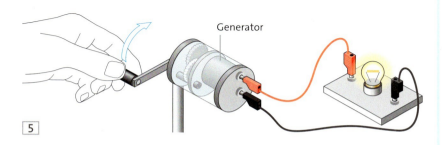

5

Material E

Erwärmen durch Kurbeln

Materialliste: Handgenerator, Krokodilklemmen, Kabel, Chromnickeldraht (20 cm lang, 0,4 mm dick), Kugelschreibermine, Becherglas, 50 ml Wasser, Thermometer, Stoppuhr

1 Wickle den Draht immer wieder um die Kugelschreibermine, sodass eine Wendel entsteht. Benutze sie als Minitauchsieder. → 6
   a ▣ Miss die Wassertemperatur. Notiere den Wert.
   b ▣ Kurble 5 Minuten lang am Handgenerator. Miss, um wie viel Grad Celsius die Wassertemperatur steigt.

2 Wie lange müsstest du kurbeln, bis das Wasser siedet: 10 Minuten?
   a ▣ Berechne die Zeit.
   b Wie viele Menschen müssten kurbeln, um in der gleichen Zeit 1 Liter Wasser zum Kochen zu bringen?
   ▣ Berechne es.

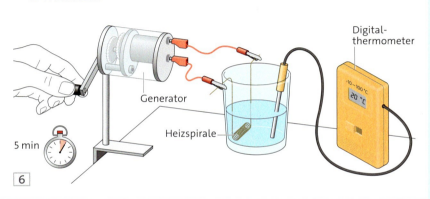

6

Elektrische Stromstärke

1 Flaschenstrom

Materialien zur Erarbeitung: A–B

Der Arbeiter überprüft die Flaschen. Wie viele sind es pro Minute?

„Stromstärke" • Je schneller das Fließband läuft und je mehr Flaschen
5 nebeneinanderstehen, desto mehr Flaschen fahren pro Minute am Arbeiter vorbei. Die „Stromstärke" ist dann besonders groß.

Elektrische Stromstärke • Im elektri-
10 schen Stromkreis ist es ähnlich wie am Fließband. Wir stellen uns vor, dass in den Drähten sehr viele negativ geladene Elektronen im Kreis strömen – von der elektrischen Energiequelle zum
15 Gerät und zurück. → 2 Je mehr Elektronen und somit negative Ladung pro Sekunde an einer bestimmten Stelle des Stromkreises vorbeiströmen, desto größer ist die Stromstärke.

> Die elektrische Stromstärke I gibt an, wie viele negativ geladene Elektronen pro Sekunde an einer Stelle des Stromkreises vorbeiströmen. Die elektrische Stromstärke wird in Ampere (sprich: ampeer) gemessen. Die Einheit ist 1 Ampere (1A).

Kleine Stromstärken gibt man oft in Milliampere (mA) an: 1A = 1000 mA; Beispiel: I = 0,02 A = 20 mA.

30 Stromstärke – davor und danach •
Wenn du die Stromstärke vor und nach einem Gerät misst, kommst du zu einem überraschenden Ergebnis. → 3

> Im einfachen Stromkreis ist die Stromstärke überall gleich groß.

Wir stellen uns vor, dass sich die Elektronen im Stromkreis wie die Glieder einer Fahrradkette bewegen. Dabei gehen keine Elektronen verloren.

40 Stromstärke und elektrische Energie •
Der Scheinwerfer leuchtet heller als das Rücklicht – obwohl beide vom selben Dynamo betrieben werden. → 4
Das liegt an der größeren Stromstärke
45 im Stromkreis des Scheinwerfers. → 5

> Bei gleicher elektrischer Energiequelle gilt: Je größer die Stromstärke ist, desto mehr elektrische Energie wird pro Sekunde zum elektrischen Gerät transportiert.

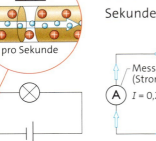

2 Stromstärke

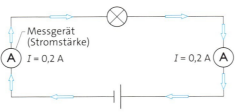

3 Die Stromstärke ist gleich groß.

Elektrizität verstehen

die Stromstärke
das Ampere (A)
die Spannung
der Widerstand

Wenn wir im Alltag von elektrischem Strom sprechen, können damit verschiedene Dinge gemeint sein:
- „Ich habe einen Strom von 2 A gemessen." Hier geht es um den Elektronenstrom und die Stromstärke.
- „Wir haben 3000 kWh Strom verbraucht." Hier geht es um die genutzte elektrische Energie.

Größen im Stromkreis • Die Stromstärke kennst du jetzt. Die Spannung und der Widerstand kommen bald dazu. Sie sind ebenfalls wichtig, um Stromkreise zu beschreiben: → 6
- Die elektrische Energiequelle treibt den Elektronenstrom an. Die Spannung gibt an, wie kräftig die Quelle den Elektronenstrom antreibt.
- Das elektrische Gerät bremst den Elektronenstrom. Der Widerstand gibt an, wie kräftig das Gerät den Elektronenstrom bremst.

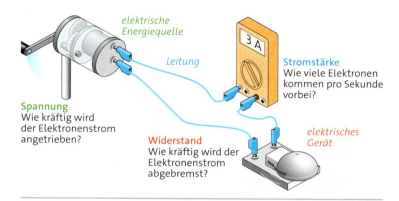
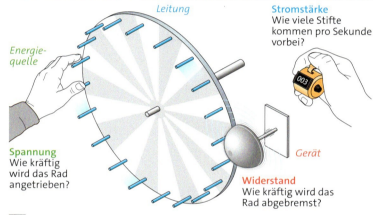

6 Größen im Stromkreis und im Modell

4 Scheinwerfer und Rücklicht

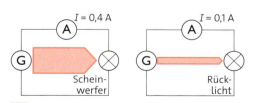

5 Größere Stromstärke → mehr Energie

Aufgaben

1 ▣ Auf der Landstraße fahren 10 Autos pro Minute, auf der Autobahn 30. Vergleiche die Stromstärken.

2 ▣ Gib die größere Stromstärke an: $I = 0{,}4$ A oder $I = 300$ mA. Begründe.

3 ▣ Elektrische Energie oder Elektronenstrom? Gib jeweils deine Entscheidung an und begründe:
a Der Stromkreis ist geschlossen.
b Eine Lampe verbraucht viel Strom.
c Lena misst einen Strom von 3 A.
d Unsere Stromrechnung ist zu hoch.

Basiskonzept

Struktur der Materie
→ Seite 226 f.

Elektrische Stromstärke

Material A

Verschiedene Lampen – verschiedene Stromstärke?

Materialliste: Messgerät (Ampere), 2 verschiedene Lämpchen (Fahrrad: Scheinwerfer, Rücklicht), Netzgerät (6 V)

1 Baue einen einfachen Stromkreis mit dem Netzgerät und einem Lämpchen auf.
▶ Miss die Stromstärke (siehe Methode „Elektrische Stromstärke messen"). → 4 Notiere den Messwert.

2 Wiederhole die Messung mit dem anderen Lämpchen.
▶ Formuliere einen Zusammenhang zwischen der Stromstärke und der Helligkeit der Lämpchen.

Material B

Ist der Elektronenstrom nach der Lampe kleiner?

Materialliste: Messgerät (Ampere), 2 Lämpchen (6 V; 2,4 W), Netzgerät (6 V)

1 Baue den Stromkreis mit den beiden Lämpchen auf.
→ 1

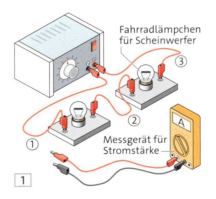

a ▶ Miss die Stromstärke am Minuspol des Netzgeräts (1).
b ▶ Miss auch die Stromstärke zwischen den Lämpchen (2) und am Pluspol (3).
c ▶ Vergleiche die Messwerte. Formuliere das Versuchsergebnis: „Die Stromstärke ist im einfachen Stromkreis überall ◈."

Material C

Das Stromstärkespiel

Materialliste: Tennisbälle, Stoppuhr oder Handy

1 ▶ Stellt euch im Kreis auf.
→ 2 Ihr seid unbewegliche, positiv geladene Teilchen im Stromkreis. Jeder hat einen Tennisball als negativ geladenes und frei bewegliches Elektron.

a Eine Person schiebt als „Batterie" die Elektronen an: Sie gibt ihren Ball an einen Nachbarn weiter. Auch alle anderen geben ihren Ball in die gleiche Richtung weiter.

b Eine zweite Person macht immer „Klick", wenn ein Elektron vorbeikommt.
c Eine dritte Person misst die Stromstärke. Stellt große und kleine Ströme dar …

Methode

Elektrische Stromstärke messen

1. Stromkreis aufbauen Baue den Stromkreis ohne Messgerät auf. Teste, ob er richtig funktioniert. Unterbrich ihn dann an der Stelle, wo die Stromstärke gemessen werden soll.

2. Messgerät vorbereiten Stelle das Gerät auf Stromstärke ein: A⎓ oder DC bei Gleichstrom (z. B. von einer Batterie), A~ oder AC bei Wechselstrom (z. B. von einem Dynamo). → 3

Wähle den größten Messbereich (die größte Amperezahl). Stecke das rote Kabel (Pluskabel) in die Buchse, über der mA oder A steht. Das schwarze Kabel (Minuskabel) gehört in die COM-Buchse (engl. common: gemeinsam).

3. Messgerät anschließen Alle Elektronen müssen durch das Messgerät fließen. Daher wird es in die Lücke des Stromkreises eingebaut. Das rote Pluskabel des Messgeräts wird mit der Seite des Stromkreises verbunden, die zum Pluspol der elektrischen Energiequelle führt. → 4 Das schwarze Minuskabel wird mit der Seite des Stromkreises verbunden, die zum Minuspol der Quelle führt.

4. Messbereich anpassen Ist der Messwert kleiner als die höchste Amperezahl des nächstkleineren Messbereichs? Dann unterbrich den Stromkreis und schalte auf diesen Messbereich um. Schließe den Stromkreis wieder.

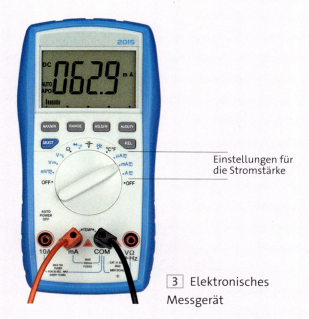

3 Elektronisches Messgerät (Einstellungen für die Stromstärke)

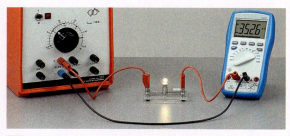

4 Stromkreis mit Messgerät für die Stromstärke

Aufgaben

1 ⬛ Beschreibe, wie du ein Strommessgerät in einen Stromkreis einbaust (Schaltplan).

2 ⬛ Nenne den Fehler. → 5 Schau genau hin!

3 ⬛ Rechne um in Ampere (A): 320 mA; 27,1 mA; 87,4 mA; 1025 mA.

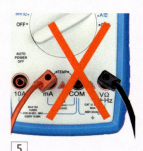

5

Elektrische Spannung

[1] Elektrische Energiequellen – entscheidend ist die Voltzahl.

Materialien zur Erarbeitung: A–B

Unsere elektrischen Energiequellen haben ganz verschiedene Voltzahlen. Was bedeutet das?

Elektrische Spannung • Elektrische Energiequellen treiben die negativ geladenen Elektronen an – eine Batterie mit 4,5 Volt dreimal so kräftig wie eine Batterie mit 1,5 Volt.

> Die Spannung U gibt an, wie kräftig die elektrische Energiequelle die negativ geladenen Elektronen antreibt. Die Spannung misst man in Volt. Die Einheit ist 1 Volt (1V).

Große Spannungen gibt man in Kilovolt (kV) an, kleine in Millivolt (mV): 1 kV = 1000 V; 1 mV = 0,001 V.
Achtung • Experimentiere niemals mit Spannungen über 25 V. Es besteht Lebensgefahr!

Die Spannung muss passen • Wenn du eine Fahrradlampe an eine Batterie mit 4,5 V anschließt, leuchtet die Lampe nur schwach. Wird die Lampe an eine Batterie mit 12 V angeschlossen, geht sie kaputt. Die Lampe ist für eine Spannung von 6 V ausgelegt.
Für alle Elektrogeräte gilt: Sie müssen mit der passenden Spannung betrieben werden. Sie ist auf den Typenschildern der Geräte in Volt angegeben.

Spannung und elektrische Energie • Die LED-Lampe leuchtet heller als das Fahrradlämpchen. → [2] [3] Sie wandelt mehr elektrische Energie in Strahlungsenergie um. Die Stromstärke ist in beiden Lampen gleich groß. Es strömen gleich viele negativ geladene Elektronen pro Sekunde. Aber die Span-

[2] LED-Lampe: I = 0,1 A; U = 230 V

[3] Fahrradlämpchen: I = 0,1 A; U = 6 V

Elektrizität verstehen

die elektrische Spannung
das Volt (V)
die Reihenschaltung

nung ist verschieden. Die Spannung gibt an, wie viel Energie pro negativ geladenem Elektron transportiert wird.

> Je größer die Spannung einer elektrischen Energiequelle ist, desto mehr elektrische Energie wird pro Sekunde bei gleicher Stromstärke transportiert.

Reihenschaltung von Batterien • Die Taschenlampe braucht eine Spannung von 3 V. → [4] Die 1,5-V-Batterien werden in einer Reihe hintereinander in das Gehäuse geschoben. → [5] Sie treiben den Elektronenstrom nacheinander an. Dadurch ist der Antrieb doppelt so groß wie bei nur einer Batterie.

> Bei der Reihenschaltung von elektrischen Energiequellen addieren sich einzelne Spannungen zur Gesamtspannung:
> $U_{gesamt} = U_1 + U_2 + ...$

Reihenschaltung von Geräten • Die Lichterkette ist an eine Steckdose mit 230 V angeschlossen. → [6] Die Lämpchen sind in Reihe geschaltet. → [7] Jedes Lämpchen ist für nur 6,5 V ausgelegt. Das heißt: Um den Elektronenstrom durch ein Lämpchen zu treiben, sind 6,5 V erforderlich, für 35 Lämpchen sind es insgesamt 227,5 V. An jedem einzelnen Lämpchen liegen aber nur 6,5 V.

> Bei der Reihenschaltung von elektrischen Geräten teilt sich die Spannung der Quelle auf die Geräte auf:
> $U_{Quelle} = U_1 + U_2 + ...$

[4] 3-Volt-Taschenlampe

[6] 230-Volt-Lichterkette

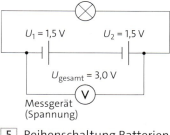

[5] Reihenschaltung Batterien

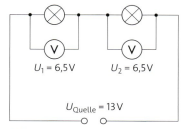

[7] Reihenschaltung Lampen

Aufgaben

1. ▶ Rechne in V um: 2,5 kV, 200 mV, 380 kV und 80 mV.

2. ▶ Ergänze die Sätze im Heft:
   a Die ◇ gibt an, wie kräftig der Elektronenstrom angetrieben wird.
   b Die ◇ gibt an, wie viele Elektronen pro Sekunde ◇

3. Bei einer Taschenlampe sind drei 1,5-V-Batterien in Reihe geschaltet.
   a ▶ Berechne die Gesamtspannung.
   b ▶ Zeichne den Schaltplan. Füge auch den Schalter ein.

4. ▶ Bei einer 230-V-Lichterkette sind 46 Lämpchen in Reihe geschaltet. Berechne, für welche Spannung jedes Lämpchen ausgelegt ist.

Elektrische Spannung

Material A

Spannung von elektrischen Energiequellen

Materialliste: Batterien, Netzgerät, Handgenerator, Messgerät (Volt), Kabel

1. ▶ Lies die Voltzahlen auf den Batterien und am Netzgerät ab. Notiere sie. → 1

Quelle	Flachbatterie	?
Spannung:		
• abgelesen	4,5 V	?
• gemessen	4,3 V	?

1 Beispieltabelle

2. ▶ Miss die Spannung an den Batterien und am Netzgerät (siehe Methode). → 2 Vergleiche mit den abgelesenen Voltzahlen.

3. ▶ Miss die Spannung am Generator. Drehe einmal langsam, einmal schnell.

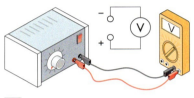

2 Spannung messen

Material B

Reihenschaltung Batterien

Materialliste: 3 Mignonzellen (1,5 V; AA), zerlegte Flachbatterie, Messgerät (Volt), Kabel

1. ▶ Miss die Spannung jeder einzelnen Mignonzelle. Notiere die Werte.

2. Kombiniere zwei Batterien auf drei verschiedene Weisen.
   a ▶ Skizziere, wie du die Batterien kombiniert hast.
   b ▶ Miss die Spannung an den äußeren Polen der kombinierten Batterien. Notiere die Messwerte an der Zeichnung.

3. ▶ Erzeuge mit Mignonzellen eine Spannung von 4,5 V.
   a Beschreibe, wie die Batterien geschaltet werden.
   b Zeichne den Schaltplan.

4. ▶ Sieh dir die zerlegte Flachbatterie an. Beschreibe, wie die Spannung von 4,5 V erzeugt wird.

5. ▶ Drehe ein Video zur Umweltgefährdung durch gebrauchte Batterien und deren richtige Entsorgung. Suche Informationen im Internet oder erkundige dich in einem Wertstoffhof.

Material C

Reihenschaltung Lampen

Materialliste: Lampe 1 (3,7 V; 0,3 A), Lampe 2 (6 V; 0,3 A), Messgeräte (Stromstärke, Spannung), Netzgerät (12 V), Kabel

1. Baue die Schaltung auf. → 3
   a ▶ Stelle die Spannung am Netzgerät so ein, dass die Stromstärke 0,3 A beträgt.
   b ▶ Miss die Spannung am Netzgerät und an den Lampen. Notiere die Messwerte.
   c ▶ Formuliere einen Zusammenhang zwischen den gemessenen Spannungen.

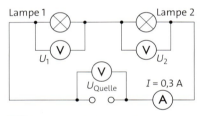

3 Reihenschaltung: Spannung

2. ▶ Zwei Lampen für 3,7 V sind an eine neue Batterie angeschlossen. → 4 Erkläre, warum sie kaum leuchten.

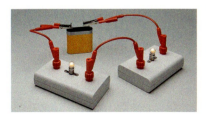

4 Geringe Helligkeit

Elektrizität verstehen

Methode

Elektrische Spannung messen

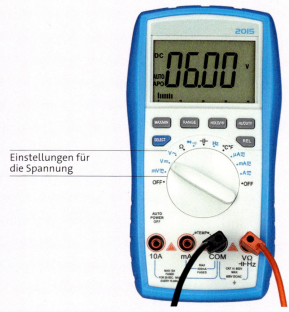

Einstellungen für die Spannung

[5] Elektronisches Messgerät

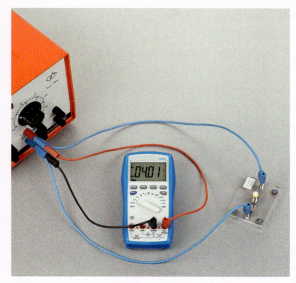

[6] Spannung an einem Netzgerät messen

1. **Stromkreis ohne Messgerät aufbauen**

2. **Messgerät vorbereiten** Schalte das Gerät auf Spannungsmessung (V~ oder V⎓). → [5] Wenn die elektrische Energiequelle ein Generator ist, musst du V~ einstellen. Wähle den größten Messbereich (die größte Voltzahl). Stecke das rote Kabel (Pluskabel) in die Buchse, die mit V gekennzeichnet ist. Das schwarze Kabel (Minuskabel) gehört in die COM-Buchse.

3. **Messgerät anschließen** Schließe die Kabel des Messgeräts an zwei Punkten im Stromkreis an, zwischen denen du die Spannung messen sollst. Diese Punkte können z. B. an den Polen einer Batterie sein. → [6] Das Gerät misst, wie stark die Elektronen zwischen den beiden Messpunkten angetrieben werden. Durch das Messgerät fließt nur ein sehr kleiner Strom.

4. **Messbereich anpassen** Wenn der Messwert in den nächstkleineren Messbereich passen würde, schalte auf diesen Messbereich um.

Aufgaben

1 ▶ Beschreibe, wie du ein Spannungsmessgerät in einen Stromkreis einbaust.

2 ▶ So wird die Spannung am Netzgerät gemessen. → [6]
a Zeichne den Schaltplan.
b Nun soll die Spannung an der Lampe gemessen werden.
   Zeichne den veränderten Schaltplan.

Elektrische Spannung

Methode

Fehler in Schaltungen finden

Kennst du das? Du hast eine Schaltung aufgebaut und sie funktioniert nicht. Dann heißt es, möglichst systematisch auf Fehlersuche zu gehen. So kannst du vorgehen:

1. Beim Aufbau Fehler vermeiden Achte schon beim Verkabeln der Bauteile darauf, dass Experimentierkabel nicht geknickt, miteinander verdreht oder verknotet sind. Die Kabel sollten so geführt werden, wie es der Schaltplan vorgibt. Du kannst die Schaltung leichter prüfen, wenn du für verzweigte Stromkreise unterschiedlich farbige Kabel verwendest.

2. Funktionsprüfung Schalte das Netzteil sofort aus oder trenne die Schaltung von der Batterie, wenn die Schaltung beim Einschalten der Energiequelle nicht funktioniert. Führe in diesem Fall die Schritte 3–6 durch, bis du den Fehler findest.

3. Mit dem Schaltplan vergleichen Lege den Schaltplan neben die Schaltung und fahre mit dem Finger die Kabel entlang. Beginne beim Minuspol der Energiequelle. Entspricht die Kabelführung der Zeichnung? Besonders aufpassen musst du bei Verzweigungen von Stromkreisen. Stelle sicher, dass jeder Zweig richtig mit der Energiequelle verbunden ist. Überprüfe, ob Messgeräte richtig angeschlossen sind.

4. Anschlüsse und Kabel prüfen Überprüfe die Anschlüsse der Geräte. Wackeln sie? Haben sich Drähte gelöst? Schaue auch unter die Bauteile. Kontrolliere die Experimentierkabel. Stecken die Kontakte fest in den Buchsen? Gibt es Brüche im Kabel?

5. Geräte prüfen Teste die verwendeten Geräte einzeln. Leuchtet die Lampe oder bewegt sich der Motor, wenn er direkt an die Energiequelle angeschlossen wird? Zeigt das Display des eingeschalteten Messgeräts etwas an, wenn es nicht im Stromkreis eingebaut ist?

6. Schaltung neu aufbauen Wenn die Fehlersuche nicht zum Erfolg führt, muss die Schaltung neu nach Plan aufgebaut werden.

Aufgabe

1 Diese Schaltung funktioniert nicht. → ☐1
a ◩ Überprüfe den Aufbau und beschreibe die Fehler.
b ◩ Gib Tipps für einen neuen Aufbau.

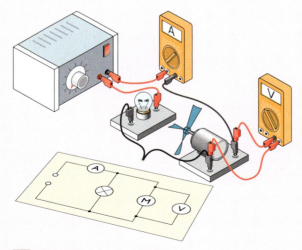

☐1 Findest du die drei Fehler?

Erweitern und Vertiefen

Gefährliche Spannungen

2 Steckdose: Lebensgefahr bei Berührung der Kontakte

Maßnahmen beim Stromunfall
- Unterbrich als Erstes den Stromkreis: Schalte die Sicherung aus.
- Fasse den Verunglückten nicht vorher an – sonst fließt der Strom auch durch dich!
- Rufe 112 an: Rettungsdienst.
- Bei Atemstillstand ist sind Maßnahmen zur Wiederbelebung erforderlich: Atemspende, Herzdruckmassage.

3

Spannung im Haushalt • Unsere Steckdosen haben eine Spannung von 230 V. Diese hohe Spannung ist lebensgefährlich. → 2 Bei Berührung der Kontakte in der Steckdose kann es zu einem elektrischen Strom durch den menschlichen Körper kommen, der Muskelkrämpfe und Verbrennungen verursacht. Das kann zum Herzstillstand und zum Tod führen. Schon bei Berührung eines defekten angeschlossenen Kabels oder Elektrogeräts kann es zum Stromschlag kommen. Damit Kabel nicht beschädigt werden, sollten sie immer an dem Stecker aus der Steckdose gezogen werden. Wenn es doch zu einem Stromunfall kommt, sind bestimmte Maßnahmen zu beachten. → 3

Hochspannung: Lebensgefahr! • Freileitungen und Oberleitungen haben Spannungen von bis zu 400 000 V. Je höher die Spannung ist, desto größer ist die Gefahr für uns. Bei Spannungen von vielen Hunderttausend Volt muss die Leitung nicht einmal berührt werden. Schon bei einem Abstand von mehreren Metern kann es zu einem tödlichen Funkenüberschlag kommen. Das Spielen mit Drachen oder Drohnen in der Nähe von Hochspannungsleitungen kann deshalb tödlich enden. Auch Bahnanlagen sind kein Spielplatz: Hier droht Lebensgefahr durch die Oberleitungen. → 4 5

Aufgabe

1 ✉ Erkläre, warum das Spielen in der Nähe von Oberleitungen lebensgefährlich ist.

4 5 Oberleitungen und Freileitungen: Lebensgefahr bei Annäherung

Parallelschaltung im Haushalt

1 Wie viele Stromkreise?

Material zur Erarbeitung: A

Der Laptop, der Drucker, die Lavalampe und das Radio – alle sind in einer Steckdosenleiste angeschlossen. Auch wenn der Stecker des Druckers herausgezogen wird, funktionieren die anderen Geräte weiter.

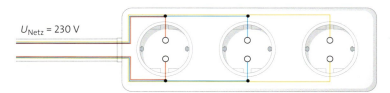

U_Netz = 230 V

2 Steckdosenleiste

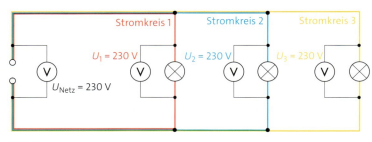

3 Drei Lampen in Parallelschaltung

Parallelschaltung • In einer Parallelschaltung ist jedes Gerät einzeln mit der elektrischen Energiequelle verbunden – jeweils in einem eigenen Stromkreis. In einer Steckdosenleiste wird das Anschlusskabel zu jeder Steckdose geführt. → 2 Das bedeutet: An jeder Steckdose der Leiste kann ein angeschlossenes Gerät mit der Spannung der Zuleitung von 230 V versorgt werden.

Spannung in der Parallelschaltung • Wenn drei Lampen in einer Parallelschaltung an ein Netzgerät angeschlossen sind, ist die Spannung an jeder Lampe gleich groß. → 3

In einer Parallelschaltung ist die Spannung an jedem Gerät gleich groß.
$U_1 = U_2 = U_3 = U_\text{Netz}$

Elektrizität verstehen

Stromstärke in der Parallelschaltung • Je mehr Lampen parallel geschaltet sind, desto größer ist die Stromstärke in der Zuleitung. → 4
Jede Lampe muss mit Elektronen versorgt werden. In der Zuleitung kommen die Elektronenströme der drei Stromkreise zusammen.

> In einer Parallelschaltung summieren sich die Stromstärken:
> $I_{gesamt} = I_1 + I_2 + I_3 + ...$

Wenn du an eine Steckdosenleiste zu viele leistungsstarke Geräte anschließt, kann die Stromstärke sehr groß werden. Dann werden die Kabel warm und die Sicherungen können „herausspringen".

Energie in der Parallelschaltung • In einer Parallelschaltung wird jedes Gerät mit der nötigen Energie versorgt. Das kannst du mit einem Handgenerator spüren. Der Generator lässt sich umso schwerer drehen, je mehr Lampen parallel angeschlossen sind.
→ 5 Damit der Handgenerator mehr elektrische Energie pro Sekunde abgeben kann, müssen mehr Elektronen fließen. Das heißt, die Stromstärke muss größer werden – und das strengt an.

> Bei parallel geschalteten Geräten gilt für die transportierte Energie:
> • 2-fache Stromstärke
>   → 2-fache Energie pro Sekunde
> • 3-fache Stromstärke
>   → 3-fache Energie pro Sekunde

die Parallelschaltung

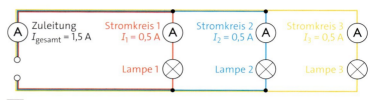

4 Drei Lampen in Parallelschaltung

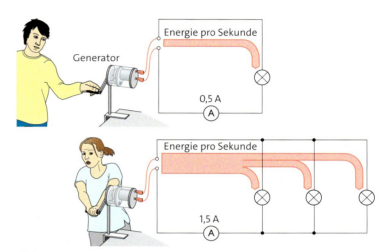

5 Energietransport bei der Parallelschaltung

Aufgaben

1 ⊠ Die Fahrradbeleuchtung ist eine Parallelschaltung.
a Zeichne den Schaltplan.
b Füge ein Messgerät für I_{gesamt} ein.
c Die Stromstärke beträgt im Scheinwerfer 0,4 A, im Rücklicht 0,1 A. Berechne die Gesamtstromstärke.

2 ⊠ Begründe, warum nicht viele leistungsstarke Geräte in einer Steckdosenleiste betrieben werden sollen.

3 ⊠ Begründe, dass Sicherungen sinnvolle Einrichtungen sind.

Basiskonzept

Energie
→ Seite 226 f.

Parallelschaltung im Haushalt

Material A

Parallelschaltung von Lampen

Materialliste: Messgerät (Ampere), 4 gleiche Lampen (4 V; 0,3 A), Netzgerät (6 V), Handgenerator

1 ▸ Wie verändert sich die Stromstärke in der gemeinsamen Zuleitung, wenn man immer mehr Lampen parallel schaltet? → [1]
 a Baue einen einfachen Stromkreis mit einer Lampe und dem Messgerät auf. Miss die Stromstärke. Trage den Messwert in eine Tabelle ein. → [2]
 b Schalte eine weitere Lampe parallel hinzu, ohne den Stromkreis zu öffnen. Miss wieder die Stromstärke in der Zuleitung.
 c Wiederhole die Messung mit drei und vier Lampen.
 d Ergänze: „Je mehr Lampen parallel an das Netzgerät angeschlossen werden, desto ◇ wird die Stromstärke in der gemeinsamen Zuleitung."
 e Ergänze: „Je mehr Lampen leuchten, desto mehr ◇ muss von der elektrischen Energiequelle übertragen werden."

2 Ersetze das Netzgerät durch den Handgenerator.
 a ▸ Wiederhole den Versuch. Kurble beim Messen der Stromstärke immer etwa gleich schnell!
 b ▸ Beschreibe, was dir beim Kurbeln auffällt, wenn immer mehr Lampen dazukommen.
 c ▸ Erkläre deine Beobachtung mithilfe der Energie.

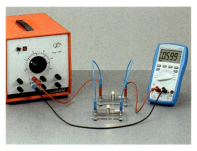

[1] Lampen in Parallelschaltung

Lampen	1	2	3	4
Stromstärke in der Zuleitung	?	?	?	?

[2] Beispieltabelle

Material B

Stromstärke bei Haushaltsgeräten (Lehrerversuch)

[3] Stromstärke messen

Materialliste: Messgerät (Ampere), Steckdosenleiste, Sicherheitssteckdose, Elektrogeräte

Das Messgerät wird über die Sicherheitssteckdose in die Zuleitung einer Steckdosenleiste geschaltet. → [3]

1 Die Elektrogeräte werden zuerst einzeln an die Steckdosenleiste angeschlossen.
▸ Notiere die Stromstärke für jedes einzelne Gerät.

2 Nun werden alle Geräte gleichzeitig angeschlossen. Notiere die Gesamtstromstärke.
▸ Vergleiche die Gesamtstromstärke mit den einzelnen Stromstärken. Formuliere einen Zusammenhang.

Material C

Die Fahrradbeleuchtung

Am Fahrrad sind der Scheinwerfer und das Rücklicht gemeinsam am Dynamo angeschlossen. → 4

Materialliste: Batterie (4,5 V) oder Netzgerät (6 V), 2 Scheinwerferlampen (6 V; 2,4 W), Rücklichtlampe (6 V; 0,6 W), Schalter, Kabel, Stromstärkemessgerät

1 ⊠ Baue die Fahrradbeleuchtung nach. Die Batterie (das Netzgerät) ersetzt den Dynamo.
Die Scheinwerferlampe und die Rücklichtlampe sollen gemeinsam ein- und ausgeschaltet werden.

a Baue die Schaltung auf. Beide Lampen müssen zugleich hell leuchten.
b Drehe eine Lampe aus der Fassung. Prüfe, ob auch die andere Lampe ausgeht.
c Zeichne den Schaltplan.
d Miss die Stromstärke in der Zuleitung und notiere sie.

2 ⊠ Ergänze eine zweite Scheinwerferlampe.
a Beschreibe, wie du vorgehst.
b Zeichne den Schaltplan.
c Miss die Stromstärke in der Zuleitung und notiere sie.

3 ⊠ Vergleiche die Messwerte für die Stromstärke in der Zuleitung aus den Versuchsteilen 1d und 2c. Berechne die Stromstärke der zweiten Scheinwerferlampe.

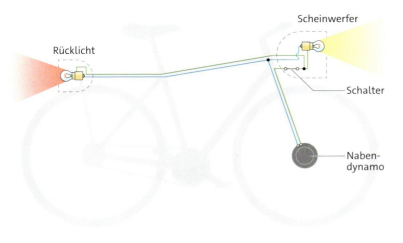

4 Fahrradbeleuchtung

Material D

Mehrfachsteckdose

Auf dem Schulfest sind mehrere Geräte an eine Mehrfachsteckdose angeschlossen. → 5

5 Waffeleisen in Betrieb

1 Zwei Waffeleisen sind in Betrieb. Jedes Gerät benötigt eine Stromstärke von 4,3 A.
a ⊠ Gib an, in welcher Schaltungsart die beiden Geräte betrieben werden.
b ⊠ Berechne die Stromstärke in der Zuleitung der Mehrfachsteckdose.

2 Nun wird noch ein Elektrogrill angeschlossen. Er benötigt eine Stromstärke von 8,9 A. Beim Einschalten des Grills geht plötzlich nichts mehr – der Strom ist weg.
a ⊠ Erkläre, was passiert ist.
b ⊠ Berechne die Stromstärke, die zur Unterbrechung geführt hat.
c ⊠ Begründe, warum eine Unterbrechung bei dieser Stromstärke sinnvoll ist.

Schutzmaßnahmen im Stromnetz

1 Warum sind plötzlich alle Geräte aus?

Material zur Erarbeitung: A

Uli hat die Mikrowelle eingeschaltet – und plötzlich sind alle Geräte in der Küche aus. Die Sicherung ist „raus".

Sicherungen • Je mehr Geräte an eine Steckdose angeschlossen werden, desto größer wird die Stromstärke in der Zuleitung. Bei großer Stromstärke werden die Drähte heiß. Bevor ein Feuer ausbricht, unterbricht eine Sicherung den Stromkreis. → 2 Sie ist die „schwächste Stelle" im Stromkreis.

Schmelzsicherungen enthalten einen dünnen Draht. → 3 Er schmilzt, bevor die Stromstärke zu groß wird.
Sicherungsautomaten enthalten einen Elektromagneten. Bei großer Stromstärke öffnet er einen Schalter. Sicherungsautomaten können immer wieder von Hand eingeschaltet werden.

Schutzleiter • Die meisten Leitungen im Haus haben drei „Adern": Außen-, Neutral- und Schutzleiter. → 4 Außen- und Neutralleiter sind für den Transport der elektrischen Energie zuständig. Der Neutralleiter in der Zuleitung zum Haus ist leitend mit dem Erdreich verbunden („Erdung"). Der gelb-grüne Schutzleiter soll uns vor Elektrounfällen schützen. → 5

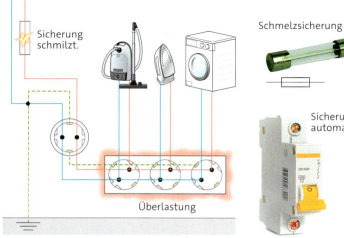

2 Überlastung und Schmelzsicherung

3 Sicherungen

4 Leitung mit drei „Adern"

142 | Elektrizität verstehen

die Sicherung
der Schutzleiter
der Fehlerstrom-
schutzschalter

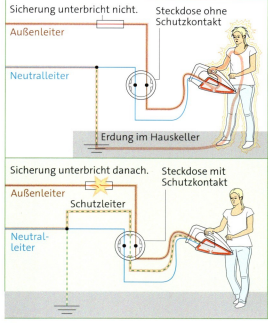

Ohne Schutzleiter
Sarah verwendet ein Bügeleisen, obwohl es keinen Schutzleiter hat. Die Steckdose hat nur die beiden Pole und keinen Schutzkontakt. Der Außenleiter im Bügeleisen ist kaputt, der blanke Draht stößt gegen das Gehäuse aus Metall („Körperschluss"). Sarah schaltet das Bügeleisen ein, fasst ans Gehäuse – und bekommt einen lebensgefährlichen Stromschlag! Der Strom fließt vom Außenleiter durch das Gehäuse, Sarahs Körper und den Fußboden zur Erdung. Die Stromstärke ist nicht so groß, dass die Sicherung auslöst.

Mit Schutzleiter
Sarah benutzt ein Bügeleisen mit einem Schutzleiter, der leitend mit dem Gehäuse verbunden ist. Die Steckdose hat einen Schutzkontakt. Auch hier stößt der blanke Draht des Außenleiters gegen das Gehäuse aus Metall.
Sarah schaltet das Bügeleisen ein – und sofort gehen viele elektrische Geräte im Raum aus. Eine Sicherung hat den Stromkreis unterbrochen. Der elektrische Strom ist vom Außenleiter durch den Schutzleiter direkt zum Neutralleiter geflossen – an Sarah vorbei. Die Stromstärke war so hoch, dass die Sicherung ausgelöst hat.

5 Der Schutzleiter schützt vor Elektrounfällen.

30 **Fehlerstromschutzschalter** • Der Schalter unterbricht den Stromkreis automatisch, wenn die Stromstärken im Außenleiter und im Neutralleiter verschieden sind: → 6 7

35 Ein Kind steckt eine Nadel in die Steckdose. → 6 Nun fließt ein Elektronenstrom durch das Kind. Die Stromstärke ist so klein, dass die Sicherung nicht unterbricht. Im Fehlerstromschutz-
40 schalter ist die Stromstärke im Außenleiter aber ein klein wenig größer als im Neutralleiter. Deshalb unterbricht er den Stromkreis.

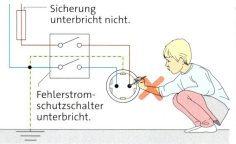

6 7 Fehlerstromschutzschalter

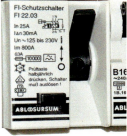

Sicherungen schützen elektrische Anlagen vor zu großer Stromstärke. Schutzleiter, Schutzkontakt und Fehlerstromschutzschalter schützen den Menschen vor Elektrounfällen.

Aufgaben

1 ▣ Beurteile das Verhalten der Personen. → 5 6 Gib ihnen Tipps für einen sachgerechten Umgang mit elektrischen Geräten und Anlagen.

2 ▣ Erkläre, was mit der Sicherung bei Überlastung geschieht. → 2

Basiskonzept

System
→ Seite 226 f.

Schutzmaßnahmen im Stromnetz

Material A

Überlastung und Sicherung (Lehrerversuch)

Materialliste: 3 Lampen (6 V; 2,4 W), 2 Konstantandrähte (5 und 15 cm lang, 0,2 mm dick), Netzgerät (6 V; 5 A), Messgerät (Ampere), 4 Tonnenfüße, 4 Isolatoren, Kabel

1 Nacheinander werden immer mehr Lampen parallel an das Netzgerät angeschlossen. → 1
   ▣ Beobachte, wie sich die Stromstärke in der gemeinsamen Zuleitung verändert.

2 Das Netzgerät wird ausgeschaltet. Dann wird das Messgerät durch den kurzen Konstantandraht ersetzt und der lange Konstantandraht parallel zu den Lampen geschaltet. Jetzt wird das Netzgerät wieder eingeschaltet und die Stromstärke langsam erhöht, bis die „Sicherung" durchbrennt.
   ▣ Erkläre die Beobachtung.

Achtung • Konstantandrähte nicht berühren, solange sie Teil des Stromkreises sind.

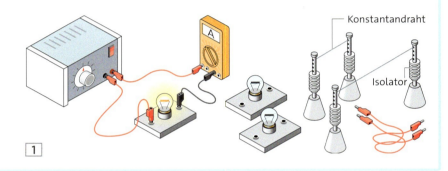
1

Material B

Kurzschluss (Lehrerversuch)

Das Kabel ist kaputt. → 2 Der Außenleiter hat Kontakt mit dem Neutralleiter. Es fließt ein großer Strom an der Lampe vorbei. Die Sicherung unterbricht den Stromkreis. Stelle diesen Kurzschluss im Versuch nach.

Materialliste: Lampe (6 V; 2,4 W), Konstantandraht (50 cm lang, 0,2 mm dick), Netzgerät (6 V; 5 A), Schraubendreher, 2 Tonnenfüße, 2 Isolatoren, Kabel

1 Baue den Versuch auf. → 3 Wenn die Lampe leuchtet, wird kurzzeitig mit dem Schraubendreher ein Kurzschluss hergestellt.
   ▣ Beschreibe und erkläre deine Beobachtung.

Achtung • Konstantandraht nicht berühren, solange er Teil des Stromkreises ist.

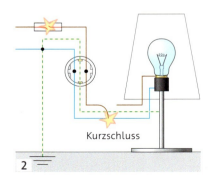
2

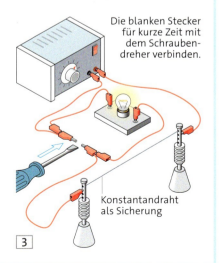
3

Material C

Alles gesichert

1. ✖ Zwei Elektromotoren und eine Glühlampe sind parallel geschaltet. → [4]
   a Gib an, für welche Geräte die Sicherung wirkt.
   b Übertrage den Schaltplan in dein Heft. Ändere die Schaltung so, dass alle Geräte abgesichert sind.

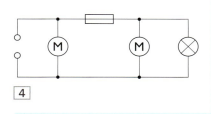

[4]

Material D

Überlastung?

1. ✖ Die Waschmaschine wird gleich eingesteckt. → [5] Die Sicherung unterbricht den Stromkreis bei mehr als 16 A. Berechne, was geschieht.

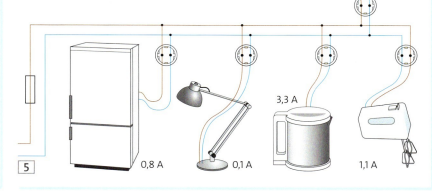

[5]

Material E

Ohne Schutzleiter

1. Zwei Geräte in dieser Steckdosenleiste haben Stecker ohne Schutzkontakt und ohne Schutzleiter. → [6]
   ✖ Wähle dazu die richtige Aussage aus:

   a Die beiden Geräte sind lebensgefährlich.
   b Die beiden Geräte haben einfache Stecker, weil das billiger ist.
   c Die beiden Geräte haben Gehäuse aus Kunststoff, der nicht leitet.

[6]

Material F

Sichere Kabeltrommel

1. ✖ Bevor man an der Kabeltrommel Geräte mit großem Energiebedarf betreibt, sollte man das Kabel abwickeln.
   → [7] Begründe diese Sicherheitsmaßnahme.

Thermosicherung

[7]

Elektrizität verstehen

Zusammenfassung

Elektrisch geladen • Gegenstände können positiv (+) oder negativ (–) geladen sein. Gleich geladene Gegenstände stoßen sich ab. Ungleich geladene Gegenstände ziehen einander an. → 1 2

1 Abstoßung elektrisch geladener Gegenstände
2 Anziehung elektrisch geladener Gegenstände

Kern-Hülle-Modell • Ein Atom besteht aus Atomkern und -hülle. Der Atomkern enthält positiv geladene Teilchen (Protonen). Die Atomhülle bilden negativ geladene Teilchen (Elektronen). → 3

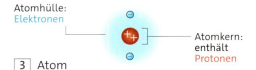

3 Atom

Aufladen • Ein ungeladener Gegenstand enthält gleich viele positive und negative Teilchen (Elektronen). Durch Abgeben oder Aufnehmen von Elektronen wird er elektrisch geladen. → 4

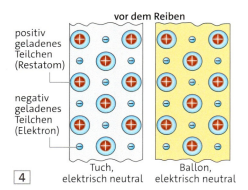
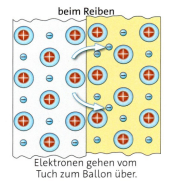
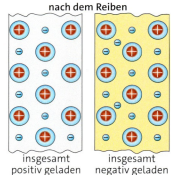

4

Elektrisches Feld • In der Umgebung eines elektrisch geladenen Körpers stellt man anziehende und abstoßende Wirkungen fest. Die Wirkungen werden mit größerer Entfernung zum geladenen Körper schwächer. → 5

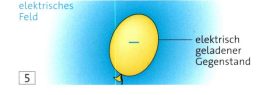

5

Elektrische Energie wird transportiert • Elektrische Energie wird in Stromkreisen transportiert. In den Kabeln strömen Elektronen. Sie werden von der Energiequelle angetrieben und transportieren Energie von der Quelle zum Gerät. → 6

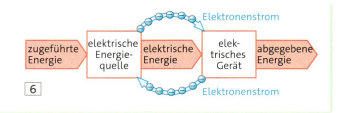

6

Elektrische Stromstärke • Je mehr Elektronen und somit negative Ladung pro Sekunde an einer Stelle des Stromkreises vorbeiströmen, desto größer ist die Stromstärke. → 7
Das Messgerät wird in Reihe eingebaut. → 8
Einheit: 1 Ampere (1A)
Im einfachen Stromkreis ist die Stromstärke überall gleich groß. → 8
Je größer die Stromstärke ist, desto mehr elektrische Energie wird pro Sekunde zum Gerät transportiert (bei gleicher Spannung).

Elektrische Spannung • Die Spannung gibt an, wie viel Energie pro Elektron und somit pro negativer Ladung transportiert wird.
Das Messgerät wird parallel angeschlossen. → 9
Einheit: 1 Volt (1V)
Im einfachen Stromkreis ist die Spannung am Gerät genauso groß wie an der Quelle. → 9
Je größer die Spannung ist, desto mehr elektrische Energie wird pro Sekunde zum Gerät transportiert (bei gleicher Stromstärke).

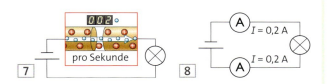

7 | 8

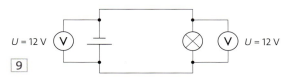

9

Einfache Stromkreise • In Reihenschaltungen summieren sich die Spannungen bei elektrischen Energiequellen: $U_{gesamt} = U_1 + U_2$ → 10
Bei Geräten teilt sich die Spannung auf:
$U_{Quelle} = U_1 + U_2$ → 11
Die Stromstärke ist in jedem Gerät gleich groß.

Parallelschaltung im Haushalt • Die Steckdosen im Haushalt und die Lampen am Fahrrad sind parallel geschaltet. In Parallelschaltungen summieren sich die Stromstärken:
$I_{gesamt} = I_1 + I_2$ → 12
Die Spannung ist an jedem Gerät gleich groß.

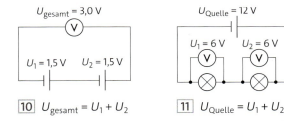

10 $U_{gesamt} = U_1 + U_2$ | 11 $U_{Quelle} = U_1 + U_2$

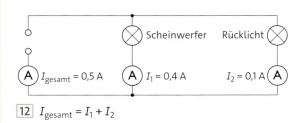

12 $I_{gesamt} = I_1 + I_2$

Schutzmaßnahmen im Stromnetz • Sicherungen schützen elektrische Anlagen vor zu großer Stromstärke. → 13
Schutzleiter und Fehlerstromschutzschalter schützen den Menschen vor Elektrounfällen.

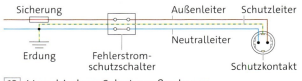

13 Verschiedene Schutzmaßnahmen

Elektrizität verstehen

Teste dich! (Lösungen auf Seite 222 f.)

Elektrisch geladen

1. ✏ Beschreibe, wie sich unterschiedlich geladene Körper zueinander verhalten.

2. ✏ Beschreibe, wie du zwei Luftballons elektrisch gleich aufladen kannst.

3. Ladungsausgleich
   a ✏ Beschreibe, woran man einen Ladungsausgleich erkennt.
   b ✏ Erkläre, was man unter dem Begriff versteht.

4. ✏ Wie unterscheidet sich ein negativ geladener Gegenstand von einem ungeladenen Gegenstand?
   Beschreibe es mit einer Modellvorstellung.

5. ✏ Positiv geladene Teilchen können in Metallen und vielen festen Stoffen nicht wandern. Trotzdem können Gegenstände positiv geladen sein.
   Erkläre es mit einer Modellvorstellung.

Elektrisches Feld

6. ✏ Beschreibe, was man unter einem elektrischen Feld versteht.

7. ✏ Gib an, wie die Ausdehnung eines elektrischen Feldes bestimmt werden kann.

8. ✏ Beschreibe, wie sich ein elektrisches Feld von einem Magnetfeld unterscheidet.

Elektrische Energie wird transportiert

9. ✏ Vergleiche die Energieübertragung im Kreislauf „Heizung" mit der Energieübertragung im Stromkreis. → 1 Stelle dazu in einer Tabelle die Bauteile der Heizungsanlage den Bauteilen des Stromkreises gegenüber. Beschreibe jeweils die Aufgabe der Teile.

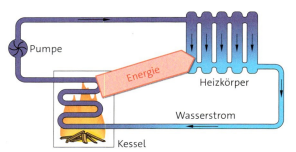

1 Heizkreislauf

10. ✏ Solarzellen als Energiequelle versorgen die Motoren des Solarschiffs mit elektrischer Energie. → 2
    a Zeichne einen Stromkreis mit einer Solarzelle und einem Motor. → 3
    b Zeichne die Energiekette.

2 Solarschiff

3 Solarzelle (Schaltzeichen):

Die elektrische Stromstärke

11 ▣ Elektrische Stromkreise übertragen Energie. Ergänze: „Bei gleicher Energiequelle gilt: Je größer die ◇, desto ◇."

12 ▣ In einem einfachen Stromkreis ist die Stromstärke vor und nach einem Elektrogerät gleich groß. Erkläre.

13 Ein Stromkreis besteht aus Netzgerät, Motor, Schalter und Kabeln.
a ▣ Beschreibe, wie du die Stromstärke misst.
b ▣ Zeichne den Schaltplan mit Messgerät.

14 ▣ „Meine Taschenlampe verbraucht Strom."
Bewerte diese Aussage.

Die elektrische Spannung

15 Ein Stromkreis besteht aus Generator, Lampe, Schalter und Kabeln.
a ▣ Beschreibe, wie du die Spannung am Generator misst.
b ▣ Zeichne den Schaltplan mit dem Messgerät.

16 ▣ Eine Campinglampe braucht eine Spannung von 12 V.
a Gib an, mit wie vielen Batterien (1,5 V) man diese Spannung erreichen kann.
b Zeichne, wie die Batterien geschaltet sind.

17 ▣ Eine Lichterkette für das Wohnmobil hat 10 Lampen in einer Reihenschaltung. Sie ist an die Autobatterie (12 V) angeschlossen. Berechne die Spannungen an den Lampen.

Parallelschaltung im Haushalt

18 ▣ Die Fahrradbeleuchtung ist eine Parallelschaltung. Die Scheinwerferlampe benötigt 0,4 A, das Rücklicht 0,1 A. Der Dynamo liefert eine Spannung von 6 V.
a Zeichne den Stromkreis (Schaltzeichen für den Dynamo: siehe Anhang).
b Berechne die Stromstärke im Zuleitungskabel am Dynamo.
c Gib an, welche Spannung an jeder Lampe gemessen wird.

19 Drei gleiche Lampen werden parallel an ein Netzgerät angeschlossen.
a ▣ Zeichne den Schaltplan und markiere die einzelnen Stromkreise mit verschiedenen Farben.
b ▣ In der gemeinsamen Zuleitung beträgt die Stromstärke 1,2 A. Berechne die Stromstärke in jeder Lampe.

Schutzmaßnahmen im Stromnetz

20 ▣ Erkläre die Funktion eines Fehlerstromschutzschalters (FI-Schalters). → 4

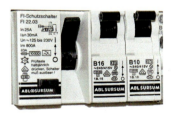

4 Fehlerstromschutzschalter

21 ▣ Klara schaltet das Bügeleisen ein – und die Sicherung springt heraus. Erkläre drei mögliche Ursachen.

Elektrische Leistung und Energie

Diese Box hat viel „Power". Dein Lautsprecher im Handy könnte das Glas nicht zerspringen lassen.

Je grüner die Effizienzklasse, desto weniger Energie benötigt ein Elektrogerät.
Die Energielabel im Laden zeigen noch mehr Informationen an.

Energiefressern auf der Spur: Mit dem Messgerät kannst du zu Hause und in der Schule Geräte mit hohem Energiebedarf ermittelt.

Elektrische Leistung

[1] Welche Seite wird wohl eher trocken?

Materialien zur Erarbeitung: A–B

Elektrische Geräte erleichtern den Alltag. Woran erkennt man, wie viel sie leisten?

Leistung von Elektrogeräten • Elektrische Geräte benötigen unterschiedlich viel Energie für ihre Aufgaben. → [2] Der linke Wasserkocher hat mit 2300 Watt eine höhere Wattzahl als der rechte mit 700 Watt. Das bedeutet, dass der linke Wasserkocher viel mehr elektrische Energie pro Sekunde in Wärme umwandelt als der Wasserkocher rechts. Daher kocht die gleiche Menge Wasser im linken Wasserkocher viel schneller als im rechten.

> Die elektrische Leistung P gibt an, wie viel elektrische Energie ein Elektrogerät pro Sekunde umwandelt.

Einheit • Die elektrische Leistung misst man in Watt (W).
Leistungen gibt man auch in Milliwatt (mW), Kilowatt (kW), Megawatt (MW) und Gigawatt (GW) an.
1 W = 1000 mW
1 kW = 1000 W
1 MW = 1000 kW
1 GW = 1000 MW

Leistung im physikalischen Sinn • Im Alltag spricht man oft von Leistung und meint damit Verschiedenes, zum Beispiel: eine „Eins" im Unterricht, wie gut jemand singen oder wie schnell jemand rennen kann.
In der Physik spricht man nur dann von Leistung, wenn Energie in einer bestimmten Zeit umgewandelt wird.

[2] Große Leistung – kleine Leistung

Elektrische Leistung und Energie

die elektrische Leistung
das Watt (W)

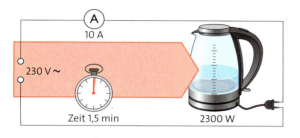

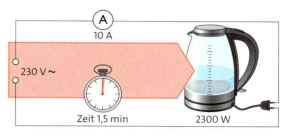

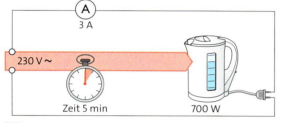

3 Gleiche Spannung, verschiedene Stromstärke

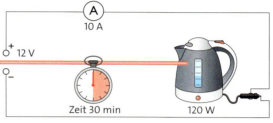

4 Gleiche Stromstärke, verschiedene Spannung

Stromstärke, Spannung und Energie • Je größer die Wattzahl eines Wasserkochers ist, desto schneller bringt er Wasser zum Sieden. → 3 Die Spannung ist an beiden Geräten gleich groß: 230 V. Aber die Stromstärke ist mit 10 A im oberen Gerät größer. Je größer die Stromstärke ist, desto mehr elektrische Energie wird pro Sekunde transportiert und umgewandelt. Auch mit dem kleinen Wasserkocher für die 12-V-Steckdose im Auto kann man Wasser zum Sieden bringen. → 4 Die Stromstärke ist im kleinen Wasserkocher genauso groß wie bei dem großen Gerät: 10 A. Aber die Spannung ist geringer.
Je höher die Spannung ist, desto mehr elektrische Energie wird pro Sekunde transportiert und umgewandelt.

> Die Leistung eines Elektrogeräts ist umso größer, je höher die Spannung und je größer die Stromstärke ist.

Leistung berechnen • Wenn du die Spannung U und die Stromstärke I kennst, kannst du die Leistung P eines Elektrogeräts berechnen:

> Leistung =
> Spannung mal Stromstärke
> $P = U \cdot I$
> $1 W = 1 V \cdot 1 A = 1 VA$

Aufgaben

1 „Je größer die Leistung eines Elektrogeräts ist, desto ⟨?⟩ Energie wandelt es pro ⟨?⟩ um."
   Ergänze im Heft. Wähle aus: Sekunde, weniger, Minute, mehr, Watt.

2 Eine LED-Lampe im Haus hat eine Leistung von 3 W, eine andere 9 W. Vergleiche miteinander:
   a die Stromstärken
   b die Spannungen

Basiskonzept

Energie
→ Seite 226 f.

Elektrische Leistung

Material A

„Wattzahlen" auf Geräten

Auf den Typenschildern von Elektrogeräten ist die „Wattzahl" angegeben. → 1 Was bedeutet diese Zahl?

![Mikrowelle Typenschild: Modell Nr.: MWS2822, Nennspannung: ~230Volt 50Hz, Leistungsaufnahme: 1330W, Frequenz: 2450MHz]

1 Mikrowelle: 1330 Watt

1 ▶ Lies die Wattzahlen von einigen Geräten ab und notiere sie in einer Tabelle.

2 ▶ Lies die Wattzahl von verschiedenen LED-Lampen ab. Stelle die Wattzahl und die Helligkeit der Lampen in einer Tabelle gegenüber. → 2

Wattzahl	Helligkeit
11 Watt	sehr hell
?	?

2 LED-Lampen

3 ▶ Untersuche die Wirkung von Haartrocknern mit verschiedenen Wattzahlen. Tipp: Welcher Haartrockner heizt stärker? Welcher pustet stärker?

Material B

Wasserkocher

Materialliste: Tauchsieder, Wasserkocher, Becherglas, 1 l Wasser, Stoppuhr

1 Mit welchem Gerät kocht das Wasser schneller?

Material C

Leistung messen

Materialliste: Messgerät für elektrische Leistung (Energie), Elektrogeräte

1 ▶ Miss die Leistung einiger Elektrogeräte. → 3 Dokumentiere die Ergebnisse übersichtlich. Beispiele:
a Wasserkocher
b Bohrmaschine, im Leerlauf und beim Bohren von Holz oder Beton
c Computer und Drucker im Betrieb und im Stand-by

3 Leistung messen

a ▶ Lies die Wattzahl von den Geräten ab und notiere sie.
b ▶ Bringe jeweils einen halben Liter Wasser zum Sieden. Miss die Zeit.
c ▶ Ergänze: Je höher die Wattzahl des Geräts ist, desto ◇.

Material D

Elektrische Energie – gut genutzt?

1 ▶ Diese Lampen leuchten alle ungefähr gleich hell. → 4 Trotzdem sind ihre Leistungen ganz verschieden. Erkläre diesen Unterschied.

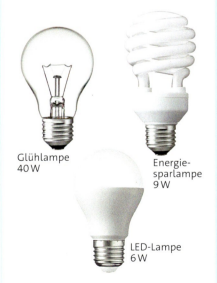

Glühlampe 40 W
Energiesparlampe 9 W
LED-Lampe 6 W

4 Lampen und ihre Leistung

Material E

Verschiedene Leistungen

1 In diesem Versuch sind zwei verschiedene Glühlampen an zwei verschiedene elektrische Energiequellen angeschlossen. → [5]
   a ▶ Gib die Spannungen an, mit denen die Lampen betrieben werden.
   b ▶ Gib an, welche Größe gemessen wird. → [5]
   c ▶ Gib an, welche Lampe die größere Leistung hat. Begründe mithilfe von:
      • Helligkeit und Energie
      • Spannung und Stromstärke
   d ▶ Berechne die Leistung der beiden Lampen. Rechne mit $I = 0{,}26\,A$.

[5] Stromstärke, Spannung, Leistung

Material F

Leistung bestimmen

Materialliste: 2 Messgeräte (Ampere, Volt), Netzgerät (6 V), Elektrogeräte für 6 V (Lampen, Motor ...), Kabel

1 Aus Spannung und Stromstärke kann man die Leistung eines Geräts berechnen.
   a ▣ Plane einen Versuch, mit dem du gleichzeitig die Spannung (in Volt) und die Stromstärke (in Ampere) der Geräte messen kannst. Zeichne den Schaltplan.
   b ▣ Baue den Versuch auf. Miss bei jedem Gerät Spannung und Stromstärke.
   c ▶ Berechne jeweils die Leistung.

Material G

Leistung und Stromstärke

Materialliste: Leistungsmesser, Elektrogeräte mit verschiedenen Leistungen (Wasserkocher, Haushaltslampen, Bügeleisen, Haartrockner ...)

1 ▶ Lies die Wattzahlen auf den Geräten ab. → [6] Überprüfe sie mit dem Messgerät.

2 ▣ Berechne jeweils die Stromstärke. → [7] Ergänze die Tabelle.

Gerät	Leistung, abgelesen	Leistung, gemessen	Stromstärke
Wasserkocher	1000 W	1001 W	4,35 A
Lampe	?	?	?

[6] Beispieltabelle

Ein 1000-W-Tauchsieder wird mit 230 V betrieben. Berechne die Stromstärke.

$P = U \cdot I$
$1000\,W = 230\,V \cdot I \quad | :230\,V$
$I = \dfrac{1000\,W}{230\,V} = \dfrac{1000\,VA}{230\,V} = 4{,}35\,A$

Die Stromstärke im Tauchsieder beträgt 4,35 A.

[7] Beispielrechnung

Elektrische Leistung

Erweitern und Vertiefen

7 Radfahrer = 1 Toast

Angenehmes Leben • Elektrische Geräte erleichtern unseren Alltag. Wir können uns ein Leben ohne elektrische Lampen, Fernseher, Computer, Handys, Waschmaschinen ... kaum noch vorstellen. Keine Fabrik, kein Krankenhaus und kein Supermarkt kann ohne elektrische Energie arbeiten. Was wäre, wenn die elektrische Energie nicht einfach aus der Steckdose käme?

Robert toastet • Ein Fahrraddynamo erzeugt elektrische Energie und damit kann man einen Toaster antreiben. Bekommt man eine Scheibe Toast durch Radfahren goldbraun? Der Bahnradprofi Robert Förstemann hat es versucht. → 1 Seine Trainingsmaschine war so eingestellt, als ob er einen extrem steilen Berg hochfahren würde. Sein Puls stieg beim Fahren bis auf 170 Herzschläge pro Minute – in Ruhe sind es nur rund 60. Nach 2 Minuten war der Profi völlig ausgepowert und musste sich auf dem Boden ausruhen. Und der Toast? Der ist blassgelb geworden.

1 Robert Förstemann strampelt für einen Toast.

Das „Radelkraftwerk" • Nur wenige Menschen sind so durchtrainiert wie Robert Förstemann. Um zu Hause einen 700-W-Toaster mit dem Fahrrad zu betreiben, bräuchte man rund 7 „normale" Radfahrer, die für mehrere Minuten kräftig in die Pedale treten. Zum Betrieb einer Waschmaschine mit 2 kW müssten 20 normale Radfahrer mehr als eine Stunde strampeln. → 2 Selbst drei Robert Förstemanns würden diese Zeit nicht durchhalten. Sie müssten ständig abgelöst werden.

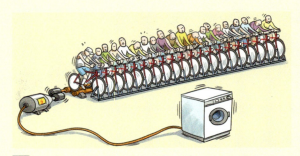

2 20 Radfahrer für einmal saubere Wäsche

Aufgaben

1. ◨ Ermittle, wie viele „normale" Radfahrer mindestens nötig wären, um einen Haartrockner (Leistung: 1800 W) zu betreiben.

2. ◨ Jeder Einwohner einer Großstadt nutzt rein rechnerisch ständig eine elektrische Leistung von 1 kW. Berechne, wie viele Radfahrer Tag und Nacht für eine Millionenstadt schuften müssten.

Erweitern und Vertiefen

Mit weniger Leistung genauso hell

3 Glühlampe

4 Leuchtstofflampe

5 LED-Lampe

Größe	Angabe in	Bedeutung
Leistung	Watt (W)	Je größer die „Wattzahl" ist, desto mehr elektrische Energie wandelt die Lampe pro Sekunde um.
Lichtstrom	Lumen (lm)	Je größer die „Lumenzahl" ist, desto heller leuchtet die Lampe.
Farbtemperatur	Kelvin (K)	Je niedriger die Farbtemperatur einer Lampe ist, desto „wärmer" erscheint uns ihr Licht.
Lebensdauer	Stunden (h)	Je größer die Lebensdauer einer Lampe ist, desto länger leuchtet sie im Durchschnitt.
Energieeffizienz	verschiedenen Klassen	Lampen mit Energieklasse A haben einen höheren Wirkungsgrad als Lampen mit Energieklasse B (C, D, E).

6 Angaben auf Verpackungen von Lampen

Energieverbrauch senken • Normale Glühlampen stellt man nicht mehr her, weil sie fast 95 % der Energie in thermische Energie statt in Licht umwandeln.
Leuchtstofflampen und LED-Lampen sind genauso hell, brauchen aber viel weniger elektrische Energie. → 3 – 6 Außerdem „leben" sie besonders lange.
In Zukunft könnten OLEDs Leuchtstofflampen ersetzen. Das sind spezielle LEDs, die sich besonders flach und biegsam bauen lassen.

Lichtausbeute • Die LED-Lampe braucht für etwa die gleiche Helligkeit weniger Watt als die Glühlampe. → 3 5 Die LED-Lampe hat die bessere „Lichtausbeute" (in Lumen pro Watt):

LED: $\frac{470\,lm}{6\,W} \approx 78\,\frac{lm}{W}$; Glühlampe: $\frac{415\,lm}{40\,W} \approx 10\,\frac{lm}{W}$

Aufgaben

1 ▶ Nenne Gründe, die für den Kauf von LED-Lampen sprechen.

2 ▶ Auf der Verpackung einer LED-Lampe findet man Watt-, Lumen- und Kelvinzahlen. Erkläre, was diese Zahlen bedeuten.

Wie teuer ist elektrische Energie?

[1] Elektrische Energie gibt es nicht umsonst.

Material zur Erarbeitung: A

Ständig sind bei uns zu Hause elektrische Geräte eingeschaltet. Wie viel müssen wir für die Energie bezahlen?

Basiskonzept
Energie
→ Seite 226 f.

Energiekosten berechnen • Auf „Stromrechnungen" werden die gelieferte elektrische Energie in Kilowattstunden (kWh) und der Preis für 1 kWh elektrische Energie angegeben. Beide Angaben nimmt man miteinander mal.
Beispiel für eine Jahresrechnung:
2500 kWh mal 0,30 $\frac{€}{kWh}$ = 750 €

> Energiekosten in € = Elektrische Energie in kWh mal Preis in $\frac{€}{kWh}$
> Die Einheit der elektrischen Energie ist 1 kWh (Kilowattstunde).

Elektrische Energie berechnen • Eine Kochplatte braucht in zwei Stunden doppelt so viel Energie wie in einer Stunde. → [2]
Eine Kochplatte mit 2 kW Leistung wandelt in einer Stunde doppelt so viel elektrische Energie um wie eine Kochplatte mit 1 kW. → [3]

> Ein Elektrogerät wandelt umso mehr elektrische Energie E um, je größer seine Leistung P und je länger die Einschaltzeit t ist.
> Die Energie wird so berechnet:
> Energie = Leistung mal Zeit; $E = P \cdot t$.
> Energie = Spannung mal Stromstärke mal Zeit; $E = U \cdot I \cdot t$.

Einheiten der elektrische Energie • Die Einheit der Leistung ist 1 W. Die Einheit der Zeit ist 1 s. Nimmt man die beiden Einheiten miteinander mal, erhält man 1 Wattsekunde (1 Ws) als Einheit für die Energie.
Oft ist es günstiger, die Leistung in kW und die Zeit in Stunden (h) anzugeben. Dann erhält man das Ergebnis in kWh. Beispiel:
$E = P \cdot t = 1 \text{kW} \cdot 2 \text{h} = 2 \text{kWh}$ → [2]

Energiesparen • Wenn man die Energiekosten im Haushalt verringert, ist das nicht nur gut für den eigenen Geldbeutel. Das Energiesparen schützt auch nachhaltig die Umwelt. Weniger Ener-

Zeit: 1 h — Kochplatte (Leistung: 1 kW)

Zeit: 1 h — Kochplatte (Leistung: 1 kW)

Zeit: 2 h — Kochplatte (Leistung: 1 kW)

Zeit: 1 h — Kochplatte (Leistung: 2 kW)

[2] Doppelte Zeit – doppelte Energie

[3] Doppelte Leistung – doppelte Energie

Elektrische Leistung und Energie

die elektrische Energie
die Wattsekunde (Ws)
die „Stromrechnung"
die Kilowattstunde (kWh)

- **Beim Gerätekauf auf das Energielabel achten:** Die Einstufung in die Klassen A–G zeigt an, wie sparsam das Gerät mit Energie umgeht.
- **Kühler Ort fürs Kühlgerät:** Kühlschränke sollte man nicht neben den Elektroherd stellen. Gefrierschränke gehören in den Keller und nicht in die warme Küche (Spareffekt: ca. 30 %).
- **Geschirrspüler und Waschmaschine vollpacken:** Zwei „Sparwäschen" mit halb vollem Gerät sind oft teurer als ein normaler Waschgang!
- **Sparprogramm verwenden:** Viele Waschmaschinen haben Sparprogramme („Eco"), die mehr Zeit benötigen, dafür aber weniger Energie einsetzen. Bei einer 60-Grad-Wäsche kann sich ein Spareffekt von beispielsweise fast 50 % ergeben.
- **Sonne und Wind nutzen:** Auf der Leine trocknet die Wäsche kostenlos. Das zählt – da mag ein elektrischer Wäschetrockner noch so bequem sein (Spareffekt: 100 %).
- **„Spartopf" verwenden:** Im Schnellkochtopf steigt die Temperatur über 100 °C. Das Essen wird so schneller gar. Hier gilt: „Zeit ist Geld" (Spareffekt: über 50 %). Übrigens: Nicht jeder Topf ist für jede Kochplatte geeignet.
- **Nachwärme nutzen:** Bleiben Speisen länger als 30 Minuten im Backofen, braucht man nicht vorzuheizen. Die Nachwärme kann man immer nutzen: 6 Minuten vor Ende der Backzeit abschalten (Spareffekt: bis zu 20 %).
- **Geräte vom Netz trennen:** Fernseher, Spielkonsolen, Computer, Drucker usw. benötigen auch im Stand-by-Betrieb Energie.
- **Energienutzung messen:** Bei vielen Energieunternehmen kann man kostenlos Energiemessgeräte ausleihen, um zu Hause den „Stromverbrauch" von Elektrogeräten zu überprüfen. So kann man beurteilen, ob es sich lohnt, einen „Energiefresser" zu ersetzen.

4 Energiespartipps im Haushalt

gienutzung bedeutet, dass weniger von dem umweltschädlichen Gas Kohlenstoffdioxid in die Atmosphäre gelangt.
Die Energiespartipps im grauen Kasten können bei einer nachhaltigen Energienutzung helfen. → 4

Aufgaben

1. Max hat beim Bügeln 2 kWh benötigt. Berechne die Stromkosten.

2. Beurteile die Spartipps und ordne sie nach ihrer Nachhaltigkeit. → 4

Wie teuer ist elektrische Energie?

Material A

Elektrische Energie in der Schule messen

Materialliste: Energiemessgerät, Stoppuhr, Elektrogeräte (Wasserkocher, Bügeleisen, Computer ...)

1 Schließe jeweils ein Elektrogerät über das Energiemessgerät an eine Steckdose an. Schalte das Gerät ein und starte gleichzeitig die Stoppuhr.
▶ Miss die Energie nach 1 min, 2 min ... Notiere die Messwerte. → 1

2 ▶ Ergänze: Die elektrische Energie ist umso größer,
a je ◇ die Leistung ist.
b je ◇ die Einschaltzeit ist.

Elektrogerät	Leistung	Elektrische Energie		
		nach 1 min	nach 2 min	...
Wasserkocher	? kW	? kWh	? kWh	? kWh
Bügeleisen	? kW	? kWh	? kWh	? kWh

1 Beispieltabelle

Material B

Energiekosten berechnen

1 ▶ Berechne die „Stromkosten": → 2
a Haare trocknen: 15 min mit 600 W
b Bügeln: 20 min mit 1200 W
c Akku laden: 5 h mit 10 W

2 ▶ Ermittle die Jahreskosten für das Staubsaugen, Akkuladen und Haaretrocknen. Schätze, an wie vielen Tagen das Gerät benutzt wird.

Frau Blacks Kaffeemaschine läuft jeden Tag 15 min lang mit 400 W. Berechne die Kosten für die Energie am Tag und im Jahr.

Umrechnungen: $P = 400\,W = 0,4\,kW$
$t = 15\,min = 15 \cdot \frac{1}{60}\,h = \frac{15}{60}\,h = 0,25\,h$

Elektrische Energie am Tag: $E = P \cdot t;\ E = 0,4\,kW \cdot 0,25\,h = 0,1\,kWh$

„Stromkosten" am Tag: $0,1\,kWh \cdot 0,30\,\frac{Euro}{kWh} = 0,03\,Euro$

„Stromkosten" im Jahr: $0,03\,\frac{Euro}{Tag} \cdot 365\,Tage = 10,95\,Euro$

2 Beispielrechnung

Material C

Kilowattstunde

1 Mit 1 kWh kann man: → 3

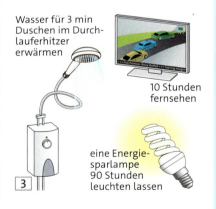

Wasser für 3 min Duschen im Durchlauferhitzer erwärmen

10 Stunden fernsehen

eine Energiesparlampe 90 Stunden leuchten lassen

3

a ▶ Trage die elektrischen Geräte und Einschaltzeiten in eine Tabelle ein. Beginne mit der kürzesten Zeit.
b ▶ Welches Gerät hat die größte Leistung? Begründe deine Antwort.

Erweitern und Vertiefen

Projekt: Energiesparen in der Schule – wir helfen mit

Nicht nur zu Hause könnt ihr Energie sparen und die Umwelt entlasten, sondern auch in eurer Schule. Dieses Projekt hilft euch dabei.

Wie findet ihr Projektideen?
- Überlegt euch zunächst alleine, wo und wozu in der Schule Energie benötigt wird. Notiert Stichworte auf Karteikarten.
- Tauscht euch mit einem Partner aus und einigt euch auf drei Karten.
- Bildet eine Vierergruppe und stellt euch gegenseitig die Karten vor.
- Sammelt die Karten an der Tafel und sortiert sie in unterschiedliche Bereiche (elektrische Geräte, Beleuchtung, Heizung …).
- Bildet Gruppen, formuliert Projektideen und Ziele.

Beispiele für Projektideen
- In welcher Form wird Energie in eurer Schule genutzt? Lasst euch die letzten Energierechnungen vom Hausmeister oder der Gemeinde geben. Vergleicht die Abrechnungen miteinander. Stellt die Daten grafisch dar. Findet Möglichkeiten, Energie zu sparen.
- Welche elektrischen Geräte werden an eurer Schule genutzt? Besorgt euch Energiemessgeräte und führt Messungen damit durch. Erstellt Messprotokolle und veröffentlicht diese (Präsentationsprogramm, Plakat …).
- Lest die Energiezähler an der Schule regelmäßig ab. Vergleicht eine Schulwoche (5 Tage) mit dem Wochenende (2 Tage) und mehrere Wochen miteinander. Stellt die Werte übersichtlich dar. Begründet Unterschiede.

- Plant Maßnahmen zum Energiesparen. → 4 5
- Erkundigt euch über „Energiepässe" für Gebäude. Welche Daten enthält der Energiepass? Gibt es einen für eure Schule? Falls nicht, könnt ihr einen Energiepass erstellen?
- Viele Geräte laufen ständig im Stand-by-Betrieb – auch an eurer Schule? Ermittelt mit Energiemessgeräten, wie viel Energie so pro Jahr „verloren" geht. Veröffentlicht und präsentiert eure Ergebnisse.

Aufgabe

1 „Energiefresser" finden
a Erfasst die Computer (Lampen, Beamer …) in den Klassenzimmern mithilfe eines Tabellenkalkulationsprogramms.
b Ermittelt die elektrische Leistung der Geräte (in Watt) und tragt sie in der Datei ein.
c Berechnet mithilfe des Programms den Jahresbedarf an Energie, wenn die Geräte 200 Tage im Jahr 2 Stunden täglich laufen.
d Informiert euch über Energiesparmaßnahmen.
e Präsentiert eure Ergebnisse in digitaler Form. Nutzt dabei die Diagrammfunktion des Tabellenkalkulationsprogramms.

Elektrische Leistung und Energie

Zusammenfassung

Elektrische Leistung • Die Leistung gibt an, wie viel elektrische Energie das Gerät pro Sekunde umwandelt. → [1] [2]
Die Einheit der Leistung ist 1 Watt (1 W).

Leistung, Spannung und Stromstärke • Wenn du die Spannung U und die Stromstärke I kennst, kannst du die Leistung P eines Elektrogeräts so berechnen: $P = U \cdot I$
$1\,W = 1\,V \cdot 1\,A = 1\,VA$

[1] Haushaltswasserkocher (Leistung: 2300 W)

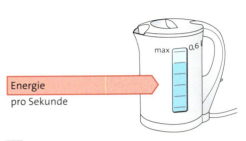

[2] Reisewasserkocher (Leistung: 700 W)

Wie teuer ist elektrische Energie? • Ein Elektrogerät wandelt umso mehr elektrische Energie E um, je höher seine Leistung P und je länger die Einschaltzeit t ist. → [3] [4]
Energie = Leistung mal Zeit
$E = P \cdot t$ → [5]

Einheit der elektrische Energie? • Die elektrische Energie wird oft in Kilowattstunden (kWh) angegeben.
1 kWh elektrische Energie kostet rund 0,30 €.

[3] Doppelte Zeit – doppelte Energie

[4] Doppelte Leistung – doppelte Energie

*Ein Bügeleisen mit einer Leistung von 800 W wird 30 min lang benutzt.
Berechne die umgewandelte elektrische Energie und die Kosten dafür.*

*Umrechnungen:
800 W = 0,8 kW; 30 min = 0,5 h*

*Elektrische Energie: $E = P \cdot t$
$E = 0,8\,kW \cdot 0,5\,h = 0,4\,kWh$*

Energiekosten: $0,4\,kWh \cdot 0,30 \frac{Euro}{kWh} = 0,12\,Euro$

[5] Elektrische Energie und Kosten berechnen

Teste dich! (Lösungen auf Seite 223)

Elektrische Leistung

1 ☒ Beim Kauf eines Bügeleisens musst du dich zwischen einem Gerät mit 1000 W und einem mit 3000 W entscheiden. Begründe deine Entscheidung. Gehe dabei auf die „Wattzahl" ein.

2 ☒ Berechne:
a Leistung einer Taschenlampe (4,5 V; 0,3 A)
b Stromstärke in einer Glühlampe (6 V; 2,4 W)
c Spannung an einer Lampe (2,4 W; 400 mA)

Wie teuer ist elektrische Energie?

3 Das Energielabel zeigt, wie viel elektrische Energie das Haushaltsgerät benötigt. → 6
a ☒ Gib den Gerätetyp an.
b ☒ Berechne die jährlichen Energiekosten. Gehe von 250 Einsätzen pro Jahr aus.
c ☒ „A ist viel günstiger als D." Erkläre, was damit gemeint ist.

4 So viel elektrische Energie brauchen die Geräte in diesem Haushalt im Jahr. → 7
a ☒ Berechne für jedes Gerät die jährlichen „Stromkosten". Gehe davon aus, dass 1 kWh elektrische Energie 0,30 € kostet.
b ☒ Berechne die jährlichen „Stromkosten" für einen LED-Fernseher. Er hat eine Leistung von 120 W und läuft an 300 Tagen im Jahr durchschnittlich 5 h lang.
c ☒ In der WG von Antonia sind die Lautsprecher jeden Tag im Durchschnitt 3 h lang in Betrieb. Den Rest der Zeit „wartet" die Anlage im Stand-by. Dabei beträgt ihre Leistung 10 W. Bewerte den Stand-by-Betrieb. Berechne dazu auch die „Stromkosten", die jährlich im Stand-by-Betrieb anfallen.

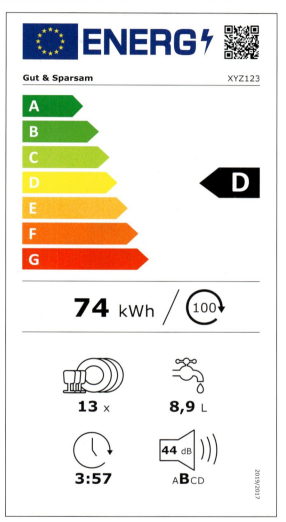

6 Energielabel Haushaltsgerät

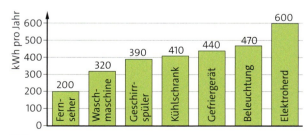

7 Elektrische Energie für einen 4-Personen-Haushalt

Elektrischer Widerstand

Wenn der Elektronenstrom fließt, wird der Draht so heiß, dass er glüht.

Das Erdkabel zur Elektrizitätsversorgung enthält viel teures Kupfer. Warum verwendet man keine billigen Eisendrähte?

Dieses Fieberthermometer misst die Temperatur mithilfe des elektrischen Widerstands. Ein kleines Bauteil ist dafür verantwortlich. Wie funktioniert es?

Elektronenstrom mit Hindernissen

[1] [2] Durch welchen „Wald" könntest du schneller laufen?

Material zur Erarbeitung: A

Zwischen den Apfelbäumen kommt man leicht voran. Der Wald aus Bambus ist dagegen voller Hindernisse. In Drähten ist es ähnlich.

Drähte leiten unterschiedlich gut • Die gleiche Lampe leuchtet im Stromkreis mit dem Kupferdraht heller als im Stromkreis mit dem Konstantandraht. → [3] [4] Die Stromstärke ist im Kupferdraht größer als im Konstantandraht. Der Kupferdraht leitet besser.

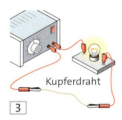

Kupferdraht

[3]

Konstantandraht

[4]

Erklärung im Modell • Wir stellen uns vor, dass die positiven Restatome im Kupferdraht in Reihen stehen wie die Apfelbäume in der Obstplantage. → [5]

Die negativen Elektronen können relativ schnell durch den Kupferdraht strömen. Sie stoßen nur selten gegen die Restatome. Die Stromstärke ist groß. Im Konstantandraht sind die Restatome dagegen nicht in Reihen angeordnet. → [6] Die Elektronen stoßen oft an und kommen relativ langsam voran. Die Stromstärke ist gering. Durch die Stöße der Elektronen kommen die Restatome an ihren Plätzen stärker in Bewegung. Sicher weißt du noch, dass eine schnellere Teilchenbewegung eine höhere Temperatur bedeutet. Von außen beobachten wir daher, dass der Konstantandraht bei eingeschaltetem Strom wärmer wird.

> Drähte lassen den Elektronenstrom nicht ungehindert durch. Sie haben einen elektrischen Widerstand. Je schlechter ein Draht leitet, desto größer ist sein Widerstand.

Widerstand • Er wird in Formeln mit R bezeichnet (engl. resistance: Widerstand). Die Einheit ist 1 Ohm (1 Ω). Große Widerstände gibt man in Kiloohm (kΩ) an: 1000 Ω = 1 kΩ. Vielfachmessgeräte können Stromstärke, Spannung und Widerstand messen.

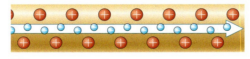

[5] Kupferdraht (Modellvorstellung)

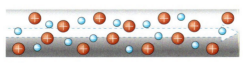

[6] Konstantandraht (Modellvorstellung)

Basiskonzept
Struktur der Materie
→ Seite 226 f.

Aufgaben

1. Ergänze: „Je besser ein Draht leitet, desto ◇ ist sein Widerstand."

2. Nenne den Draht mit dem größeren Widerstand. → [5] [6] Begründe.

Elektrischer Widerstand

> das **Konstantan**
> der **Widerstand**
> das **Ohm** (Ω)

Material A

Stromstärke bei verschiedenen Drähten

Materialliste: Glühlampe (4 V; 1 A oder 6 V; 0,6 A), Netzgerät (4 oder 6 V), Drähte aus Kupfer, Eisen, Konstantan (jeweils 0,2 mm dick und 0,5 m lang), Messgerät (Ampere), 2 Tonnenfüße, 2 Isolatoren, Kabel

1 ▸ Die Lampe wird über die verschiedenen Drähte angeschlossen. → 7 Leuchtet sie immer gleich hell?

a Schließe die Lampe direkt an das Netzgerät an. Beschreibe, wie hell sie leuchtet.
b Gleich sollen die Drähte in den Stromkreis eingebaut werden. Wird sich die Helligkeit der Lampe verändern? Schreibe deine Vermutung auf.
c Baue die Drähte nacheinander in den Stromkreis ein. Beobachte und vergleiche jeweils, wie hell die Lampe leuchtet. Vergleiche auch mit deiner Vermutung.

2 ▸ Baue das Messgerät in den Stromkreis ein.
a Miss bei den drei Drähten jeweils die Stromstärke. Trage die Messwerte in eine Tabelle ein. → 8
b Gib an, welcher Draht den größten Strom zulässt und welcher den kleinsten.
c Der Widerstand eines Drahts ist groß, wenn er nur einen kleinen Strom zulässt. Ordne den Drähten einen Widerstand zu: groß, mittel, klein. Ergänze die Tabelle.

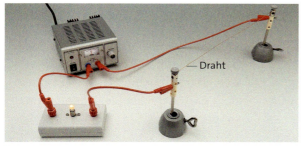

7 Die Lampe zeigt die Stromstärke an.

Draht aus:	Stromstärke	Widerstand
Kupfer	? mA	?
Eisen	? mA	?
Konstantan	? mA	?

8 Stromstärke und Widerstand der Drähte

Achtung • Blanke Drähte nicht berühren, solange sie Teil des Stromkreises sind.

Material B

Drähte und Stromstärke

Draht aus:	Stromstärke
Kupfer	3,64 A
Eisen	0,63 A
Konstantan	0,12 A

9 Gleiche Spannung – verschiedene Stromstärken

1 ▸ In einem Versuch werden gleich lange und dicke Drähte aus verschiedenen Stoffen an ein Netzgerät angeschlossen. Es werden unterschiedliche Stromstärken gemessen. → 9
a Sortiere die Drähte nach ihrem Widerstand. Beginne mit dem größten Widerstand.
b Ergänze:
• Der Draht mit der größten Stromstärke hat den ◇ Widerstand.
• Der Draht mit dem größten Widerstand lässt den ◇ Strom zu.

Wovon hängt der Widerstand ab?

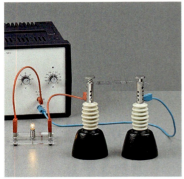

[1] Die Glühlampe wird abgedunkelt – mit einer Flamme!

Materialien zur Erarbeitung: A–B

Der Draht wird heiß – die Lampe wird dunkel. Der Widerstand des Drahts hat sich verändert. Wovon hängt er ab?

Temperatur • Je wärmer ein Draht ist, desto größer ist in der Regel sein Widerstand. → [2]
Bei steigender Temperatur schwingen die positiven Restatome im Draht stärker hin und her, sodass die strömenden negativen Elektronen häufiger gegen sie stoßen. Stelle dir vor, dass dein Gegenspieler beim Fußball nicht nur einfach dasteht, sondern sich rasch hin- und herbewegt. Dann wird es schwerer, an ihm vorbeizukommen.
Nur bei Konstantan hängt der Widerstand nicht von der Temperatur ab.

Basiskonzept

Struktur der Materie
→ Seite 226 f.

Länge • Je länger ein Draht ist, desto größer ist sein Widerstand. → [2]
Auf ihrem Weg durch den langen Draht stoßen die Elektronen viel häufiger gegen Restatome als im kurzen Draht.

Dicke • Je dünner ein Draht ist, desto größer ist sein Widerstand. → [2]
Im dünnen Draht haben die Elektronen nur wenig Platz, um gleichzeitig durchzukommen.

Material • Kupfer hat nur einen geringen Widerstand. Deshalb benutzt man es oft für elektrische Leitungen. Die meisten anderen Metalle haben einen größeren Widerstand. → [3]
Kunststoffe und andere Isolatoren haben einen besonders hohen Widerstand. Das liegt aber nicht daran, dass die Restatome in den Isolatoren besonders unregelmäßig verteilt sind. In ihnen gibt es so wenig freie Elektronen, dass praktisch kein Elektronenstrom möglich ist.

> Der Widerstand eines Drahts hängt vom Material ab.
> Der Widerstand ist umso größer:
> • je länger der Draht ist.
> • je dünner der Draht ist.
> • je höher die Temperatur ist.

[2] Temperatur, Länge, Dicke

[3] Material

Aufgabe

1 ▸ Bilde Sätze zu Bild 2 nach folgendem Muster: „Je länger der Draht ist, desto ◇ ist sein Widerstand und desto ◇ leitet der Draht."

168 | Elektrischer Widerstand

Material A

Widerstand beim Erwärmen und Abkühlen

Materialliste: Drähte aus Eisen und Konstantan (jeweils 0,5 m lang, 0,2 mm dick), Bleistiftmine, Messgerät (Ohm), 2 Tonnenfüße, 2 Isolatoren, Kabel, Föhn, Eisspray oder Kühlpack

Eisendraht erwärmen.

4 Ändert sich der Widerstand?

1 Wie verändert sich der Widerstand von Gegenständen, wenn sie erwärmt oder abgekühlt werden?
a ▸ Miss nacheinander den Widerstand der Drähte und der Bleistiftmine. → **4** Lege eine Tabelle an. → **5** Notiere die Messwerte unter „bei Raumtemperatur".
b ▸ Erwärme mit dem Föhn. Miss den Widerstand der Drähte und der Mine. Trage in die Tabelle ein, wie sich der Widerstand verändert: wird größer, wird kleiner, bleibt gleich.
c ▸ Kühle mit dem Eisspray. Miss wieder den Widerstand. Ergänze die Tabelle.
d ▸ Vergleiche, wie sich der Widerstand der Gegenstände beim Erwärmen und beim Abkühlen verhält.

Gegenstand	Widerstand		
	bei Raumtemperatur	bei Erwärmung	bei Abkühlung
Eisendraht	? Ω	? Ω	? Ω
Konstantandraht	? Ω	? Ω	? Ω
Bleistiftmine	? Ω	? Ω	? Ω

5 Beispieltabelle

Material B

Widerstand – Länge und Dicke von Drähten

Materialliste: Netzgerät (6 V), Eisendrähte (1 m lang, verschieden dick), 2 Tonnenfüße, 2 Isolatoren, Messgerät (Ohm), Kabel

1 ▸ Untersuche, wie der Widerstand eines Drahts von seiner Länge abhängt.
a Plane den Versuch. Lies vorher die Methode „Versuche planen" auf der nächsten Doppelseite.
b Lass die Planung vom Lehrer oder von der Lehrerin überprüfen. Wenn deine Planung in Ordnung ist, kannst du den Versuch durchführen.
c Beschreibe, ob der Versuch deine Vermutung bestätigt.

2 ▸ Untersuche, wie der Widerstand eines Drahts von seiner Dicke abhängt.

Material C

Heizdraht

1 Der Toaster ist eingeschaltet, der Draht wird heiß. → **6**
a ▸ Gib an, wie sich der Widerstand des Drahts ändert.
b ▸ Erkläre mit einem Modell, warum der Draht heiß wird.

6 Glühender Heizdraht

Wovon hängt der Widerstand ab?

Methode

Versuche planen

„Wovon hängt der Widerstand eines Drahts ab?" Solche Fragen werden in der Physik oft gestellt. Der erste Schritt auf dem Weg zur Antwort ist eine Vermutung: „Der elektrische Widerstand eines Drahts hängt vom Material, von der Länge, der Dicke und der Temperatur ab."
Die Vermutung muss überprüft werden. Das geschieht mit einem Versuch. Er muss gut geplant sein:

1. Vermutung genau aufschreiben Beschränke dich auf nur einen Zusammenhang. Beispiel: „Je länger ein Draht ist, desto größer ist sein elektrischer Widerstand."

2. Versuchsidee und -skizze Jetzt brauchst du eine Idee, wie du den Zusammenhang untersuchen kannst. Zeichne sie als Skizze auf. Gib die benötigten Materialien und Messgeräte an. Die Skizze hilft dir, den Versuchsablauf zu verstehen und den Versuch richtig aufzubauen. → 1

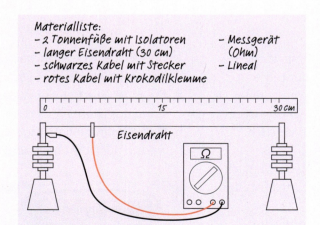

1 Versuchsskizze: Länge und Widerstand des Drahts

3. Durchführung planen Beschreibe genau, wie der Versuch durchgeführt werden soll. Verändere nur eine physikalische Größe! Die folgenden Fragen können dir bei der Planung helfen:
- Welche Größen werden gemessen?
  Beispiel: Länge des Drahts, Widerstand
- Welche Größe wird verändert?
  Beispiel: Länge des Drahts
- Welche Größen müssen gleich bleiben?
  Beispiel: Material, Dicke und Temperatur des Drahts
- Welche Messgeräte werden benutzt?
  Beispiel: Lineal, Messgerät (Ohm)
- In welchen Abständen wird gemessen?
  Beispiel: Widerstand bei 5 cm, 10 cm, 15 cm ... Drahtlänge messen
- Wie groß sind die Messbereiche?
  Beispiel: Der Draht ist 50 cm lang. Beim Messgerät (Ohm) wird zunächst der größte Messbereich eingestellt.

4. Aufgaben verteilen Wenn ihr den Versuch in einer Gruppe durchführt, müsst ihr euch vorher absprechen:
- Wer besorgt das Material?
- Wer baut den Versuch auf (und wieder ab)?
- Wer misst?
- Wer schreibt das Protokoll?

Nun ist die Planung abgeschlossen. Der Versuch kann beginnen.

Aufgaben

1 Merles Planung für einen Versuch ist nicht vollständig. → 2
a ⊠ Beschreibe, was in der Skizze fehlt.
b ⊠ In der Durchführung ist eine Angabe überflüssig. Nenne sie.
c ⊠ Vervollständige die Skizze und die Durchführung im Heft.

2 ⊠ Michael kann aus seinen Messwerten nicht ablesen, ob seine Vermutung stimmt. → 3
a Beschreibe, was Michael ändern muss, damit er seine Vermutung überprüfen kann.
b Teile Michaels Vermutung in zwei auf.
c Plane einen Versuch, um eine dieser Vermutungen zu überprüfen.

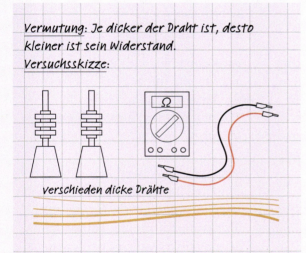

2 Merles Versuchsplanung

Messung	Länge	Material	Widerstand
1	1 m	Eisen	2 Ohm
2	2 m	Konstantan	8 Ohm
3	3 m	Kupfer	2 Ohm

3 Michaels Versuch

Widerstand, Spannung und Stromstärke

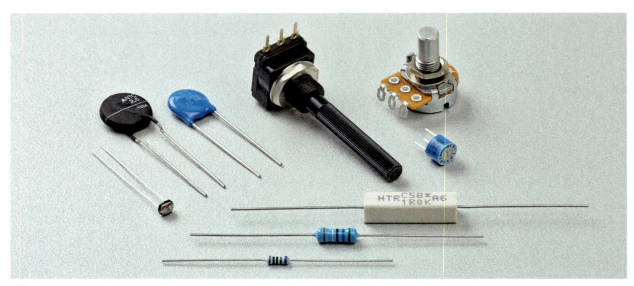

[1] Viele Widerstände mit verschiedenen Eigenschaften

Material zur Erarbeitung: A

Schaltzeichen:

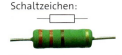

[2] Festwiderstand

Als Widerstand bezeichnet man nicht nur eine physikalische Größe, sondern auch ein weitverbreitetes Bauteil für elektrische Schaltungen.
5 Es gibt viele verschiedene Arten von diesen Widerständen für unterschiedliche Anwendungen.

Festwiderstände • Ihr Widerstand (in Ω) bleibt immer „fest". Sie beste-
10 hen aus einer dünnen leitenden Schicht auf einem nicht leitenden „Stäbchen". → [2]

Veränderliche Widerstände • Ihr Widerstand (in Ω) verändert sich z. B. mit der
15 Helligkeit oder mit der Temperatur:
- Der Widerstand eines Fotowiderstands sinkt, wenn es heller wird. Man spricht auch von einem LDR (engl. light dependent resistor). → [3]
20 • Der Widerstand eines Heißleiters sinkt, wenn die Temperatur steigt. Man spricht von einem NTC-Widerstand (engl. negative temperature coefficient). → [3]
25 • Der Widerstand eines Kaltleiters steigt, wenn die Temperatur steigt. Man spricht von einem PTC-Widerstand (engl. positive temperature coefficient). → [3]

Fotowiderstand (LDR)	Heißleiterwiderstand (NTC)	Kaltleiterwiderstand (PTC)
Beleuchtung nimmt zu. → Widerstand nimmt ab. Lichtempfindlich ist eine dünne Schicht aus Blei- oder Cadmiumsulfid.	Temperatur nimmt zu. → Widerstand nimmt ab. Der griechische Buchstabe ϑ (Theta) steht für Temperatur.	Temperatur nimmt zu. → Widerstand nimmt zu.

[3] Veränderliche Widerstände

30 Spannung und Stromstärke am Festwiderstand • Festwiderstände werden in vielen Schaltungen verwendet. Wenn man die Spannung kennt, kann man einfach berechnen, welche Stromstärke die Bauteile zulassen. Bei Festwiderständen gilt: „Doppelte Spannung → doppelte Stromstärke".
→ 4 Die Stromstärke ist proportional zur Spannung. Die Kennlinie ist eine Gerade. Wenn man die Spannung durch die Stromstärke teilt, ergibt sich immer derselbe Wert:

$\frac{U}{I} = 1000 \frac{V}{A}$.

Misst man den Widerstand des Bauteils, erhält man den gleichen Zahlenwert: $R = 1000\,\Omega$!
Das ist kein Zufall, denn der elektrische Widerstand ist so festgelegt:

$$\text{Widerstand} = \frac{\text{Spannung}}{\text{Stromstärke}}$$

$R = \frac{U}{I}$; $1\,\Omega = 1\frac{V}{A}$

Bei dem Bauteil von Bild 2 bleibt der Widerstand immer (nahezu) gleich.

Spannung und Stromstärke an der Glühlampe • Wenn man die Spannung an einer Glühlampe erhöht, beginnt sie zu leuchten und wird immer heller. Je größer die Spannung ist, desto größer ist die Stromstärke. → 5 Es gilt aber nicht „doppelte Spannung → doppelte Stromstärke". Die Stromstärke wächst mit zunehmender Spannung immer langsamer an. Die Kennlinie wird immer flacher. Die Stromstärke ist nicht proportional zur Spannung.

U in V	1,0	2,0	4,0	6,0
I in mA	1,0	2,0	4,0	6,0

U in V	1,0	2,0	4,0	6,0
I in A	0,1	0,2	0,3	0,4

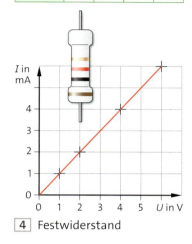
4 Festwiderstand

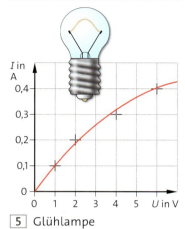
5 Glühlampe

Aufgaben

1 ▸ Nenne zwei verschiedene Arten von Widerständen.

2 ▸ Vergleiche die Funktion von zwei verschiedenen Widerstandsarten miteinander.

3 ▸ Am Festwiderstand liegt eine Spannung von 10 V. → 4 Berechne die Stromstärke.

4 ▸ Berechne den Widerstand der Glühlampe bei den vier Messungen. → 5 Beschreibe, wie sich der Widerstand mit zunehmender Stromstärke verändert.

5 ▸ Gib jeweils für Heißleiter und Kaltleiter an, wie sich der Widerstand bei sinkender und steigender Temperatur verändert.

---

der Widerstand
die Kennlinie
der Festwiderstand

Widerstand, Spannung und Stromstärke

Material A

Spannung und Stromstärke

Wenn die Spannung an einem Draht erhöht wird, steigt die Stromstärke. Überprüfe die folgende Vermutung:
- Doppelte Spannung
  → doppelte Stromstärke.
- Dreifache Spannung
  → dreifache Stromstärke.

Materialliste: Netzgerät (6 V), Drähte aus Eisen und Konstantan (jeweils 0,5 m lang, 0,2 mm dick), Bleistiftmine, 2 Tonnenfüße, 2 Isolatoren, 2 Messgeräte (Ampere, Volt), Kabel

Achtung • Blanke Drähte und die Bleistiftmine nicht berühren, solange sie Teil des Stromkreises sind.

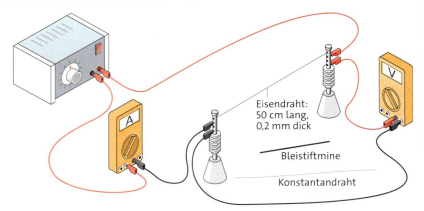

[1] Spannung und Stromstärke am Draht messen

1 ⊠ Spanne den Eisendraht in die Schaltung ein. → [1]
a Erhöhe am Netzgerät die Spannung in 1-Volt-Schritten von 0 V auf 6 V. Miss bei jedem Schritt die Spannung U und die Stromstärke I. Trage die Messwerte in eine geeignete Tabelle ein.
b Zeichne ein Diagramm für die Messwerte. Dabei kommt die Spannung an die waagerechte Achse, die Stromstärke an die senkrechte.
c Trage die Messwerte in das Diagramm ein.
d Gib an, ob die Vermutung für den Eisendraht gilt.

2 ⊠ Wiederhole Messung und Auswertung:
a mit dem Konstantandraht
b mit der Bleistiftmine

Material B

R, U, I berechnen

Festwiderstand	A	B	C
U in V	12	?	1,5
I in A	0,18	1,28	?
R in Ω	?	180	1000

[2] Messwerte

1 Die Tabelle ist lückenhaft. → [2] Berechne:
a ⊠ den Widerstand von Bauteil A
b ⊠ die Spannung an Bauteil B
Tipp: Löse $R = \frac{U}{I}$ nach U auf. Du kannst auch das Hilfsdreieck benutzen. → [3]
c ⊠ die Stromstärke im Bauteil C
Tipp: Löse $R = \frac{U}{I}$ nach I auf.

[3] Decke die gesuchte Größe ab.

Elektrischer Widerstand

Material C

Messungen an technischen Widerständen

Materialliste: Messgerät (Ohm), verschiedene Festwiderstände, Fotowiderstand (LDR), Heißleiter (NTC), Kaltleiter (PTC), Kabel mit Krokodilklemmen, Föhn

1 ▶ Festwiderstände
a Miss jeweils den Widerstand (in Ω) und notiere ihn.
b Erwärme einen Festwiderstand mit dem Föhn. → 4 Miss dabei mehrmals den Widerstand und notiere die Messwerte. Vergleiche mit dem Widerstand des kalten Festwiderstands.

2 Fotowiderstand (LDR)
a Miss den Widerstand (in Ω):
 • LDR beleuchtet
 • LDR abgedunkelt
b ▶ Gib an, ob der Widerstand (in Ω) im Hellen oder im Dunkeln größer ist.
c ✖ Überlege und beschreibe, wozu man den Fotowiderstand verwenden könnte.

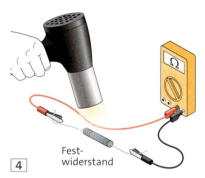

Festwiderstand

4

3 Heißleiter (NTC)
a Miss den Widerstand (in Ω):
 • NTC bei Raumtemperatur
 • NTC bei höherer Temperatur (mit Föhn erwärmen)
b ▶ Gib an, wie sich der Widerstand beim Erwärmen verändert.
c ✖ Überlege und beschreibe, wozu man den Heißleiter verwenden könnte. Finde mehrere Möglichkeiten.

4 Kaltleiter (PTC)
a Führe den Versuch und die Messung wie beim Heißleiter durch.
b ✖ Überlege und beschreibe, wozu man den Kaltleiter verwenden könnte.

Material D

Heißleiter als Sensor

1 ▶ Dieses Fieberthermometer hat in seiner Spitze einen kleinen Heißleiter (NTC). → 5 Je höher die Temperatur ist, desto niedriger ist sein Widerstand. → 6 Ein kleiner Computer rechnet den gemessenen Widerstand mithilfe der Kennlinie des Heißleiters in Grad Celsius um. Das Display des Thermometers zeigt diesen Wert an.

a Lies den Widerstand des Heißleiters bei 0 °C ab. → 6
b Der Widerstand beträgt 5 kΩ. Lies ab, wie hoch die Temperatur ist. → 6

5 Elektronisches Fieberthermometer

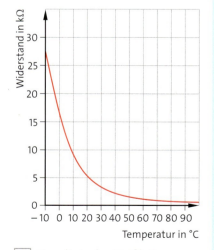

6 Kennlinie des Heißleiters

Elektrischer Widerstand

Zusammenfassung

Elektronenstrom mit Hindernissen • Drähte lassen den Elektronenstrom nicht ungehindert durch. Sie haben einen elektrischen Widerstand. → [1] [2]
Je schlechter ein Draht leitet, desto größer ist sein Widerstand.

Wovon hängt der Widerstand ab?
- Der Widerstand eines Drahts hängt vom Material ab. → [3]
- Der Widerstand ist umso größer, je länger und je dünner der Draht ist. → [4]
- Der Widerstand des Drahts nimmt in der Regel mit der Temperatur zu.

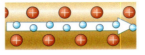

[1] Kupferdraht: Widerstand klein

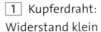

[2] Konstantandraht: Widerstand größer

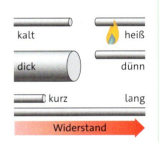

[3] [4] Abhängigkeit des Widerstands von Material, Temperatur, Dicke und Länge des Drahts

Widerstand, Spannung und Stromstärke • Als Widerstände bezeichnet man auch bestimmte Bauteile für elektrische Schaltungen.
Festwiderstände haben einen konstanten Widerstand (in Ω). → [5]
Für Festwiderstände gilt: → [6]
Widerstand = $\frac{\text{Spannung}}{\text{Stromstärke}}$; $R = \frac{U}{I}$; $1\,\Omega = 1\,\frac{V}{A}$.

Veränderliche Widerstände • Bestimmte Widerstandsbauteile sind nicht konstant, sondern können beeinflusst werden:
- Bei Fotowiderständen wird der Widerstand kleiner, wenn sie heller beleuchtet werden. → [7]
- Bei Heißleitern wird der Widerstand kleiner, wenn die Temperatur steigt. → [8]
- Bei Kaltleitern wird der Widerstand größer, wenn die Temperatur steigt. → [9]

Schaltzeichen:

[5] Festwiderstand

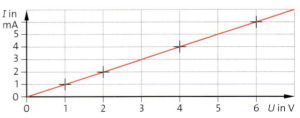

[6] Die Stromstärke ist proportional zur Spannung.

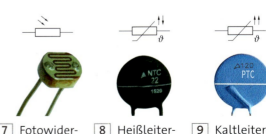

[7] Fotowiderstand [8] Heißleiterwiderstand [9] Kaltleiterwiderstand

Teste dich! (Lösungen auf Seite 223 f.)

Elektronenstrom mit Hindernissen

1. ▣ Erkläre mithilfe eines Modells, warum Kupfer einen geringeren Widerstand hat als Konstantan.

Wovon hängt der Widerstand ab?

2. ▣ Ergänze die Zusammenhänge (bei gleicher Spannung).
   a. An verschiedenen Drähten gilt:
      Großer Widerstand → ◇ Stromstärke.
   b. An einem Kupferdraht gilt:
      Temperatur nimmt zu → Widerstand ◇.

3. Du hast vier gleich lange Drähte zur Auswahl:
   - 2 Eisendrähte, 0,2 mm und 0,4 mm dick
   - 2 Kupferdrähte, 0,2 mm und 0,4 mm dick
   a. ▣ Gib den Draht mit dem geringsten Widerstand an.
   b. ▣ Gib den Draht mit dem größten Widerstand an.
   c. ▣ Begründe deine Auswahl.
   d. ▣ An allen Drähten liegt die gleiche Spannung. Gib an, in welchem Draht die Stromstärke am größten ist. Begründe.

Widerstand, Spannung und Stromstärke

4. ▣ Ordne die Tabelle im Heft richtig: → 10

Bauteil	Zusammenhang
Heißleiter	Temperatur ↑ → Widerstand ↑
Fotowiderstand	Temperatur ↑ → Widerstand ↓
Festwiderstand	Beleuchtung ↑ → Widerstand ↑
Kaltleiter	Widerstand ändert sich nicht.

10 Verschiedene technische Widerstände

5. An einem Konstantandraht sind Spannung und Stromstärke gemessen worden. → 11
   a. ▣ Ergänze die Tabelle im Heft.
   b. ▣ Berechne den Widerstand des Drahts.
   c. ▣ Zeichne ein Diagramm.

U in V	2,0	4,0	6,0	9,0
I in A	0,050	?	?	?

11 Konstantandraht

6. ▣ Ein Bügeleisen, eine Kaffeemaschine und ein Toaster sind an Steckdosen angeschlossen. Es werden folgende Stromstärken gemessen: Bügeleisen 5,2 A; Kaffeemaschine 2,6 A; Toaster 4,3 A.
   Berechne jeweils den Widerstand der Heizdrähte in den eingeschalteten Geräten.

7. ▣ Berechne die fehlenden Werte: → 12

U	10,2 V	9 V	10 V	50 V	?	?
I	20 mA	0,2 A	?	?	25 mA	0,23 A
R	?	?	18 Ω	1 kΩ	180 Ω	1 kΩ

12 R, U und I berechnen

8. ▣ In einer Leuchtdiode (LED) darf höchstens eine Stromstärke von 20 mA fließen, damit sie nicht zerstört wird. → 12
   Um die LED an eine 12-V-Energiequelle anzuschließen, muss ein Widerstands-Bauteil vorgeschaltet werden.
   Berechne den Wert des Widerstands.

13 LED

Sonne, Erde und Mond

Weißt du schon, warum wir auf der Erde im steten Wechsel von Tag und Nacht leben?

Weißt du schon, warum es zu Weihnachten in Australien Sommer ist und bei uns Winter?

Weißt du schon, welche Rolle der Mond bei einer Sonnenfinsternis spielt?

Tag und Nacht

1 Sonnenuntergang am Baldeneysee

Die Übergänge zwischen Tag und Nacht sind ein besonderes Schauspiel.

Bedeutung von Tag und Nacht • Die Sonne bestimmt das Leben in der Natur. Von der Sonne hängt es ab, wann die Vögel morgens zu singen beginnen und in welche Richtung die Pflanzen wachsen. Auch wir leben im Takt von Tag und Nacht.

Sonne und Erde • Wir sprechen von „Sonnenaufgang" und „Sonnenuntergang". Aber nicht die Sonne bewegt sich, sondern die Erde. Sie dreht sich in 24 Stunden einmal um sich selbst. ➔ 2 Die Sonne beleuchtet immer nur die ihr zugewandte Hälfte der Erdkugel: Hier ist jetzt Tag. Auf der unbeleuchteten Hälfte der Erdkugel ist Nacht.

Schattenlänge • Gegenstände werfen im Sonnenlicht einen Schatten. Je nach Tages- oder Jahreszeit ist er unterschiedlich lang: morgens und abends länger, mittags kürzer. Auch seine Richtung ändert sich ständig. ➔ 3 Mithilfe von Sonnenuhren kann man deshalb die Tageszeit bestimmen.

> Die Erde dreht sich in 24 Stunden einmal um sich selbst. Sie wird von der Sonne beleuchtet.
> Auf der beleuchteten Seite ist Tag, auf der anderen Seite ist Nacht.

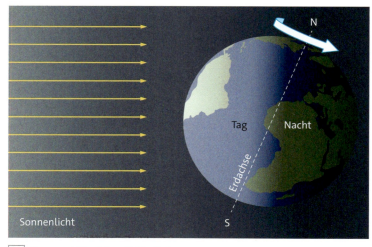

2 Tag und Nacht auf der Erde

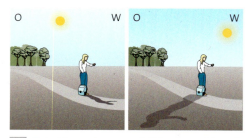

3 Schatten – kurz vor Mittag, am Abend

Aufgabe

1 ▶ Beschreibe, wie auf der Erde Tag und Nacht entstehen. ➔ 2

der Tag
die Nacht

Material A

Tag und Nacht

Die gedachte Erdachse verläuft vom Nordpol zum Südpol. Sie ist schräg zur Sonne geneigt.

Materialliste: Globus, Lampe

1 ▶ Stellt mit Globus und Lampe nach, wie auf der Erde Tag und Nacht entstehen.

2 Sucht auf dem Globus, wo Deutschland liegt.
a ▶ Markiert es mit einem Klebepunkt.
b ✉ Stellt mit Lampe und Globus Morgen, Mittag, Mitternacht und Sonnenuntergang nach.
c ✉ Nennt Länder, in denen es Nacht ist, wenn in Deutschland Tag ist.

4 Von der Seite beleuchteter Globus

Material B

Wie spät ist es?

Sonnenuhren findest du manchmal an Kirchen, an Rathäusern oder auch in Burgen und Schlössern.

1 Sonnenuhr
a ▶ Lies ab, was die Sonnenuhr anzeigt. → 5
b ✉ Gib an, wie spät es ist. Tipp: Die Sonnenuhr geht in der Sommerzeit eine Stunde nach.

5 Sonnenuhr (Juli)

2 ✉ Gib an, zu welcher Tageszeit der Schatten am längsten und zu welcher Tageszeit der Schatten am kürzesten ist. Begründe jeweils deine Antwort.

Material C

Einfache Sonnenuhr – selbst gebaut

Materialliste: Stab (mindestens 60 cm lang), Schnur, Schere, kleine Schildchen, kleine Stöckchen

1 Suche dir an einem sonnigen Tag draußen einen Platz ohne Schatten. Der Boden sollte nicht zu hart sein.
a Stecke dort den großen Stab senkrecht in die Erde.
b Stecke zu jeder vollen Stunde ein Stöckchen in die Spitze des Schattens. → 6

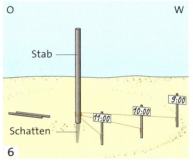

6 Einfache Sonnenuhr

Befestige ein Schild mit der Uhrzeit am Stöckchen.
c Ziehe jeweils eine Schnur vom Stab zum Stöckchen.
d ✉ Die Schnurstücke sind verschieden lang. Begründe.

2 ▶ Lies am nächsten sonnigen Tag die Uhrzeit ab.

Jahreszeiten

1 2 Sommer und Winter

Unsere Jahreszeiten sind sehr verschieden: Im Sommer kann es heiß werden. Im Winter herrschen Eis und Schnee.

Schrägstellung der Erdachse • Die Erde umrundet die Sonne einmal im Jahr. In dieser Zeit vollzieht sie auch 365 ganze und eine Vierteldrehung um sich selbst. Die Erdachse steht dabei schräg zur Umlaufbahn um die Sonne. → 3
Das hat Folgen: unsere Jahreszeiten.

Kurze Tage – lange Tage • Durch die Schräglage ändert sich die Länge der Tage und Nächte im Lauf eines Jahres: → 3
- Am 21./22. Dezember ist die Nordhalbkugel maximal von der Sonne weg geneigt. Deutschland liegt 16 Stunden im Dunkeln, 8 Stunden ist es hell. Im Kalender beginnt der Winter.
- Am 20. März sind Tag und Nacht gleich lang. Der Frühling beginnt.

3 Ein Jahresumlauf

Sonne, Erde und Mond

die Jahreszeiten
die Erdachse
der Sonnenstand

- Am 21. Juni ist die Nordhalbkugel maximal zur Sonne hingeneigt. Der Sommer beginnt. Die Tage dauern 16 Stunden, die Nächte 8 Stunden.
- Am 22./23. September sind Tag und Nacht wieder gleich lang. Es beginnt der Herbst.

Steiler Winkel – flacher Winkel • Eine andere Folge der schräg stehenden Erdachse ist, dass der höchste Sonnenstand am Mittag täglich anders ist.
- Im Sommer steht die Sonne bei uns mittags hoch über unseren Köpfen. → 4 Die eintreffende Strahlung erwärmt den Boden stark. → 6
- Im Winter steht die Sonne bei uns mittags sehr tief am Himmel. → 5 Es trifft genauso viel Sonnenstrahlung ein wie im Sommer – aber unter einem flachen Winkel. Die Strahlung erwärmt den Boden weniger, weil sie sich auf eine größere Fläche verteilt als im Sommer. → 7

> Die Jahreszeiten entstehen, weil die Erde um die Sonne kreist und die Erdachse etwas schräg steht.

Sonnenstands-App • Geeignete Apps legen den Lauf der Sonne zu einem beliebigen Datum über das Bild der Handykamera.
- Fotografen nutzen solche Apps, um Sonnenuntergangsbilder zu planen.
- Architekten prüfen, wohin die Schatten entworfener Häuser fallen.
- Wohnungssuchende können sehen, ob abends die Sonne auf den Balkon einer besichtigten Wohnung scheint.

4 Höchster Sonnenstand Deutschland im Juni

5 Höchster Sonnenstand Deutschland im Dezember

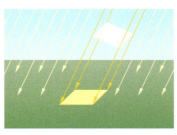
6 Sommer – Strahlung verteilt sich auf kleine Fläche.

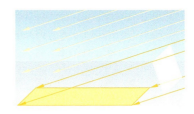
7 Winter – Strahlung verteilt sich auf große Fläche.

8

Aufgaben

1 ◼ Im Sommer wird der Boden von der Sonne sehr viel stärker erwärmt als im Winter. Erkläre den Unterschied.

2 ◼ „Wenn es bei uns Sommer ist, ist es auf der Südhalbkugel Winter."
→ 3 Begründe die Aussage.

Basiskonzepte

Energie
Wechselwirkung
→ Seite 226 f.

Jahreszeiten

Material A

Wie hoch steht die Sonne?

Materialliste: Geodreieck mit Winkelmesser, Bleistift

1 Führe den Versuch an einem sonnigen Tag zu jeder vollen Stunde durch (8 bis 15 Uhr). Du untersuchst, unter welchem Winkel die Sonne über dem Horizont steht.

a Halte das Geodreieck auf einer Fensterbank in die Sonne. Sein Schatten soll in der gleichen Richtung ver-

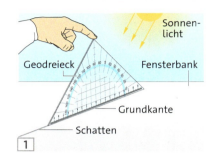
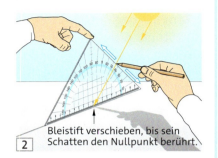

1 Bleistift verschieben, bis sein Schatten den Nullpunkt berührt.

laufen wie die Grundkante des Geodreiecks. → 1

b Halte den Bleistift waagerecht an die schräge Kante, die zur Sonne zeigt. → 2 Verschiebe ihn so lange an der Kante, bis sein Schatten den Nullpunkt berührt.

c Lies den Winkel am Geodreieck ab und notiere ihn.

d Trage Uhrzeit und Winkel in ein Diagramm ein.

Material B

Steiler Winkel – flacher Winkel

Materialliste: schwarzes Papier, elektronisches Thermometer, Wärmelampe (150 W), Stativmaterial, Stoppuhr

1 So kannst du die Erwärmung des Bodens im Sommer nachstellen. → 3

a Lege das Thermometer unter das schwarze Papier und lies die Temperatur ab.

b Bestrahle das schwarze Papier für 5 Minuten. Lies nach jeder Minute die Temperatur ab und notiere sie in einer Tabelle. → 4

c Halte nun die Lampe bei gleichem Abstand schräg, um die Erwärmung im Winter nachzustellen. Wiederhole die Teile a und b. → 5

d Vergleiche die Messwerte der Versuchsteile b und c. Formuliere ein Ergebnis.

Zeit in min	Temperatur in Grad Celsius	
	senkrecht	schräg
0	?	?
1	?	?

4 Beispieltabelle

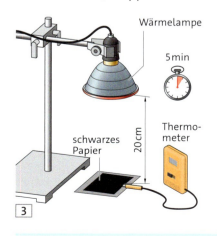
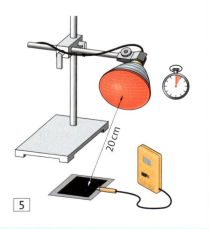

Material C

Temperaturverläufe

1 Temperaturdiagramme
a ▣ Suche die Orte Sydney, Düsseldorf und Singapur auf einer Weltkarte oder einem Globus.
b ▣ Ordne die Orte den drei Temperaturdiagrammen zu. → 6 – 8
c ▣ Gib für jeden der drei Orte an, in welchen Monaten Sommer und in welchen Monaten Winter ist.
d ▣ Erkläre den unterschiedlichen Temperaturverlauf in den drei Orten. Tipp: Beachte die Schrägstellung der Erdachse und den Winkel der Sonneneinstrahlung.

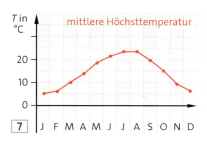

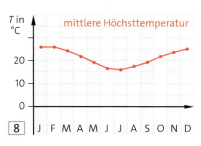

Material D

Polarnacht und Polartag

1 ▣ Sieh dir das Bild an. → 9 Erkläre, ob auf der Nordhalbkugel Sommer oder Winter ist. Vervollständige: „Auf der Nordhalbkugel ist ⟨?⟩, weil ⟨?⟩."

2 ▣ Am Nordpol geht im Sommer die Sonne nicht unter. Am Südpol ist es gleichzeitig den ganzen Tag über dunkel. Erkläre dieses Phänomen mithilfe des Bilds. → 9

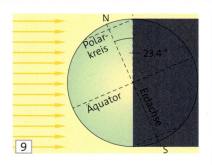

🖳 Material E

Partyplanung

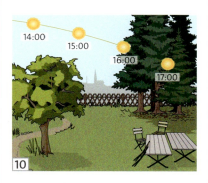

1 ▣ Amelie plant mithilfe einer Sonnenstands-App eine Gartenparty. → 10 Mache Vorschläge, wo sie Folgendes hinstellen sollte:
a Tisch und Stühle: Amelie und die Gäste möchten gern in der Sonne sitzen.
b Grill: Amelies Papa, der Grillmeister, möchte im Schatten grillen.
c Die Kühlbox: Die Getränke sollen schön kühl bleiben.

2 Und deine Party?
a ▣ Mache dort, wo du eine Gartenparty feiern würdest, ein ähnliches Bild wie oben. Nutze dafür eine Sonnenstands-App und mache einen Screenshot.
b ▣ Überlege, was du brauchst, und entscheide, was wo hingehört. Begründe deine Entscheidungen.

Der Mond – Licht und Schatten

[1] Halbmond

Der Mond wandelt ständig seine Gestalt. Kreisrund ist er selten zu sehen.

Wechselndes Aussehen • Der Mond ist eine riesige Kugel. Er wird von der Sonne beleuchtet. → [2] Dadurch ist immer eine Hälfte des Monds hell und eine dunkel. Sonne, Mond und Erde stehen manchmal so, dass wir die beleuchtete Hälfte vollständig sehen können: Dann ist Vollmond.
In ungefähr einem Monat umkreist der Mond einmal die Erde. Dabei ändert sich unser Blickwinkel auf den beleuchteten Teil von Nacht zu Nacht. Wir sprechen von Mondphasen.

> Der Mond wird von der Sonne stets zur Hälfte beleuchtet. Wir sehen unterschiedlich viel von der beleuchteten Hälfte – je nachdem, wie Mond, Sonne und Erde zueinander stehen.

Aufgabe

1 „Der Mond ist immer zur Hälfte beleuchtet."
a ▸ Erkläre diese Aussage.
b ▸ Erkläre, warum wir nachts nicht immer einen Halbmond sehen.

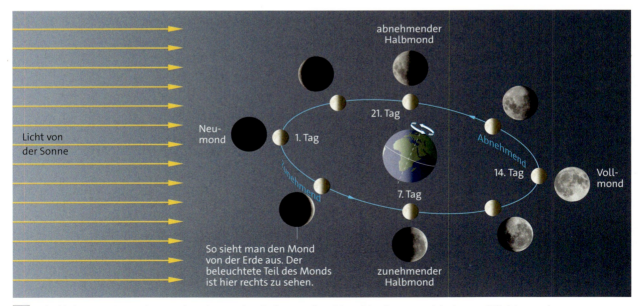

[2] Die kleinen Fotos zeigen, wie wir von der Erde aus den Mond in den verschiedenen Nächten sehen.

Sonne, Erde und Mond

der **Vollmond**
die **Mondphasen**
der **Halbmond**
der **Neumond**

Material A

Mondphasen im Foto

Hier sind die Mondphasen durcheinandergeraten. → 3

1. ▶ Ordne in der Tabelle die richtigen Fotos zu. → 4
   Tipp:
) „Klammer **zu**" →
   zunehmender Mond

2. ▶ Bringe alle Fotos in die richtige Reihenfolge. Fange mit dem Neumond an.
   Tipp: Die Buchstaben ergeben einen englischen Begriff.

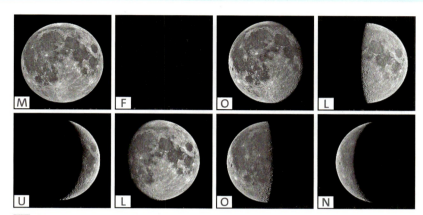

3 Durcheinandergebrachte Mondphasen

Mondphase	Neumond	Vollmond	zunehmend	abnehmend
Foto	?	?	?	?

4 Welches Foto gehört zu welcher Mondphase?

Material B

Mondphasen im Modell

Materialliste: kleiner weißer Ball (Styroporkugel), Tageslichtprojektor

1. Stellt die Mondphasen nach. → 5 Die Personen „auf der Erde" schauen immer zum „Mond".
   a ▶ Der „Mond" läuft um die „Erde". Er stoppt an den Stellen A–D. Alle Personen in der Mitte skizzieren, wie sie den „Mond" sehen.
   b ▶ Vergleicht eure Skizzen mit Bild 2.

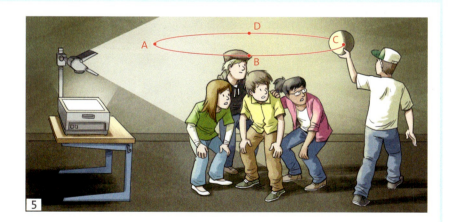

5

Nennt die Mondphasen an den Stellen A–D.
c ▶ Stellt den „Mond" so auf, dass ihr eine zunehmende Sichel seht. Zeichnet wieder.

2. ▶ Findet (z. B. mit einer Mondphasen-App) heraus, wann die nächsten Vollmondnächte sind. Wie lange dauert ein Mondumlauf?

Finsternisse am Himmel

1 Mondfinsternis

2 Sonnenfinsternis

Manchmal scheint sich etwas Schwarzes in den Mond oder in die Sonne „hineinzufressen". Wie kommt es dazu?

Mondfinsternis • Die Sonne bescheint die Erde ständig. Hinter der Erde reicht ihr Schatten weit in den Weltraum. → 3
Der Mond umkreist die Erde auf einer etwas „gekippten" Bahn. Sie verläuft hinter der Erde meistens oberhalb oder unterhalb des Schattens. Nur manchmal streift oder durchquert der Mond den Schatten der Erde. Dann sieht man das Schattenbild der Erde auf dem Mond. → 1

Sonnenfinsternis • Der Schatten hinter dem Mond geht meistens an der Erde vorbei. Nur manchmal steht der Mond so, dass sein Schatten die Erde trifft. → 4 Wer dann im Schatten des Monds steht, sieht die Sonne teilweise oder total vom Mond verdeckt. → 2

> Bei einer Mondfinsternis wird der Mond verdunkelt, weil er durch den Schatten der Erde läuft.
> Bei einer Sonnenfinsternis wird die Sonne für uns vom Mond verdeckt. Sein Schatten fällt auf die Erde.

Aufgabe

1 ▶ Wer verdeckt wen? Beschreibe es für beide Finsternisse.

3 Mondfinsternis

4 Sonnenfinsternis

die **Mondfinsternis**
die **Sonnenfinsternis**

Material A

Sonnenfinsternis (Modell)

Materialliste: kugelförmige Lampe (ca. 12 cm Durchmesser, mattiert), Tennisball

1 Die leuchtende Lampe stellt die Sonne dar, der Ball den Mond, dein Kopf die Erde.
a ☒ Stehe 2 m von der Lampe entfernt. Halte den Ball so vor ein Auge, dass er die Lampe vollständig verdeckt. Bewege den Kopf hin und her. Beschreibe, was du siehst.
b ☒ Der Ball wirft einen Schatten auf dein Gesicht. Beschreibe, in welchem Teil des Schattens sich dein Auge befindet, wenn die Lampe vom Ball:
 • vollständig verdeckt wird.
 • teilweise verdeckt wird.

Material B

Finsternisse darstellen

Materialliste: Experimentierleuchte, Stativ, kleiner Ball, Faden, Globus

1 Die Experimentierleuchte stellt die Sonne dar, der Globus die Erde und der Ball den Mond. → 5
a ☒ Stelle eine Sonnenfinsternis dar. Zeichne die Anordnung auf.
b ☒ Stelle eine Mondfinsternis dar. Zeichne wieder.
c ☒ Bei einer totalen Mondfinsternis wird der ganze Mond abgedunkelt, bei einer totalen Sonnenfinsternis nur ein Teil der Erde. Erkläre den Unterschied.
d ☒ Eine totale Sonnenfinsternis kann es nur bei Neumond geben, eine totale Mondfinsternis nur bei Vollmond. Erkläre beides.

5 Modellversuch für Finsternisse

Material C

Finsternis

1 Die Fotos wurden bei derselben totalen Finsternis aufgenommen. → 6 7
a ☒ Gib an, um welche Art von Finsternis es sich handelt.
b ☒ Beschreibe und erkläre, was auf den Fotos zu sehen ist.

6 Blick von der Erde zum Himmel

7 Blick von einer Raumstation auf die Erde

Sonne, Erde und Mond

Zusammenfassung

Tag und Nacht • Die Sonne beleuchtet immer nur eine Hälfte der Erde. Dort ist Tag. Auf der unbeleuchteten Seite ist Nacht. Die Erde dreht sich in 24 Stunden einmal um sich selbst. Dadurch wechseln sich Tag und Nacht ab. → 1

Jahreszeiten • Die Erde umkreist die Sonne in einem Jahr. Da die Erdachse etwas schräg steht, wird mal die Nordhälfte und mal die Südhälfte der Erde stärker beleuchtet. → 2 3 Dadurch entstehen unsere Jahreszeiten.

Der Mond – Licht und Schatten • Der Mond wird von der Sonne zur Hälfte beleuchtet. Wir sehen unterschiedlich viel von der beleuchteten Hälfte des Monds – je nachdem, wie Mond, Sonne und Erde zueinander stehen. → 4
Bei Vollmond sehen wir die ganze beleuchtete Hälfte des Monds, bei Halbmond sehen wir sie nur zur Hälfte. Bei Neumond sehen wir die beleuchtete Hälfte des Monds gar nicht.

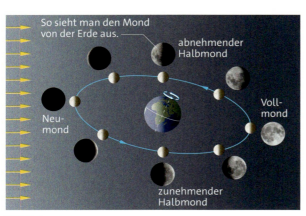

4 Mondphasen

Finsternisse am Himmel – Mondfinsternis • Der Mond wird von der Erde verdunkelt, wenn er den Schatten der Erde durchquert. → 5

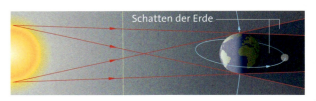

5 Mondfinsternis

Sonnenfinsternis • Die Sonne wird für Beobachter auf der Erde vom Mond ganz oder teilweise verdeckt, wenn die Beobachter im Schatten des Monds sind. → 6

6 Sonnenfinsternis

Teste dich! (Lösungen auf Seite 224 f.)

Tag und Nacht

1 Schattenlänge im Tageslauf → 7
a ▣ Gib an, zu welcher Tageszeit der Turm den kürzesten Schatten wirft.
b ▣ Das Foto wurde vormittags aufgenommen. Beschreibe, wie der Schatten frühmorgens (mittags) verläuft.

2 ▣ In einigen Länder ist es Nacht, wenn in Deutschland Mittag ist.
Gib einige dieser Länder an. Nutze einen Globus.

Jahreszeiten

3 ▣ Die Erde führt zwei Bewegungen gleichzeitig aus.
Beschreibe die beiden Bewegungen. Gib für jede der beiden Bewegungen jeweils die Zeit für einen Umlauf oder die Zeit für eine Drehung an.

4 ▣ Gib an, an welchen beiden Tagen des Jahres Tag und Nacht jeweils 12 Stunden lang sind.

5 Marvin sagt: „Heute dauert der Tag 16 Stunden und die Nacht nur 8 Stunden." Sandra erwidert: „Unsinn, jeder Tag hat 24 Stunden."
a ▣ Gib den Tag an, den Marvin meint.
b ▣ Bewerte die beiden Aussagen. Wer hat recht – Marvin oder Sandra?

6 ▣ Überlege, ob du an einer Sonnenuhr nur die Uhrzeit oder auch die Jahreszeit ablesen kannst.
Begründe deine Antwort.

7 Schatten eines hohen Turms in Siena (Italien), von der Spitze fotografiert

7 ▣ „Ohne die Schrägstellung der Erdachse gäbe es bei uns keine Jahreszeiten."
Begründe die Aussage.

Der Mond – Licht und Schatten

8 ▣ Zeichne die acht Mondphasen in richtiger Reihenfolge. Beginne beim Neumond.

9 ▣ Wie entstehen Vollmond, zunehmender und abnehmender Halbmond? Zeige es mit einer Taschenlampe und einem Tischtennisball.

Finsternisse am Himmel

10 ▣ Bei einer totalen Mondfinsternis liegen Sonne, Erde und Mond auf einer Geraden – wie bei einer totalen Sonnenfinsternis. Es gibt aber einen Unterschied! Beschreibe ihn. Fertige dazu zwei Skizzen an.

Blick ins Weltall

Nacht für Nacht beobachten Menschen mit Teleskopen Objekte im All: Meteore, Planeten wie die Erde, Sterne wie die Sonne und Galaxien wie unsere Milchstraße.

Der drittgrößte Jupitermond Io wurde im Jahr 1610 von Galileo Galilei entdeckt. Durch Io und drei Begleiter veränderte sich die damalige Vorstellung von der Welt.

Einige der Flecken sind Galaxien in 12 Milliarden Lichtjahren Entfernung – und sie entfernen sich weiter. Woher weiß man das?

Nur Sonne, Mond und Sterne?

1 Sternhimmel

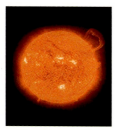

2 Unsere Sonne (Radius: 700 000 km)

Was kannst du alles sehen, wenn du nachts in den Himmel schaust?

Sterne • Alle Sterne an unserem Himmel sind selbstleuchtende Körper – wie unsere Sonne. → 2 In ihrem Innern verschmelzen die Kerne von Wasserstoffatomen. Dabei wird Energie freigesetzt und als Strahlungsenergie in den Weltraum abgegeben. Die Sterne sind also wie unsere Sonne, nur viel weiter von uns entfernt.

Sternbilder • Schon seit ewigen Zeiten versuchen Menschen den Nachthimmel zu ordnen. Dazu fassten sie mehrere auffällige Sterne zu Bildern zusammen. Verbindet man diese Sterne mit Linien, so erhält man, mit etwas Fantasie, Figuren. Man nennt sie Sternbilder. Der Nachthimmel ist nicht starr, sondern verändert sich in regelmäßigen Abständen. Der Große Wagen ist das ganze Jahr über am wolkenfreien Nachthimmel zu sehen. Er ist ein Teil des Sternbilds Große Bärin. → 3 Andere Sternbilder sind nur zu bestimmten Jahreszeiten zu sehen. Im Sommer ist das Sommerdreieck auffällig. Es setzt sich aus drei Sternen verschiedener Sternbilder zusammen. → 4 Im Herbst beobachtet man das Pegasus-Viereck. → 5 Das Sternbild Orion sieht man im Winter und das Sternbild Löwe im Frühjahr. → 6 7

3 Sternbild Große Bärin

4 Sommerdreieck

5 Sternbild Pegasus

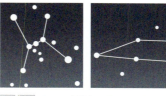

6 7 Sternbilder Orion, Löwe

194 | Blick ins Weltall

das Sternbild
der Himmelskörper
der Planet
der Mond
die Galaxie

Planeten und Monde • Außer Sternen kann man weitere Himmelskörper beobachten, zum Beispiel Planeten. Im Gegensatz zu Sternen leuchten Planeten nicht selbst. Sie drehen sich um einen Stern und werfen das Licht des Sterns zurück. Unsere Erde ist ein Planet, der sich um die Sonne dreht. Unseren Nachbarplaneten Venus kann man im Morgengrauen gut am Himmel beobachten. → 8

Du kannst auch unseren Mond beobachten. Monde drehen sich um Planeten und werfen das Licht des Sterns zurück, um den sich der Planet dreht. Die Erde hat nur einen Mond. Planeten können auch gar keinen Mond oder sehr viele haben. Der Planet Saturn hat zum Beispiel über 60 Monde.

Asteroiden, Meteoriten und Kometen • Asteroiden (oder Kleinplaneten) sind kleine, planetenähnliche Himmelskörper, die die Sonne wie Planeten umlaufen. → 9

Kleinere Gesteinsbrocken, die die Sonne umkreisen, nennt man Meteoriten. Wenn sie in die Erdatmosphäre eintreten, verglühen sie und wir sehen sie als Sternschnuppe. Himmelskörper aus Gestein, Eis und gefrorenen Gasen heißen Kometen.

Galaxien • Große Gruppen von Sternen und ganzen Sonnensystemen werden Galaxien genannt. → 10 Unsere Galaxie ist die Milchstraße mit mehr als 100 Milliarden Sternen. Im Zentrum jeder Galaxie wird ein extrem schweres „Schwarzes Loch" vermutet. → 11

8 Venus (Radius: 6100 km) und Erdmond (Radius: 1700 km)

9 Asteroid 243 Ida (Radius: 15 km)

10 Andromeda-Galaxie (Radius: 1 Trillion km, s. Anhang)

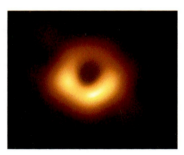

11 Schwarzes Loch (Radius: 20 Milliarden km)

Alle Sterne am Himmel sind weit entfernte Sonnen. Galaxien sind große Gruppen von Sternen. Wir können weitere Himmelskörper beobachten: Planeten, Monde, Asteroiden, Kometen und Meteoriten.

Aufgaben

1 ▸ Nenne möglichst viele Objekte, die du am Nachthimmel beobachten kannst.

2 ▸ Vergleiche Sterne und Planeten.

3 ▸ Beschreibe den Unterschied zwischen einem Mond und einem Meteoriten.

Basiskonzepte

Energie
Struktur der
Materie
System
→ Seite 226 f.

Nur Sonne, Mond und Sterne?

Material A

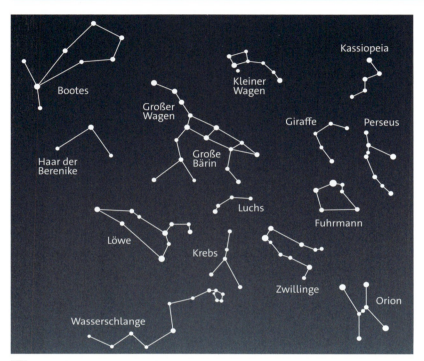

1 Ausschnitt einer Sternkarte

Sternbilder und Sternkarten

1 Darstellungen des Sternhimmels, auf denen die Sternbilder eingezeichnet sind, werden Sternkarten genannt. → 1

a ▸ Benenne mithilfe der Sternkarte die Sternbilder in den Bildern vom Nachthimmel. → 2 – 4
Tipp: Die Sternbilder am Himmel können gegenüber denen auf der Karte anders geneigt sein.

b ▸ Lege eine Folie über die Bilder und verbinde die Sterne mit einem Stift so, dass das Sternbild entsteht.

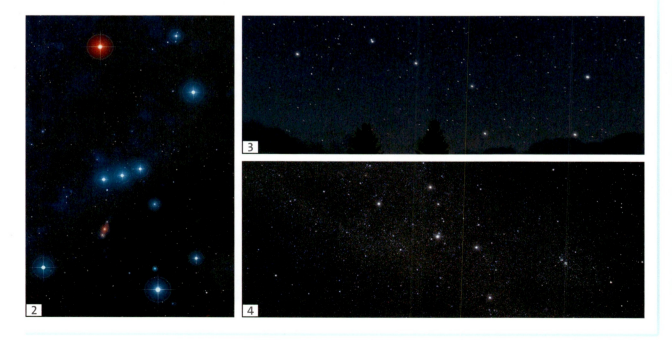

Blick ins Weltall

Material B

Himmelskörper

1 Ordne den Himmelskörpern Mond, Stern, Planet, Galaxie, Asteroid, Meteorit
   a ☒ die richtige Beschreibung a–f zu. → 5
   b ☒ die Fotos zu. → 6 – 11

2 ☒ Erkläre, woran man auf Fotos Sterne oft von Planeten unterscheiden kann.

a Eine große Gruppe von Sternen und ganzen Sonnensystemen
b Kleine Himmelskörper aus Gestein, die beim Eintritt in unsere Atmosphäre verglühen
c Selbstleuchtender Himmelskörper
d Himmelskörper, der einen Planeten umkreist und das Licht eines Sterns zurückwirft
e Sie werden auch Kleinplaneten genannt.
f Himmelskörper, der einen Stern umläuft und sein Licht reflektiert

5

    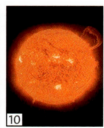 

6   7   8   9   10   11

Material C

Nachthimmel – mit dem Smartphone erkundet

Materialliste: Smartphone oder Tablet

1 Planetariums-App
a Frag deine Eltern, ob du dir eine kostenlose Planetariums-App herunterladen darfst. Die App sollte dir Sternkarten anzeigen können.
b ☒ Informiere dich, welche Apps kostenlos sind und was jede App besonders gut kann.
c ☒ Entscheide dich für eine App und lade sie auf dein Smartphone herunter.

2 ☒ Beobachte mit der App den heutigen Nachthimmel.
a Nenne drei Sterne, die du tatsächlich am Himmel sehen kannst.
b Nenne weitere drei Sterne, die dir nur die App anzeigt, die du aber nicht tatsächlich sehen kannst.

3 ☒ Lass dir von der App die Sternbilder anzeigen. Welche Sternbilder siehst du tatsächlich am Nachthimmel?
Notiere dir die Sternbilder, die Uhrzeit und die Himmelsrichtung.

Dreht sich alles um die Erde?

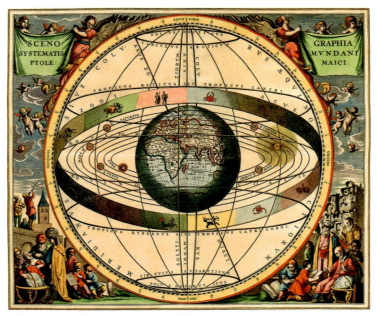

1 Alte Darstellung der Welt mit der Erde im Zentrum

Wer steht im Mittelpunkt der Welt – die Erde oder die Sonne? Hat die Welt überhaupt einen Mittelpunkt? Das Bild von der Welt hat sich im Lauf der Jahrtausende verändert.

Erde als Scheibe • Die ersten Vorstellungen der Menschheit von der Erde unterschieden sich grundlegend von unseren Vorstellungen heute. Vor etwa 3000 Jahren nahm man zum Beispiel in Indien an, dass die Erde eine Scheibe sei, die auf 12 Säulen ruht. → 2 Vor etwa 2000 Jahren aber gingen bereits die meisten Gelehrten von der Kugelgestalt der Erde aus.

2 Frühes Weltbild

Basiskonzept
System
→ Seite 226 f.

Erde im Mittelpunkt • Der Grieche Thales von Milet (ca. 624–546 v. Chr.) konnte schon vor über 2500 Jahren den Zeitpunkt einer Sonnenfinsternis berechnen. Viele Beobachtungen von Himmelskörpern und Berechnungen von Ereignissen veranlassten den Griechen Ptolemäus (ca. 100–160 n. Chr.), die Erde in Gedanken in den Mittelpunkt der Welt zu stellen. Man spricht vom geozentrischen Weltbild (griech. ge: die Erde). → 3 In diesem Weltbild war die Erde eine Kugel und das Weltall endlich. Sonne, Mond und Planeten drehten sich auf unveränderlichen Kreisbahnen mit konstanter Geschwindigkeit um die Erde. Die Sterne („Fixsterne") waren ganz außen auf einer Schale fixiert, die sich ebenfalls um die Erde drehte. Dieses Weltbild hielt sich rund 1400 Jahre lang.

> Im geozentrischen Weltbild ruht die Erde im Zentrum des Weltalls. Sonne, Mond und Planeten drehen sich auf Kreisbahnen um die Erde herum. Die Grenze des Weltalls bildet die Schale der Fixsterne, die sich ebenfalls um die Erde dreht.

3 Geozentrisches Weltbild

Blick ins Weltall

> das geozentrische Weltbild
> das heliozentrische Weltbild

Sonne im Mittelpunkt • Anhand immer genauerer Beobachtungen und Berechnungen geriet das geozentrische Weltbild nach und nach ins Wanken. Nikolaus Kopernikus schuf ein neues Weltbild, bei dem die Sonne im Mittelpunkt des Weltalls ruhte. → 4 5 Man spricht vom heliozentrischen Weltbild (griech. ilios: die Sonne). Die Erde kreiste danach wie die Planeten um die Sonne, der Mond kreiste um die Erde. Die Fixsterne ruhten am Rand des Weltalls. Kopernikus nahm an, dass sich Sonne und Sterne nur scheinbar bewegen, weil sich die Erde einmal am Tag um sich selbst drehte. Kopernikus lebte in der Renaissance, einer Zeit, in der Gelehrte wie er Traditionen in Frage stellten. Er wusste, dass sein Weltbild den Überzeugungen der katholischen Kirche widersprach. Um sich zu schützen, veröffentlichte Kopernikus das Buch mit seinen Vorstellungen erst kurz vor seinem Tod.

Kepler und Galilei • Johannes Kepler entwickelte das heliozentrische Weltbild entscheidend weiter. → 6 Er nahm an, dass die Planeten sich nicht auf Kreisen, sondern auf Ellipsen mit veränderlicher Geschwindigkeit um die Sonne bewegen. So konnte er die Bewegungen der Planeten berechnen. Auch Galileo Galilei war ein Verfechter des Weltbilds von Kopernikus. → 7 Zu seiner Zeit wurden die ersten Fernrohre entwickelt. Galilei baute ein Fernrohr selbst. Er beobachtete damit den Mond, die Planeten und die Sonne, was vorher unmöglich war. Unter anderem entdeckte er die vier größten Monde, die sich um den Jupiter drehen. → 8 Galilei geriet in Konflikt mit der katholischen Kirche und musste die letzten neun Jahre seines Lebens im Hausarrest verbringen.

> Beim heliozentrischen Weltbild ruht die Sonne im Zentrum. Planeten umkreisen die Sonne. Ein Planet ist die Erde. Sie dreht sich um sich selbst und wird vom Mond umkreist. Die scheinbar unbeweglichen Fixsterne umgeben unser Sonnensystem.

Aufgaben

1. Erkläre die Begriffe geozentrisch und heliozentrisch.

2. Beschreibe in eigenen Worten die Unterschiede zwischen dem geozentrischen und dem heliozentrischen Weltbild.

4 Heliozentrisches Weltbild

5 Nikolaus Kopernikus (1473–1543)

6 Johannes Kepler (1571–1630)

7 Galileo Galilei (1564–1642)

8 Jupiter und vier Monde

Dreht sich alles um die Erde?

Material A

Jupitermonde

Galilei hat mit seinem Fernrohr den Planeten Jupiter beobachtet. Dabei hat er etwas Erstaunliches entdeckt.

1 Über seine Beobachtung spricht Galilei mit einem Geistlichen. → 1

a ▣ Beschreibe anhand des Bilds, welche Beobachtung Galilei gemacht hat.

b ▣ Erkläre, warum die Beobachtung dem geozentrischen Weltbild widerspricht.

1

Material B

Phasen der Venus

Galilei beobachtete mit seinem Fernrohr immer wieder den Planeten Venus. → 2 3

1 ▣ Venus – (fast) voll beleuchtet

a Wo müssen sich Sonne und Venus im geozentrischen Weltbild befinden, damit man von der Erde aus die Vollvenus sieht? Skizziere es.

b Begründe, warum die Vollvenus in Sonnennähe dem geozentrischen Weltbild widerspricht.

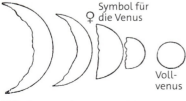

2 Phasen (Ansichten) der Venus

Material C

Zeit des Aufbruchs

Als Renaissance bezeichnet man die Epoche zwischen dem Mittelalter und der Neuzeit, etwa von 1400 bis 1600.

1 Lies den Text. → 4
a Nenne wichtige Erfindungen der Renaissance.
b „Umbrüche in der Gesellschaft können große Auswirkungen auf die Wissenschaft haben." Bewerte die Aussage anhand der Umbrüche in der Renaissance.
c Diskutiert, ob die Aussage für aktuelle gesellschaftliche Veränderungen gilt.

Kopernikus lebte um das Jahr 1500, in einer Zeit großer Entdeckungen und gesellschaftlicher Umbrüche – der Renaissance (frz. renaissance: Wiedergeburt). Wirtschaft und Handel erlebten einen Aufschwung. Das Bürgertum erlangte immer mehr Selbstbewusstsein und war stolz auf den Fortschritt gegenüber dem griechischen Wissen. Gelehrte wandten sich gegen gültige Lehren, zum Beispiel Martin Luther in der Theologie. Johannes Gutenberg hatte um 1450 den modernen Buchdruck erfunden, der vielen Menschen den Zugang zu Wissen überhaupt erst ermöglichte und den wissenschaftlichen Austausch förderte. Mit der Entdeckung Amerikas 1492 hatte Christoph Kolumbus gezeigt, wie unbekannt die Erdkugel war. Technische Errungenschaften, zum Beispiel die Erfindungen des Fernrohrs und des Mikroskops (beide um 1600), erlaubten der Wissenschaft einen genaueren Blick auf die Natur. Das führte zu einer Vielfalt weiterer Entdeckungen und letztlich zur Bestätigung des heliozentrischen Weltbilds durch Galilei.

4 Große Veränderungen in der Zeit der Renaissance

Material D

Erweiterung des Weltbilds

Weltbilder verändern sich immer weiter. Das Bild zeigt die aktuelle Vorstellung von unserem Sonnensystem. → 5

1 Nenne Unterschiede zwischen der aktuellen Vorstellung und dem Weltbild von Nikolaus Kopernikus.

2 Recherchiere, welche Beobachtungen zur Weiterentwicklung geführt haben.

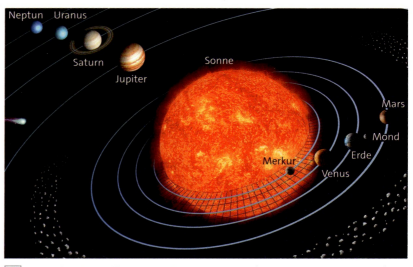

5 Aktuelle Vorstellung vom Sonnensystem (nicht maßstabsgerecht)

Gravitation

1 Die Kugel bewegt sich im Kreis.

Beim Hammerwerfen bewegt sich eine Kugel im Kreis um die Athletin herum. Nur weil die Hammerwerferin über das Seil eine Kraft auf die Kugel ausübt, fliegt diese nicht davon.

Gravitationskraft • Auch die Planeten in unserem Sonnensystem umkreisen die Sonne – obwohl sie nicht mit Seilen an der Sonne befestigt sind. Weil die Planeten unser Sonnensystem nicht verlassen, muss aber dennoch eine Kraft auf sie wirken. Diese Kraft heißt Gravitationskraft.

> Die Stärke der Gravitationskraft zwischen zwei Körpern hängt von der Masse und dem Abstand der beiden Körper ab.

Bewegung der Sonne • Die Sonne zieht nicht nur die Planeten an. Auch die Planeten ziehen an der Sonne. Weil die Sonne jedoch eine so große Masse besitzt, „wackelt" sie nur ganz leicht hin und her.

> Die Gravitationskraft bewirkt, dass sich Himmelskörper gegenseitig anziehen.

Basiskonzept
Wechselwirkung
→ Seite 226 f.

Gravitationsfeld • Es ist kaum vorstellbar, wie sich die Sonne und die Planeten durch den leeren Weltraum gegenseitig anziehen. Die Sonne hat wie jeder Himmelskörper ein unsichtbares Feld um sich herum, das bis in den Weltraum reicht. Man nennt es Gravitationsfeld. → 2 Auf jeden Himmelskörper im Gravitationsfeld der Sonne wirkt die Gravitationskraft. Das Gravitationsfeld ist umso stärker, je schwerer der Himmelskörper ist.

> Jeder Himmelskörper hat um sich herum ein Gravitationsfeld, in dem andere Himmelskörper angezogen werden.

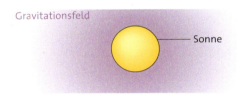

2 Gravitationsfeld um die Sonne

Aufgaben

1 ⏵ Welche Kraft sorgt dafür, dass die Erde nicht das Sonnensystem verlässt? Nenne sie.

2 ⏵ Gib an, wovon die Stärke der Gravitationskraft zwischen zwei Körpern abhängt.

3 ⏵ Sortiere die Himmelskörper nach der Größe ihres Gravitationsfelds: Sonne, Mond, Jupiter, Erde, Schwarzes Loch.

die Gravitationskraft
das Gravitationsfeld

Material A

Magnetfeld und Gravitationsfeld

1 Mit einem Experiment wird untersucht, wie sich Eisengewichte in einem Magnetfeld verhalten. → 3
a ▶ Beschreibe den Aufbau.
b ✖ Vermute, wie sich das Holzbrett mit den Gewichten bewegt, und begründe.

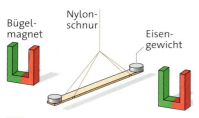

3 Eisengewichte im Magnetfeld

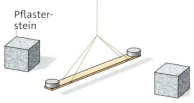

4 Eisengewichte im Gravitationsfeld

2 ✖ Jetzt wird der Aufbau verändert: Die Magnete werden durch schwere Pflastersteine ersetzt. → 4
Vermute wieder, wie sich der Holzstab mit den Gewichten nach einiger Zeit bewegt. Begründe deine Vermutung.

Material B

Verräterisches Wackeln

Der Astronom Friedrich Bessel bemerkte im Jahr 1844, dass der sehr helle Stern Sirius A eine leichte Wackelbewegung aufweist. Diese Beobachtung erklärte er durch den Einfluss eines zweiten, nicht sichtbaren Sterns. Bessel nahm an, dass der sich um Sirius A bewegt. Knapp 20 Jahre später wurde tatsächlich der lichtschwache Stern Sirius B entdeckt. → 5

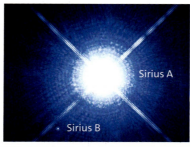

5 Sirius A und Sirius B

1 ✖ Begründe, warum Bessel durch die Annahme eines zweiten, unsichtbaren Sterns die Wackelbewegung erklären konnte.

2 ✖ Gib an, welche Größen die Wackelbewegung von Sirius A beeinflussen.

Material C

Kraftfelder

1 ✖ Gib an und begründe, ob die Phänomene jeweils mithilfe des elektrischen Feldes, des Magnetfelds oder des Gravitationsfelds erklärt werden können. → 6 – 11

203

Teleskope

1

Material zur Erarbeitung: A

Basiskonzept

System
→ Seite 226 f.

Mit Teleskopen (griech. tele: fern, skopein: betrachten) erhalten wir einen viel besseren Blick auf die Himmelskörper.
Wir sehen sie größer und heller als allein mit unserem Auge.

Linsenteleskop • Galilei hat mit einem Linsenteleskop seine astronomischen Beobachtungen durchgeführt. Das einfachste Linsenteleskop besteht aus zwei Sammellinsen: → 2
- Die erste Sammellinse nennt man Objektiv. Sie führt das Licht vom Himmelsobjekt zusammen und erzeugt ein verkleinertes Zwischenbild in den Brennpunkten der beiden Linsen.
- Die zweite Sammellinse nennt man Okular (lat. oculus: das Auge). Sie ist eine Lupe. Mit ihr betrachtet man das Zwischenbild stark vergrößert.

Spiegelteleskop • In diesem Teleskop erzeugt ein gekrümmter Spiegel das verkleinerte Zwischenbild. → 3 Es wird mit einem Okular stark vergrößert betrachtet.
Teleskope werden immer größer gebaut, sodass sie mehr Licht auffangen können. Linsenteleskope kommen dabei an ihre Grenzen, weil sich große Linsen leicht verformen und schwer zu produzieren sind. Gekrümmte Spiegel können dagegen relativ leicht sehr groß gebaut werden.

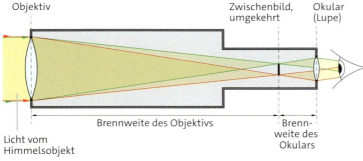

2 Linsenteleskop (Prinzip)

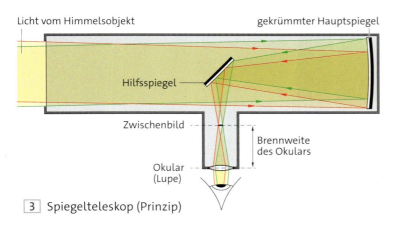

3 Spiegelteleskop (Prinzip)

> Mit Teleskopen beobachten wir Objekte im Weltall vergrößert und lichtstärker, sodass sie genauer untersucht werden können.

Aufgabe

1 ☒ Beschreibe, wie die beiden Teleskope funktionieren. → 2 3

das Teleskop
das Linsenteleskop
das Spiegelteleskop

Material A

Einfaches Linsenteleskop

Materialliste: Sammellinse „Objektiv" ($f = 30$ cm), Sammellinse „Okular" ($f = 10$ cm), optische Bank, 3 Reiter, Schirm

1 Baue ein Teleskop aus zwei Sammellinsen: → 4
   - Das Objektiv ist dem Objekt zugewandt.
   - Das Okular ist dem Auge zugewandt.

a Befestige einen Reiter weit außen auf der optischen Bank und stecke das Objektiv hinein. → 5
Befestige einen Reiter etwa in der Mitte und stecke den Schirm hinein.

b ▶ Gehe zum Fenster. Verschiebe den Schirm, bis du auf ihm ein scharfes, umgedrehtes Bild der Außenwelt siehst. Wir nennen dieses Bild Zwischenbild.

c ▶ Befestige den dritten Reiter vor dem Auge auf der optischen Bank und stecke das Okular hinein. Nimm den Schirm heraus. → 4 Blicke durch das Okular und verschiebe es, bis du ein vergrößertes, scharfes Bild siehst.

2 ▶ Miss an den Reitern den Abstand zwischen:
a Zwischenbild und Objektiv
b Zwischenbild und Okular

3 ▶ Beschreibe, wo sich das Zwischenbild befindet. Nutze den Begriff „Brennweite".

4 ▶ Beschreibe jeweils die Aufgabe von Objektiv und Okular.

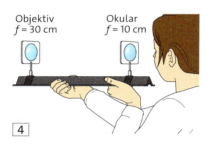
4

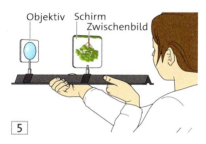
5

Material B

Zwei Spiegelteleskope

Diese beiden Arten von Spiegelteleskopen findet man oft. → 6

1 ▶ Beschreibe den Aufbau der beiden Teleskope.

2 ▶ Beschreibe und vergleiche die Funktionsweise der beiden Spiegelteleskope.

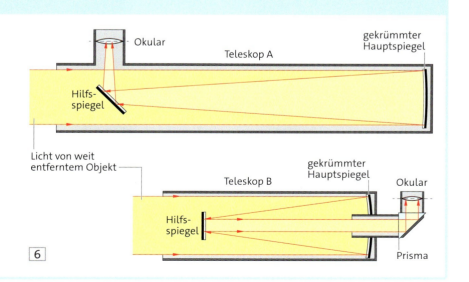
6

Teleskope

Material C

Ratgeber für den Kauf eines Teleskops

Teleskope werden in Fachgeschäften, im Internet und von Discountern zu sehr unterschiedlichen Preisen gehandelt. Welches Teleskop passt zu deinen Bedürfnissen? Die Texte A–D geben dir Tipps, worauf du beim Kauf eines Teleskops achten solltest.

1. Welche Himmelsobjekte lassen sich bei welcher Öffnung beobachten? Erstelle eine Tabelle. → A

2. Nenne die Vor- und Nachteile von Linsen- und Spiegelteleskopen. Denke dabei auch an den Preis. → B

3. Worauf sollte man beim Teleskopkauf achten, wenn man Astrofotografie betreiben will? Beschreibe es. → C

1 Galaxie (Foto durch Teleskop mit 130-mm-Öffnung)

3 Linsenteleskop, azimutal montiert

Was willst du beobachten?

Willst du Galaxien beobachten, Planeten oder vielleicht den Mond? → 1 2
Dafür sind unterschiedlich leistungsfähige Teleskope erforderlich:
- Zur Beobachtung von Galaxien muss der Durchmesser der Teleskopöffnung mehr als 120 mm betragen.
- Willst du Planeten in unserem Sonnensystem im Detail beobachten, z. B. den Mars oder den Saturn? Dazu reicht es, wenn die Öffnung einen Durchmesser von 100 mm hat.

Bei deinen Überlegungen solltest du immer an die Zukunft denken. Den Mond kannst du schließlich mit fast jedem Teleskop beobachten.

A

Linsenteleskop oder Spiegelteleskop?

Linsenteleskope liefern bei gleich großer Öffnung eine bessere Abbildung des Himmelsobjekts als Spiegelteleskope. Gerade für Einsteiger ist es einfacher, mit einem Linsenteleskop zu beobachten. Man blickt von hinten in das Linsenteleskop und nicht wie bei vielen Spiegelteleskopen von der Seite. → 3 4 Andererseits sind Linsenteleskope bei gleicher Öffnung um ein Vielfaches teurer. Wenn du also möglichst kostengünstig Galaxien beobachten willst, solltest du dich für ein Spiegelteleskop entscheiden. Je nach der Brennweite der eingebauten Linsen kann das Linsenteleskop zudem auch sehr lang und damit unhandlich werden.

B

2 Mond (Foto durch Teleskop mit 102-mm-Öffnung)

Astrofotografie und Nachverfolgung

Astrofotografie ist etwas für Fortgeschrittene. Hierfür benötigst du neben einer Kamera vor allem eine gute und stabile Montierung des Teleskops. Nur so kannst du kleine Zitterbewegungen vermeiden. Für die Astrofotografie ist oft eine lange Belichtungszeit nötig, während der sich die Erde weiterdreht. → 5 Um kein unscharfes Bild zu erhalten, solltest du eine parallaktische Montierung wählen. Mit ihrer Hilfe kannst du die Erddrehung ausgleichen und dem Himmelsobjekt mit dem Teleskop folgen. Mit einer preiswerteren azimutalen Montierung ist Astrofotografie kaum möglich.

C

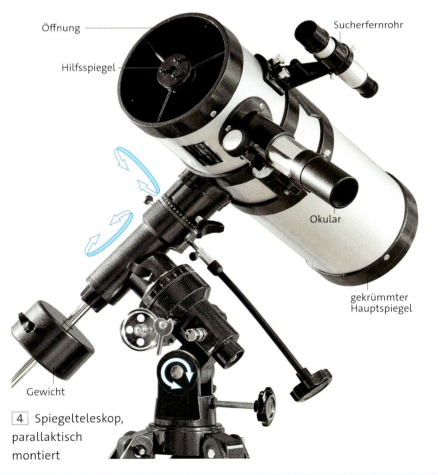

4 Spiegelteleskop, parallaktisch montiert

5 Sternspuren durch Erddrehung

Weißt du, wo die Himmelsobjekte sind?

Manche Teleskope haben eine sogenannte GoTo-Steuerung. Hierbei handelt es sich um eine Art Navigationssystem. Man gibt zunächst die Position, das Datum und die Uhrzeit in die GoTo-Steuerung ein. Danach richtet sich das Teleskop auf Knopfdruck automatisch zum gewünschten Himmelsobjekt aus. Nachteil: Die GoTo-Steuerung ist relativ teuer.

D

Teleskope

Material D

Ein Teleskop für die Astronomie-AG

Die Astronomie-AG deiner Schule hat von der Schule einen Betrag von 3000 Euro erhalten. Dafür soll ein neues Teleskop gekauft werden. Wenn möglich, soll das Geld auch für Zubehör reichen. Die Mitglieder der Astronomie-AG und auch die verantwortliche Lehrkraft haben sich Gedanken gemacht und Wünsche geäußert. → 1
Ein Schüler aus der AG hat die Prospekte von drei Teleskopen besorgt. → 2 – 4

1 Teleskope bewerten

a ⊠ Vergleiche die Angaben zu den Teleskopen mit den Wünschen der Astronomie-AG. Welche Wünsche werden von den einzelnen Teleskopen erfüllt?
Begründe deine Einschätzung. Tipp: Sieh dir dazu Material C auf der vorherigen Doppelseite an.

b ⊠ Sprich eine Kaufempfehlung für die Astronomie-AG aus und begründe sie.

Wir wollen zuerst den Mond und die Planeten in unserem Sonnensystem beobachten.

Weil wir das Teleskop immer schleppen müssen, sollte es nicht zu schwer sein.

Ich möchte die Saturnringe fotografieren.

Wir fangen gerade erst an. Da wäre es schön, wenn sich das Teleskop selbst auf die Himmelsobjekte ausrichten würde.

Im nächsten Schuljahr wollen wir Galaxien beobachten.

1 Die Wünsche der Astronomie-AG

Stargazer L3
- Preis: 1000 Euro
- Linsenteleskop
- Öffnung: 102 mm
- Vergrößerung: 200-fach
- Montierung: parallaktisch
- GoTo: ja
- Gewicht: 15,7 kg
- Zubehör: 300 Euro

2

Space-Eye 400
- Preis: 2500 Euro
- Spiegelteleskop
- Öffnung: 203 mm
- Vergrößerung: 400-fach
- Montierung: parallaktisch
- GoTo: ja
- Gewicht: 20,1 kg
- Zubehör: Koffer (340 Euro)

3

Astroskop X
- Preis: 2250 Euro
- Spiegelteleskop
- Öffnung: 203 mm
- Vergrößerung: 400-fach
- Montierung: azimutal
- GoTo: ja
- Gewicht: 18,4 kg
- Zubehör: Koffer (340 Euro)

4

Erweitern und Vertiefen

Besondere Teleskope

| Radio-strahlung | Mikrowellen-strahlung | infrarotes Licht | sichtbares Licht | ultraviolettes Licht | Röntgen-strahlung | Gamma-strahlung |

5 Strahlungsarten im Weltall

Strahlungsarten • Objekte im Weltall senden neben dem für uns sichtbaren Licht auch nicht sichtbare Strahlung wie Radiostrahlung, Röntgenstrahlung oder Infrarotlicht aus. → 5

Sehr große Spiegelteleskope • Das „Very Large Telescope" in Chile empfängt sichtbares Licht. Es besteht aus vier Spiegelteleskopen, wobei jeder Spiegel einen Durchmesser von mehr als 8 m hat! → 6

Radioteleskope • Sie fangen Radiostrahlung auf. So wie Spiegelteleskope für sichtbares Licht haben Radioteleskope eine Art „Spiegel" für Radiostrahlung, der aus einem Gitternetz besteht. → 7

Weltraumteleskope • Die Erdatmosphäre verschluckt einen Teil der Strahlung aus dem All. Nur das sichtbare Licht, ein Teil des Infrarotlichts und Radiostrahlung gelangen bis zur Erdoberfläche. Alle anderen Strahlungsarten lassen sich nur mit Teleskopen empfangen, die sich außerhalb der Erdatmosphäre befinden. Ein Beispiel dafür ist das Weltraumteleskop Chandra. → 8 Hierbei handelt es sich um ein Teleskop für Röntgenstrahlung.

Krebsnebel: Rest eines explodierten Sterns

6 „Very Large Telescope" in Chile

Krebsnebel

7 Radioteleskop „Very Large Array"

Zentrum des Krebsnebels (blau: Röntgenstrahlung)

8 Weltraumteleskop Chandra

Aufgaben

1 Nenne vier Arten von Teleskopen.

2 Erstelle ein Lernplakat zu verschiedenen Teleskopen. Verwende Fotos von den Anlagen und Aufnahmen, die mit den Teleskopen gemacht wurden. Nenne auch Gemeinsamkeiten und Unterschiede der Teleskope.

Entfernungen im Weltall messen

[1] Alpha Centauri A und B

Materialien zur Erarbeitung: A–B

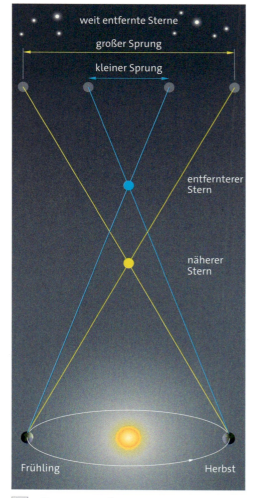

[2] „Sternsprung"

Beim Blick in den Nachthimmel siehst du unzählige Sterne und Galaxien. Wie weit diese Objekte von uns entfernt sind, verrät uns nur das Licht, das wir von ihnen empfangen.

Astronomische Entfernungen • Alpha Centauri A und B kann man mit bloßem Auge nicht unterscheiden. Zusammen mit Proxima Centauri, unserem nächsten „Nachbarn", bilden sie ein Dreifachsternsystem. → [1] Es ist „nur" 4,34 Lichtjahre von der Erde entfernt. Ein Lichtjahr ist die Strecke, die Licht in einem Jahr zurücklegt – rund 9,5 Billionen Kilometer. Alpha Centauri ist also rund 41 Billionen Kilometer entfernt!

„Sternsprung" • Man kann die Entfernung eines „nahen" Sterns messen, indem man seine Position in zwei Nächten beobachtet, die etwa ein halbes Jahr auseinanderliegen. → [2] Der Stern scheint vor dem Hintergrund von weit entfernten Sternen zu „springen". Sein „Sprung" ist umso größer, je näher der Stern ist. Daraus lässt sich die Entfernung des Sterns bestimmen.
Den „Sternsprung" kannst du mit dem „Daumensprung" vergleichen: → [3] Betrachte einen entfernten Gegenstand hinter dem ausgestreckten Daumen und schließe abwechselnd ein Auge – dann scheint der Daumen zu springen.

[3] „Daumensprung"

Blick ins Weltall

Der „Sternsprung" ist in Wirklichkeit sehr viel kleiner als in der Zeichnung. ⇢ 2 Er ist nur bei „nahen" Sternen mit sehr genauen Methoden beobachtbar.

Rotverschiebung • Wenn man genau hinschaut, entdeckt man dunkle Linien im Spektrum des Sonnenlichts. ⇢ 4 Die Spektren von sehr weit entfernten Sternen außerhalb der Milchstraße enthalten auch dunkle Linien. Sie sind allerdings im Vergleich zum Sonnenspektrum zur roten Farbe hin verschoben. Diese Rotverschiebung ist umso größer, je weiter die Sterne entfernt sind. Damit lässt sich ihre Entfernung bestimmen.

> Durch die Untersuchung des Lichts von Sternen lässt sich ihre Entfernung bestimmen.
> Die Entfernung von nahen Sternen kann man anhand ihres scheinbaren Sprungs vor weiter entfernten Sternen bestimmen.
> Die Entfernung von Sternen außerhalb der Milchstraße lässt sich aus der Rotverschiebung bestimmen.

Urknall • Die Rotverschiebung zeigt auch die Geschwindigkeiten weit entfernter Galaxien an. Sie bewegen sich alle von der Erde weg – und zwar umso schneller, je weiter sie entfernt sind. Das Weltall dehnt sich also aus. Früher muss es folglich kleiner gewesen sein. Aus der Ausdehnungsgeschwindigkeit kann man berechnen, dass das Weltall vor 13,7 Milliarden Jahren in einem

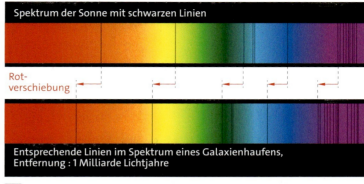

4 Rotverschiebung

Punkt vereint war. Möglicherweise dehnte es sich am Anfang wie in einer Explosion aus – deshalb spricht man auch vom Urknall (Big Bang).

> Unser Weltall dehnt sich aus. Man vermutet, dass es vor 13,7 Milliarden Jahren entstand.

Aufgaben

1 „Daumensprung" und „Sternsprung"
a ▶ Beschreibe, wie sich der „Daumensprung" ändert, wenn der Daumen erst nah und dann weiter weg vom Auge gehalten wird. ⇢ 3
b ▶ Vergleiche mit dem „Sternsprung": Wofür steht der Daumen, wofür die Augen, wofür die Häuser? ⇢ 2 3
c ▶ Warum bestimmt man die Entfernung sehr weit entfernter Sterne nicht mit dem „Sternsprung"? Begründe deine Antwort.

2 ▶ Erkläre, wie man von der Rotverschiebung auf den Urknall kommt.

Basiskonzept
Struktur der Materie
→ Seite 226 f.

Entfernungen im Weltall messen

Material A

Daumensprung

Arbeitet in Vierergruppen. Auf dem Schulhof stellen sich die Personen A und B in 10 m Abstand auf. Die beiden stehen 50 m von Person C entfernt. Alle drei bilden ein gleichschenkliges Dreieck. → 1 Wenn Person C den Daumen vor das Gesicht hält und abwechselnd das linke und das rechte Auge schließt, scheint der Daumen hin und her zu wandern. Person C hält den Daumen mal näher zum Gesicht, mal weiter weg. Dann wird der Daumen weniger oder mehr „wandern". Person D ist für das Messen zuständig. Wechselt euch ab, sodass alle einmal Person C sind.

Materialliste: Maßband, Lineal

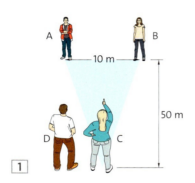
1

1 Person C hält den Daumen so weit vor das Gesicht, dass er genau von Person A zu Person B wandert. Person D misst und notiert die Strecke vom Daumen zur Nase.

2 Verändert den Abstand zwischen den Personen A und B auf 20 m (5 m). Der Abstand zu Person C bleibt gleich. Wiederholt dann Versuch 1.

3 ⬛ Vervollständigt den Je-desto-Satz: Je weiter der Daumen von den Augen entfernt ist, desto ◆.

Material B

„Sternsprung" im Modell

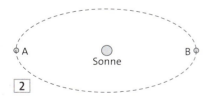
2

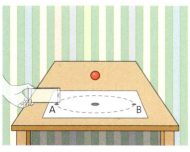
3 Versuchsaufbau

Materialliste: DIN-A3-Papier, Kugel als Stern, Handy, Stift, Tisch, gemusterter Hintergrund (z. B. Tapete, Fliesen)

1 Übertrage die Erdbahn-Vorlage auf das Papier. → 2

2 Naher Stern
a Halte dein Handy quer auf Position A, parallel zur Tischkante. → 3 Die Linse des Handys soll genau über der Markierung sein. Fotografiere den „Stern".
b Mache auch ein Foto von Position B aus.

c ⬛ Vergleiche die Fotos miteinander. Beschreibe deine Beobachtungen. Tipp: Achte auf die Position des Sterns vor dem Hintergrund.

3 Ferner Stern
a Verdopple die Entfernung zwischen Sonne und Stern.
b ⬛ Wiederhole Aufgabe 2.

4 ⬛ Vergleiche die Sternsprünge in Aufgabe 2 und 3. Wie hängen die Entfernung des Sterns und die Weite des Sternsprungs zusammen? Begründe deine Antwort.

Material C

Rotverschiebung

Die Bilder zeigen das Sonnenspektrum sowie die Spektren von zwei entfernten Galaxien. → 4

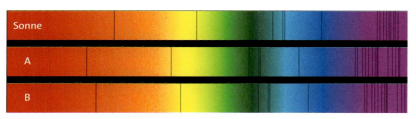

4 Spektren der Sonne sowie der entfernten Galaxien A und B

1 ▶ Gib an, welche Galaxie weiter entfernt ist.

2 ⊠ Welche der beiden Galaxien bewegt sich schneller? Begründe deine Antwort.

Material D

Abstände und Geschwindigkeiten von Galaxien

Der Astronom Edwin Hubble (1889–1953) hat sich mit Abständen und Geschwindigkeiten von Galaxien beschäftigt. Im Diagramm wurde für verschiedene Galaxien der Abstand von der Erde gegen die Geschwindigkeit der Galaxie aufgetragen. → 5

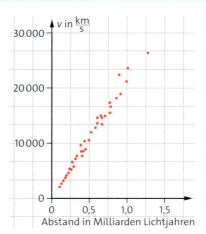

5 Abstände und Geschwindigkeiten von Galaxien

1 ▶ Entscheide, welche der folgenden Aussagen richtig ist: Je weiter eine Galaxie von der Erde entfernt ist,
a desto schneller ist sie.
b desto langsamer ist sie.

2 ⊠ Begründe anhand des Diagramms, dass der Abstand der Galaxie von der Erde proportional zu ihrer Geschwindigkeit ist.

Material E

In der Mitte des Weltalls?

Materialliste: Luftballon, Luftballonpumpe, grüner und schwarzer Filzstift

1 Male mit einem schwarzen Filzstift 5 Galaxien auf einen leicht aufgepusteten Luftballon. Male zusätzlich eine grüne Galaxie auf den Luftballon. → 6

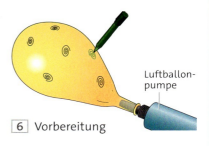

6 Vorbereitung

2 ▶ Puste den Ballon weiter auf. Beschreibe, wie sich die Abstände der schwarzen Galaxien von der grünen Galaxie verändern.

3 ⊠ Timur behauptet: „Weil sich die meisten Galaxien von uns wegbewegen, ist die Erde in der Mitte des Weltalls."
Antworte auf Timurs Behauptung. Finde dabei eine Möglichkeit zur Erklärung der Galaxienflucht, bei der die Erde nicht in der Mitte des Weltalls ist.

Entfernungen im Weltall messen

Methode

Sachtexte lesen und verstehen

Texte verstehen • Kennst du das auch? Du liest einen Text im Physikbuch oder im Internet und nachher fragst du dich: Worum ging es eigentlich? Hab ich überhaupt alles verstanden? Oft merkst du erst später in einem Test, dass du den gelesenen Text nicht vollständig aufgenommen hast. Die folgenden Hinweise sollen dir helfen, Texte gründlicher zu lesen und besser zu verstehen:

1. Text überfliegen Lies den Text zuerst ganz durch, um einen Überblick zu gewinnen. Störe dich nicht daran, wenn du einiges noch nicht verstehst. Lies einfach weiter.
Beispiel: Überfliege den Text „Big Bang – die Urknalltheorie" auf der Nebenseite.

2. „Verstehensinseln" finden Notiere in Stichworten, was von dem Text in deinem Gedächtnis hängen geblieben ist.
Beispiel (zweiter Textabschnitt): explosionsartige Ausdehnung – Abkühlung – Bildung von Atomen, Sternen, Planeten

3. Abschnittsweise lesen und verstehen Lies den Text nun Abschnitt für Abschnitt. Eine oder mehrere der folgenden Arbeitstechniken werden dir beim Verstehen des Textes helfen:
a Finde passende Überschriften für die einzelnen Abschnitte. *Beispiel (erster Textabschnitt):* Wann ist die Welt entstanden?
b Notiere mehrere wichtige Begriffe aus jedem Abschnitt. *Beispiel (zweiter Textabschnitt):* Protonen, Neutronen, Elektronen, Atomkerne, elektromagnetische Strahlung
c Liste neue Begriffe auf, die im Text erklärt werden. Schreibe die Erklärung in deinen Worten daneben. *Beispiel:* Urknalltheorie – Theorie zur Erklärung der Entstehung und Entwicklung des Weltalls
d Formuliere eine Frage zu jedem einzelnen Textabschnitt, die in dem Abschnitt beantwortet wird. *Beispiel (dritter Textabschnitt):* Wer stellte die Urknalltheorie auf?
e Suche Textstellen, die durch Bilder erläutert werden. Erkennst du den Zusammenhang? Lies die Textstelle nochmals und stelle dir das Bild dabei vor.
f Stelle eigene Fragen an den Text. Solche Fragen beginnen oft mit „Wieso", „Weshalb" oder „Warum". Lies die Textstelle, die dir deine Frage beantwortet. Beantworte die Frage dann mit deinen Worten. Eine Skizze kann helfen, die Antwort in deinem Gedächtnis dauerhaft zu speichern. *Beispiel:* Wieso spricht man vom Urknall? – Weil sich das Universum von einem Punkt aus explosionsartig ausgedehnt hat.

Aufgaben

1 Erarbeite den Text „Big Bang – die Urknalltheorie" nun vollständig mit den drei Schritten.
a ▸ Beschreibe die Entwicklungsstufen des Universums in Stichworten.
b ▣ Stelle dir vor, das Weltall würde sich zurückentwickeln. Beschreibe diese Rückentwicklung. Beginne mit dem Zerfall von Sternen und ende mit einem Punkt.

Erweitern und Vertiefen

Big Bang – die Urknalltheorie

Gibt es einen Zeitpunkt, an dem die Welt entstanden ist? Im Lauf der Jahrtausende haben Menschen zur Beantwortung dieser Frage verschiedene Ideen und Theorien entwickelt. Die Urknalltheorie ist ein Meilenstein dieser Entwicklung. Mit ihr kann die Physik die Entstehung und Entwicklung des Weltalls beschreiben. Die Theorie erklärt aber nicht, was vor dem Urknall war oder warum sich der Urknall ereignet hat.

Nach der Urknalltheorie startete mit dem „Big Bang" eine rasante Entwicklung.
In den ersten Bruchteilen einer Sekunde war das junge Weltall extrem heiß und dehnte sich unvorstellbar schnell aus.
Nach einigen Mikrosekunden bildeten sich erste Elementarteilchen. → 1 Aus ihnen wurden dann Protonen, Neutronen und Elektronen. In dieser Phase entstand auch sehr energiereiche elektromagnetische Strahlung, die sich aber kaum ausbreiten konnte.
Nach zwei Minuten konnten sich erste Atomkerne bilden.
Nach ca. 380 000 Jahren hatte sich das Weltall weiter ausgedehnt und abgekühlt. Atome entstanden und die elektromagnetische Strahlung konnte sich ausbreiten.
100 Millionen Jahre nach dem Urknall waren die Atome mehr oder weniger gleichmäßig im Weltall verteilt. An manchen Orten sammelten sich viele Atome und bildeten Gaswolken. Daraus entstanden erste Sterne und Planeten und schließlich Milliarden von Galaxien mit Abermilliarden von Sternen.

Der Physiker und Priester Georges Lemaître (1894–1966) stellte im Jahr 1927 die Urknalltheorie auf der Grundlage von Berechnungen vor. Im Jahr 1929 untersuchte der Astronom Edwin Hubble (1889–1953) mehrere Galaxien und wies nach, dass sie sich alle von der Erde wegbewegen. Dies war ein Hinweis darauf, dass sich das Weltall ausdehnt.

Wie ist das Universum entstanden? Wie entwickelt es sich weiter? Diese Fragen werden heute immer noch intensiv erforscht. Viele neue Beobachtungen können mit der Urknalltheorie erklärt werden. Es ist aber auch möglich, dass zukünftige Beobachtungen zur Entwicklung eines ganz neuen Modells führen. So ändert sich unser Bild vom Universum immer wieder.

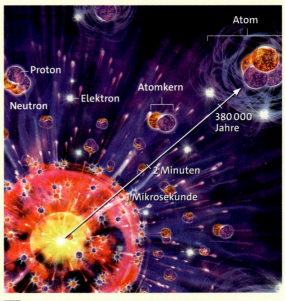

1 Vom Urknall bis zu den ersten Atomen

Blick ins Weltall

Zusammenfassung

Nur Sonne, Mond und Sterne? • Im Weltall gibt es Billiarden von Sternen wie unsere Sonne. Sie alle leuchten von selbst. Seit jeher habe Menschen die Sterne in Sternbilder gruppiert.
Um die Sterne können sich Planeten drehen, um die Planeten Monde.
Milliarden von Sternen und ganzen Sonnensystemen bilden Galaxien, in deren Mitte sich vermutlich immer ein extrem schweres Schwarzes Loch befindet.

Gravitation • Die Sonne hat wie jeder Körper um sich herum ein unsichtbares Gravitationsfeld. Eine Gravitationskraft bewirkt, dass andere Körper, zum Beispiel die Erde, darin angezogen werden. Die Stärke der Gravitationskraft hängt von der Masse und dem Abstand der Körper ab.
Die Körper ziehen sich immer gegenseitig an.

Dreht sich alles um die Erde? • Nach dem geozentrischen Weltbild ist die Erde im Mittelpunkt des Weltalls. → 1 Mond, Sonne und Planeten umkreisen die Erde. Vor etwa 400 Jahren setzte sich das heliozentrische Weltbild durch: Die Sonne steht im Zentrum des Weltalls. → 2 Die Erde und die anderen Planeten des Sonnensystems umrunden sie. Der Mond umkreist die Erde, die sich ständig um sich selbst dreht.

1 2 Geozentrisches und heliozentrisches Weltbild

Teleskope • Sie liefern größere und hellere Bilder von Objekten im Weltall, sodass die Objekte genauer untersucht werden können. Wir unterscheiden zwei Typen von optischen Teleskopen:
- Linsenteleskope enthalten zwei Sammellinsen. Das Objektiv erzeugt ein Zwischenbild in der Brennweite der beiden Linsen. Mit dem Okular wird das Zwischenbild wie mit einer Lupe betrachtet. → 3
- In Spiegelteleskopen wird das Zwischenbild durch einen gekrümmten Spiegel erzeugt.

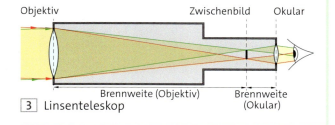

3 Linsenteleskop

Entfernungen im Weltall messen • Die Entfernung von Sternen lässt sich so messen:
- „Sternsprung": Die Entfernung von nahen Sternen kann man anhand ihres scheinbaren Sprungs vor dem Hintergrund von weiter entfernten Sternen bestimmen.
- Rotverschiebung: Die Entfernung von Sternen außerhalb der Milchstraße lässt sich aus der Lage von Linien im Spektrum bestimmen. → 4

4 Rotverschiebung bei einer entfernten Galaxie

Urknalltheorie • Man nimmt an, dass das Weltall beim „Urknall" vor 13,7 Milliarden Jahren entstand und sich seither ausdehnt.

Teste dich! (Lösungen auf Seite 225)

Nur Sonne, Mond und Sterne?

1. ▶ Nenne mindestens drei Himmelskörper, die am Nachthimmel sichtbar sind.

2. ▶ Vergleiche einen Stern mit einem Planeten.

3. ▶ Gib an, wie viele Sterne sich in unserem Sonnensystem befinden. Begründe.

Dreht sich alles um die Erde?

4. ▶ Vergleiche das geozentrische und das heliozentrische Weltbild miteinander. Nenne eine Beobachtung, die zum Verwerfen des geozentrischen Weltbilds geführt hat.

5. ▶ Der Mönch und Astronom Giordano Bruno vermutete bereits im Jahr 1584, dass sich auch um die Sterne am Himmel Planeten bewegen. Erkläre, inwiefern diese Vermutung dem geozentrischen Weltbild widerspricht.

Gravitation

6. ▶ Sterne entstehen aus Gaswolken, die durch die Gravitationskraft der Gasteilchen zusammengezogen werden.
Übertrage die folgende Zeichnung in dein Heft und verbinde alle Gasteilchen miteinander, zwischen denen eine Gravitationskraft wirkt. → 5

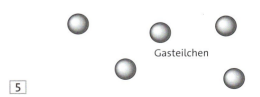
5 Gasteilchen

7. ▶ Ordne die folgenden Himmelskörper nach der Größe ihres Gravitationsfelds: → 6 – 8

6 Erde   7 Mond   8 Sonne

Teleskope

8. ▶ Beschreibe den Aufbau und die Funktionsweise eines Linsenteleskops.

Entfernungen im Weltall messen

9. Ein Teleskop hat denselben Ausschnitt des Sternhimmels von zwei verschiedenen Positionen aus fotografiert. → 9 10

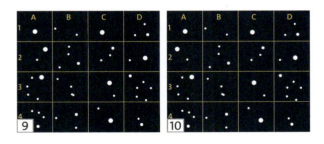

a ▶ Zwei Sterne zeigen einen „Sternsprung". Nenne jeweils das Planquadrat, in dem sich die beiden Sterne befinden.
b ▶ Begründe, welcher der beiden Sterne sich näher an dem Weltraumteleskop befindet.
c ▶ Vermute, warum bei den anderen Sternen kein „Sternsprung" sichtbar ist.

10. ▶ Beschreibe, wie man die Entfernung eines weit entfernten Sterns messen kann.

Anhang

Lösungen der Testaufgaben

Licht und Schatten – S. 29

1 Lichtquellen: Sonne, Kerze, Taschenlampe, Handydisplay, Autoscheinwerfer
Lichtempfänger: Auge, Digitalkamera, grünes Blatt, Reflektor am Fahrrad, Solarzelle

2 Der Mond streut das Licht der Sonne zum Teil zur Erde hin und auf das Papier. Das Papier streut das Streulicht des Monds. Ein Teil dieses Lichts fällt ins Auge.

3 In der Nacht sollten Fußgänger weiße Kleidung tragen, weil diese mehr Licht streut als schwarze Kleidung. Fußgänger sind dadurch besser zu sehen.

4 Aljoscha hat recht, weil Nebeltröpfchen Licht einer Lichtquelle oder eines Gegenstands auf dem Weg zum Auge absorbieren und zur Seite streuen. Kommt kein Licht im Auge an, kann man die Lichtquelle (den Gegenstand) nicht sehen. Christine hat recht, weil Nebeltröpfchen Licht streuen. Gelangt es ins Auge, kann man den Weg des Lichts sehen.

5 a Licht breitet sich geradlinig aus.
b Die Personen werden nur von der Bühne her beleuchtet. Ihre Rücken erhalten kein Licht und erscheinen deshalb schwarz.

6 Auf direktem Weg kann kein Licht von der Leuchtdiode auf den Lichtempfänger fallen, weil die schwarzen Stege im Weg stehen und Licht absorbieren. Wenn Rauch in der Kammer ist, wird er beleuchtet und streut Licht auf den Lichtempfänger.

7 a Fall 1: Der Schatten fällt nach rechts, auf 5 Uhr.
Fall 2: Der Schatten fällt nach links, auf 8 Uhr.
b Für Diana ist die Position 1 am günstigsten, da sie mit der rechten Hand schreibt und somit der linke Blattbereich immer beleuchtet ist.

8 a Der Stift muss nahe zur Kerze gehalten werden.
b Der Stift muss nahe zur Wand gehalten werden.

9 a Das Schattenbild entsteht auf dem Gehweg, weil Tanja schräg von oben beleuchtet wird.
b

Wie wir sehen – S. 52 f.

1 Bilder der Lämpchen:
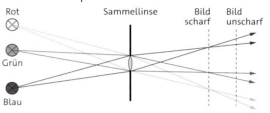

2 a Gemeinsamkeiten: Die Bilder einer Lochkamera und einer Linsenkamera stehen beide auf dem Kopf.
Unterschiede: Das Bild der Linsenkamera ist schärfer und heller als das Bild der Lochkamera.
b Das Licht vom oberen Rand des Gegenstands geht durch das Loch oder die Linse und trifft unten auf die Wand. Das Licht vom unteren Teil der Flamme geht durch das Loch oder die Linse und trifft oben auf die Wand. Die Lichtwege kreuzen sich im Loch oder in der Linse.

3 Die Sammellinse führt das Licht der Sonne in einem kleinen Lichtfleck in der Brennweite zusammen. Wenn man einen brennbaren Gegenstand dorthin hält, kann er durch die aufgenommene Energie so stark erhitzt werden, dass er sich entzündet.

4 a Eine schwach gewölbte Linse hat eine größere Brennweite. Die Lichtstrahlen werden weiter hinter der Linse zusammengeführt.
b Je stärker eine Sammellinse gewölbt ist, desto kleiner ist ihre Brennweite.

5 a Verkleinertes Bild: Die Gegenstandsweite muss größer als die doppelte Brennweite der Linse sein.
b Vergrößertes Bild: Die Gegenstandsweite muss größer als die einfache Brennweite und kleiner als die doppelte Brennweite sein.

6 Der Abstand zwischen der Kerze und der Sammellinse ist kleiner als die Brennweite der Linse. In diesem Fall führt die Linse das Licht von Gegenstandspunkten nicht in Bildpunkten zusammen. Es entsteht kein Bild.

7 Die Pupille verkleinert sich.

8 Die Netzhautbilder werden immer größer. Der Unterschied zwischen den beiden Netzhautbildern wird immer größer.

9 In Bild 4 sieht man den Kalender scharf, der weiter vom Auge entfernt ist. Die Augenlinse ist schwach gewölbt, ihre Brennweite ist groß.
In Bild 5 sieht man die Rose scharf, die näher am Auge ist. Die Augenlinse ist stark gewölbt, ihre Brennweite ist kleiner als zuvor.

10 Vergleich Auge – Kamera:

Auge	Kamera	Funktion
Augenlinse	Objektivlinse	Bild erzeugen
Iris	Blende	„Lichteinfall" regeln
Netzhaut	Chip	Bild auffangen
Linse verformbar	Linse verschiebbar	scharf stellen

11 Kurzsichtig – weitsichtig
a Kurzsichtige können nahe Dinge scharf sehen. Weit entfernte Dinge sehen sie unscharf.
b Kurzsichtige benötigen eine Brille mit Zerstreuungslinsen.
c Kurzsichtige haben einen längeren Augapfel als normal. Das scharfe Bild ferner Gegenstände entsteht deshalb vor der Netzhaut. Die Zerstreuungslinse in der Brille lässt das Licht weiter auseinanderlaufen als zuvor. Dadurch führt die Augenlinse das Licht erst weiter hinten zusammen – auf der Netzhaut.
d Weitsichtige können weit entfernte Dinge scharf sehen. Nahe Dinge sehen sie unscharf. Weitsichtige benötigen eine Brille mit Sammellinsen. Bei Weitsichtigen würde das scharfe Bild naher Gegenstände erst hinter der Netzhaut entstehen. Die Sammellinse in der Brille lässt das Licht stärker zusammenlaufen als zuvor. Dadurch führt die Augenlinse das Licht schon weiter vorn zusammen – auf der Netzhaut.

12 Der Seheindruck entsteht im Gehirn. Wir wissen aus Erfahrung, dass der Baum aufrecht steht. Unser Gehirn schließt aus dem umgedrehten Bild auf einen aufrechten Gegenstand.

13 „Springende" Münze
a Die Münze scheint vor dem Buch nach links und rechts zu springen.
b Beide Augen erzeugen unterschiedliche Netzhautbilder. Wenn nur das rechte Auge geöffnet ist, sieht man die Münze etwas anders, als wenn nur das linke Auge geöffnet ist. Wenn beide Augen geöffnet sind, verarbeitet das Gehirn beide Bilder zu einem räumlichen Seheindruck.

14 Umgedrehte Gesichter
a Wenn man die Gesichter aufrecht betrachtet, sieht das Gesicht auf dem dann rechten Bild verstellt aus.
b Wenn die Gesichter aufrecht stehen, vergleichen wir sie mit dem bekannten Aufbau von Gesichtern. Wegen unserer Erfahrungen fallen uns Unstimmigkeiten sofort auf. Bei umgedrehten Gesichtern haben wir kaum Erfahrungen. Unser Gehirn kann nicht so einfach mit dem „Normalzustand" vergleichen. Deswegen fallen uns Abweichungen vom Normalen nicht so schnell auf.

Spiegel, Trugbilder, farbiges Licht – S. 78 f.

1 Das Licht wird auf den Punkt A reflektiert. Der Einfallswinkel ist gleich dem Reflexionswinkel.

2 Das Licht vom Auto fällt auf die Rückseite eines Spiegels und wird nicht reflektiert. Das Licht von der Kerze wird an die obere Wand des Kastens reflektiert. Das Licht von der Blume wird an vier Spiegeln reflektiert und geht dann durch die linke Öffnung des Kastens. Das Mädchen kann also nur die Blume sehen.

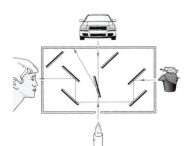

Lösungen der Testaufgaben

3 Im Spiegel sieht man, dass der rechte Blinker leuchtet. Der Spiegel vertauscht rechts und links nicht. Das Auto wird also nach rechts abbiegen.

4 Wenn man den Spiegel parallel zur Schreiblinie „über" dem Namen aufstellt, geht der Name auch im Spiegel von links nach rechts. Die Buchstaben erscheinen an der Aufstellkante des Spiegels senkrecht gespiegelt (Achsenspiegelung). Der Spiegel „vertauscht" die Richtung senkrecht zum Spiegel. Wenn man den Spiegel senkrecht zur Schreiblinie z. B. rechts neben dem Namen aufstellt, geht der Name im Spiegel von rechts nach links. Die Buchstaben erscheinen an der Aufstellkante des Spiegels waagerecht gespiegelt (Achsenspiegelung). Der Spiegel „vertauscht" die Richtung senkrecht zum Spiegel.

5 a Lichtstrahl 3 gelangt in das Auge des Freunds auf dem Boot.
b Das Licht wird beim Übergang von Wasser nach Luft vom Lot weg gebrochen. Lichtstrahl 1 endet deswegen unterhalb des Boots. Lichtstrahl 2 würde ohne Brechung das Auge des Freunds im Boot treffen, mit Brechung geht er allerdings zum Bauch des Freunds. Nur Lichtstrahl 3 trifft richtig.

6 Der Fischer muss auf den Punkt C zielen. Das Streulicht vom Fisch wird an der Wasseroberfläche vom Lot weg gebrochen. Der Fischer sieht den Fisch daher scheinbar höher, als in Wirklichkeit (optische Hebung). Deshalb muss der Fischer tiefer zielen.

7 Der Strohhalm hat keinen Knick. Das Licht, das vom eingetauchten Strohhalm zum Auge gelangt, wird an der Wasserfläche vom Lot weg gebrochen. Deshalb erscheint der eingetauchte Strohhalm angehoben. Zeichnung:

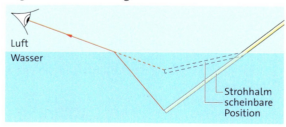

8 Glasfaserkabel bestehen aus einem lichtdurchlässigen Kern und einem Mantel. Wenn Licht aus sehr schrägem Winkel auf die Grenze vom Kern zum Mantel trifft, tritt Totalreflexion auf. Das Licht wird dann immer wieder total reflektiert und so über weite Strecken transportiert.

9 a Das Licht fällt zunächst schräg auf die Grenzfläche zwischen Luft und Glas und beim Austritt aus dem Prima schräg auf die Grenzfläche zwischen Glas und Luft. An beiden Übergängen wird das Licht gebrochen, seine Richtung ändert sich.
b Das weiße Licht der Experimentierlampe besteht aus Licht mit ganz vielen verschiedenen Farben. Die verschiedenen Farben werden vom Prisma unterschiedlich stark gebrochen. Sie laufen deswegen hinter dem Prisma auseinander. Man sieht das farbige Spektrum des Lichts.

10 Die Aussage stimmt nicht. Das Sonnenlicht wird zweimal gebrochen, beim Eintritt in den Tropfen und beim Austritt. Das Licht wird einmal an der Rückseite des Tropfens total reflektiert.
Skizze: siehe S. 67, Bild 5.

11 Infrarotes Licht erwärmt die Haut. Ultraviolettes Licht ruft bei Kontakt mit der Haut einen Sonnenbrand hervor.

12 a Grundfarben beim Display (Farbaddition): Rot, Grün, Blau (RGB)
b Grundfarben beim Drucker (Farbsubtraktion): Cyan, Magenta, Gelb, Schwarz (CMYK)

13 a Richtig:
Bei der Farbaddition kann man aus Rot, Grün und Blau alle anderen Farben mischen.
Je mehr Farben man bei der Farbaddition mischt, desto heller wird das Mischlicht.
b Berichtigt:
Das Spektrum von weißem Licht kann verschieden aussehen (Beispiele: Halogenlampe, Energiesparlampe).
Ein Drucker besitzt die Farbpatronen Cyan, Magenta, Gelb und Schwarz.
Je mehr Farben man bei der Farbsubtraktion absorbiert, desto dunkler (schwächer) wird das Mischlicht.

14 Wir sehen die Blüte dunkelgrau bis schwarz. Durch den Filter gelangt kein rotes Licht auf die Blüte. Sie absorbiert das Licht und streut es nicht.

Geschwindigkeit und Bewegungen – S. 103

1 Max hat beim Radfahren schon einmal eine Geschwindigkeit von $v = 45 \frac{km}{h}$ erreicht.

2 a Gegeben: $s = 270$ km, $t = 3$ h
Gleichung: $v = \frac{s}{t}$
Rechnung: $v = \frac{270 \, km}{3 \, h} = 90 \frac{km}{h}$

b Gegeben: $s = 270$ km, $v = 120\frac{km}{h}$

Gleichung: $v = \frac{s}{t}$

Rechnung: $120\frac{km}{h} = \frac{270\,km}{t}$

$t = \frac{270\,km}{120\frac{km}{h}} = 2{,}25\,h = 2\,h, 15\,min$

c In 1 h fährt Frau Meier 120 km weit. In 3,5 h fährt sie $3{,}5 \cdot 120$ km = 420 km weit.

3 Gegeben: $s = 75$ m, $t = 12{,}5$ s

Gleichung: $v = \frac{s}{t}$

Rechnung: $v = \frac{75\,m}{12{,}5\,s} = 6{,}0\,\frac{m}{s} = 21{,}6\,\frac{km}{h}$

Felix ist schneller als $18\,\frac{km}{h}$ gelaufen.

4 Anita muss spätestens um 07:17 Uhr starten.

$t = \frac{s}{v} = \frac{1{,}5\,km}{4{,}0\frac{km}{h}} = 0{,}38\,h = 23\,min$

Björn muss spätestens um 07:06 Uhr starten.

$t = \frac{s}{v} = \frac{8{,}0\,km}{14\frac{km}{h}} = 0{,}57\,h = 34\,min$

Elena muss spätestens um 07:12 Uhr starten.

$t = \frac{s}{v} = \frac{11\,km}{24\frac{km}{h}} = 0{,}46\,h = 28\,min$

Nuran muss spätestens um 07:07 Uhr starten.

$t = \frac{s}{v} = \frac{22\,km}{40\frac{km}{h}} = 0{,}55\,h = 33\,min$

Björn muss als Erster zu Hause starten.

5 Gleichförmige Bewegungen: Minutenzeiger, Flugzeug in Reiseflughöhe, Tanker in ruhiger See
Ungleichförmige Bewegungen: Auto in der Stadt, Radfahrer, Sprung vom 5-m-Turm, Läufer beim Start

6 a Auto B war über 200 m schneller.
b Gegeben: $s = 200$ m, Zeiten t
Gleichung: $v = \frac{s}{t}$
Auto A: $v = \frac{200\,m}{30\,s} = 6{,}67\,\frac{m}{s} = 24\,\frac{km}{h}$
Auto B: $v = \frac{200\,m}{20\,s} = 10{,}0\,\frac{m}{s} = 36\,\frac{km}{h}$
c Diagramm:

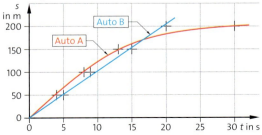

d Auto B ist nahezu gleichförmig gefahren. Der zurückgelegte Weg ist proportional zur Zeit. Im Diagramm gehört zum Auto B eine Gerade, die im Ursprung beginnt.

7 a Die Bewegung ist nicht gleichförmig. Die Kurve im Diagramm ist keine Gerade, die Geschwindigkeit ändert sich mehrmals.
b Der Radfahrer hat zwischen Minute 2 und Minute 3 angehalten.
c Je steiler die Kurve ansteigt, desto größer ist die Geschwindigkeit. Ab Minute 10 fährt der Radler viel schneller als zwischen Minute 3 und 10.
d Gegeben: $s = 700$ m, $t = 7$ min $= 420$ s

Gleichung: $v = \frac{s}{t}$; $v = \frac{700\,m}{420\,s} = 1{,}67\,\frac{m}{s} = 6\,\frac{km}{h}$

Elektrizität nutzen – S. 115

1 a Bauteile für die Mikrowellenschaltung: elektrische Energiequelle (Batterie oder Netzgerät), ein Schalter, ein Taster, ein Motor und Kabel
b Der Geräteschalter und der Taster der Tür werden in Reihe geschaltet. Siehe Bild 6 auf S. 107.
c Viele elektrische Brotschneidemaschinen laufen nur, wenn sie eingeschaltet ist und ein Knopf an der Schneidescheibe gedrückt wird. Eine Heckenschere schneidet nur, wenn sie eingeschaltet ist und ein Taster gedrückt wird.

2 a Bauteile für die Lampenschaltung: elektrische Energiequelle (Batterie oder Netzgerät), zwei Schalter, eine Lampe und Kabel
b Die Schalter werden parallel geschaltet. Siehe Bild 7 auf S. 107.
c Funktionstabelle:

Schalter am Bett	Schalter an der Tür	Licht
AUS (offen)	AUS (offen)	aus
AUS (offen)	EIN (geschlossen)	ein
EIN (geschlossen)	AUS (offen)	ein
EIN (geschlossen)	EIN (geschlossen)	ein

d Es müssen immer beide Schalter geschlossen sein, um das Licht auszuschalten. Wenn man das Licht an der Tür eingeschaltet hat, kann man es auch nur da wieder ausschalten.

3 a Im Verbrennungsmotor wird die chemische Energie im Benzin in Bewegungsenergie und thermische Energie umgewandelt. In einem Benzinkocher wird die chemische Energie im Benzin in thermische Energie umgewandelt.

Lösungen der Testaufgaben

b Verbrennungsmotor: chemische Energie → Energiewandler Verbrennungsmotor → Bewegungsenergie, thermische Energie
Benzinkocher: chemische Energie → Energiewandler Benzinkocher → thermische Energie

4 a Energiewandler Toaster: elektrische Energie → thermische Energie, Strahlungsenergie
Energiewandler Glühlampe: elektrische Energie → Strahlungsenergie, thermische Energie
Energiewandler Mixer: elektrische Energie → Bewegungsenergie, thermische Energie
Energiewandler Heizgebläse: elektrische Energie → Bewegungsenergie, thermische Energie
b Siehe zum Beispiel Bild 5 auf S. 111.
c Siehe Bild 4 auf S. 106.

5 a Beim Mixer entsteht auch thermische Energie, die nicht genutzt wird.
b Geräte, die ungenutzte Energie abgeben: Toaster (Strahlungsenergie), Glühlampe (thermische Energie), Ladegerät (thermische Energie)

Elektrizität verstehen – S. 148 f.

1 Zwei unterschiedlich elektrisch geladene Körper ziehen sich gegenseitig an.

2 Wenn ich zwei Luftballons nacheinander am selben Tuch reibe, werden sie elektrisch gleich aufgeladen.

3 a Bei einem Ladungsausgleich kann es knistern und funken.
b Man spricht von einem Ladungsausgleich, wenn Elektronen von einem negativ geladenen Gegenstand auf einen positiv geladenen Gegenstand übergehen.

4 Wir stellen uns vor, dass ein ungeladener Gegenstand gleich viele elektrisch positive und elektrisch negative Teilchen hat. Ein negativ geladener Gegenstand hat einen Überschuss an negativen Teilchen (Elektronen).

5 Wenn ein elektrisch neutraler Gegenstand Elektronen abgibt, hat er danach mehr elektrisch positive Teilchen als negative. Er ist dann positiv geladen.

6 Ein elektrisches Feld ist der Raum um einen elektrisch geladenen Gegenstand, in dem anziehende und abstoßende Wirkungen auf andere Gegenstände beobachtet werden können.

7 Die anziehenden und abstoßenden Wirkungen im elektrischen Feld um einen Gegenstand nehmen mit wachsender Entfernung vom Gegenstand ab. Die maximale Ausdehnung ist erreicht, wenn keine Wirkungen mehr festzustellen sind.

8 Ein Magnetfeld umgibt einen Magneten. Es entsteht durch die magnetisierbaren Stoffe, aus denen Magnete bestehen. Ein elektrisches Feld umgibt einen elektrisch geladenen Gegenstand. Es wird durch die elektrischen Ladungen der Teilchen in dem Gegenstand hervorgerufen.

9 In der Heizungsanlage strömt Wasser in den Heizungsrohren, im elektrischen Stromkreis strömen Elektronen in den Kabeln. Vergleich:

Heizungsanlage	Elektrischer Stromkreis
Heizkessel und Pumpe: thermische Energiequelle	Batterie, Netzgerät: elektrische Energiequelle
Rohre: Durch sie strömt Wasser. Es führt dabei thermische Energie mit.	Leitungen, Kabel: Durch sie strömen Elektronen. Sie führen dabei elektrische Energie mit.
Heizkörper: Sie geben thermische Energie ab.	Elektrische Geräte: Sie wandeln elektrische Energie in verschiedene Energieformen um und geben sie ab.

10 a Stromkreis:
b Strahlungsenergie → Energiewandler Solarzelle → elektrische Energie → Energiewandler Motor → Bewegungsenergie, thermische Energie

11 Bei gleicher Energiequelle gilt: Je größer die Stromstärke, desto mehr elektrische Energie wird pro Sekunde zum elektrischen Gerät übertragen.

12 Im einfachen Stromkreis strömen pro Sekunde vor und nach einem Gerät gleich viele Elektronen. Im Gerät gehen keine Elektronen verloren. Die Stromstärke ist daher an allen Stellen im Stromkreis gleich.

13 a Um die Stromstärke zu messen, wird das Messgerät in Reihe mit dem Motor geschaltet.
b Schaltplan:

14 Die Taschenlampe wandelt chemische Energie in elektrische Energie um und diese in Strahlungsenergie und thermische Energie. Sie wandelt also chemische und elektrische Energie um. Die Stromstärke ist im einfachen Stromkreis überall gleich groß. Die Taschenlampe „verbraucht" keinen Elektronenstrom.

15 a Um die Spannung am Netzgerät zu messen, wird das Messgerät vor und hinter dem Netzgerät angeschlossen.
b Schaltplan:

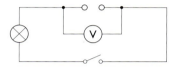

16 a Man kann mit 8 Batterien mit jeweils 1,5 V eine Spannung von 12 V erreichen.
b Die Batterien müssen in Reihe geschaltet sein.

17 Die Spannung von 12 V teilt sich in der Reihenschaltung auf die 10 gleichen Lampen gleichmäßig auf. An jeder Lampe liegt eine Spannung von 1,2 V.

18 a Skizze:

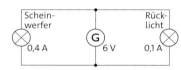

b $I_{gesamt} = I_1 + I_2 = 0{,}4\,A + 0{,}1\,A = 0{,}5\,A$
c $U_{gesamt} = U_1 = U_2 = 6\,V$

19 a Schaltplan mit Stromkreisen:
b Die Stromstärke beträgt in jeder Lampe:
$I = 1{,}2\,A : 3 = 0{,}4\,A.$

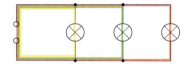

20 Der Fehlerstromschutzschalter vergleicht die Stromstärke im Außenleiter mit der im Neutralleiter. Wenn ein Unterschied festgestellt wird, zum Beispiel durch ein defektes Gerät, wird der Stromkreis unterbrochen.

21 1.: Das Bügeleisen hat einen Kurzschluss. Außenleiter und Neutralleiter sind direkt miteinander verbunden. Die Stromstärke wird so groß, dass die Sicherung den Stromkreis unterbricht.
2.: An die Sicherung sind noch andere Geräte angeschlossen. Durch das Bügeleisen ist die Stromstärke über 16 A gestiegen.
3.: Der Außenleiter hat eine leitende Verbindung mit dem Metallgehäuse. Über den Schutzleiter ist der Stromkreis geschlossen. Der Strom ist so groß, dass die Sicherung auslöst.

Elektrische Leistung und Energie – S. 163

1 Ich entscheide mich für das Gerät mit 3000 W. Damit geht das Bügeln schneller und besser. Das Gerät mit 3000 W entwickelt mehr Hitze, damit werden bestimmte Stoffe schneller glatt.

2 Gleichung: $P = U \cdot I$
a $P = 4{,}5\,V \cdot 0{,}3\,A = 1{,}35\,W$
b $2{,}4\,W = 6\,V \cdot I$
$I = \frac{2{,}4\,W}{6\,V} = 0{,}4\,A$
c $2{,}4\,W = U \cdot 0{,}4\,A$
$U = \frac{2{,}4\,W}{6\,V} = 6\,V$

3 a Es handelt sich um eine Geschirrspülmaschine.
b Das Gerät braucht 74 kWh für 100 Einsätze. Für 250 Einsätze braucht es 2,5-mal so viel: $2{,}5 \cdot 74\,kWh = 185\,kWh$.
1 kWh kostet 0,30 €; 185 kWh kosten 185-mal so viel: $185 \cdot 0{,}30\,€ = 55{,}5\,€$.
c Ein Gerät mit der Energieklasse A braucht viel weniger elektrische Energie als ein Gerät mit der Energieklasse D. Je geringer der Energiebedarf ist, desto geringer sind die „Stromkosten". Die Anschaffungskosten sind geringfügig höher.

4 a Jährliche „Stromkosten":

Fernseher	$200\,kWh \cdot 0{,}30\,\frac{€}{kWh}$ = 60 €
Waschmaschine	$320\,kWh \cdot 0{,}30\,\frac{€}{kWh}$ = 96 €
Geschirrspüler	$390\,kWh \cdot 0{,}30\,\frac{€}{kWh}$ = 117 €
Kühlschrank	$410\,kWh \cdot 0{,}30\,\frac{€}{kWh}$ = 123 €
Gefriergerät	$440\,kWh \cdot 0{,}30\,\frac{€}{kWh}$ = 132 €
Beleuchtung	$470\,kWh \cdot 0{,}30\,\frac{€}{kWh}$ = 141 €
Elektroherd	$600\,kWh \cdot 0{,}30\,\frac{€}{kWh}$ = 180 €

b „Stromkosten" des LED-Fernsehers:
$P = 0{,}120\,kW;\ t = 300 \cdot 5\,h = 1500\,h$
$E = 0{,}120\,kW \cdot 1500\,h = 180\,kWh$
$180\,kWh \cdot 0{,}30\,\frac{€}{kWh} = 54\,€$

c „Stromkosten" für den Stand-by-Betrieb:
$P = 0{,}010\,kW;\ t = 365 \cdot 21\,h = 7665\,h$
$E = 0{,}010\,kW \cdot 7665\,h = 76{,}65\,kWh$
Kosten: $76{,}65\,kWh \cdot 0{,}30\,\frac{€}{kWh} = 23\,€$

Elektrischer Widerstand – S. 177

1 Der Widerstand des Kupferdrahts ist geringer, weil im Kupfer die Restatome in Reihen angeordnet sind. Die Elektronen stoßen weniger häufig gegen die Restatome. Im Konstantandraht dagegen sind die Restatome nicht in Reihen angeordnet. Die Elektronen stoßen relativ häufig an und werden mehr behindert.

2 a Bei gleicher Spannung an verschiedenen Drähten gilt: Großer Widerstand → kleine Stromstärke.
b Bei gleicher Spannung gilt am Kupferdraht: Temperatur nimmt zu. → Widerstand nimmt zu.

3 a Der 0,4-mm-Kupferdraht hat den geringsten Widerstand.
b Der 0,2-mm-Eisendraht hat den größten Widerstand.
c Kupfer hat einen viel kleineren Widerstand als Eisen. Je dicker der Draht, desto geringer ist sein Widerstand. Der 0,4-mm-Kupferdraht hat den geringsten Widerstand, der 0,2-mm-Eisendraht den größten Widerstand unter den 4 Drähten.
d Die Stromstärke ist im 0,4-mm-Kupferdraht am größten, weil er den kleinsten Widerstand hat.

4 Verschiedene technische Widerstände:

Bauteil	Zusammenhang
Heißleiter	Temperatur ↑ → Widerstand ↓
Fotowiderstand	Beleuchtung ↑ → Widerstand ↓
Festwiderstand	Widerstand ändert sich nicht.
Kaltleiter	Temperatur ↑ → Widerstand ↑

5 a Konstantandraht:

U in V	2,0	4,0	6,0	9,0
I in A	0,050	0,100	0,150	0,225

b Gesucht: R
Gleichung: $R = \frac{U}{I}$
$R = \frac{2,0\,V}{0,050\,A} = 40\,\Omega$

c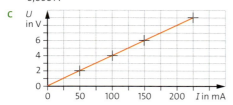

6 Gegeben: U = 230 V, Stromstärken I
Gesucht: R
Gleichung: $R = \frac{U}{I}$

Bügeleisen: $R = \frac{230\,V}{5,2\,A} = 44\,\Omega$
Kaffeemaschine: $R = \frac{230\,V}{2,6\,A} = 88\,\Omega$
Toaster: $R = \frac{230\,V}{4,3\,A} = 53\,\Omega$

7 R, U und I berechnen:

U	10,2 V	9 V	10 V	50 V	4,5 V	230 V
I	20 mA	0,2 A	0,556 A	0,050 A	25 mA	0,23 A
R	510 Ω	45 Ω	18 Ω	1 kΩ	180 Ω	1 kΩ

8 $R = \frac{U}{I}$; $R = \frac{12\,V}{0,020\,A} = 600\,\Omega$

Das Widerstands-Bauteil muss einen Wert von 600 Ω haben, um die Stromstärke auf 20 mA zu begrenzen.

Sonne, Erde und Mond – S. 191

1 a Beim höchsten Sonnenstand um 12 Uhr ist der Schatten des Turms am kürzesten (bei Sommerzeit: um 13 Uhr).
b Skizze:

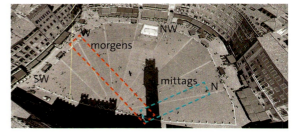

2 Wenn es bei uns Mittag ist, liegen beispielsweise Mexiko, Australien, Südkorea und Japan wie auch Teile der USA und Chinas noch auf der Nachthälfte der Erde.

3 Erste Bewegung der Erde: Drehung um sich selbst in 24 Stunden; zweite Bewegung der Erde: Drehung um die Sonne in 365 Tagen und 6 Stunden

4 Am 20. März (Frühlingsanfang) und am 22./23. September (Herbstanfang) sind Tag und Nacht je 12 Stunden lang.

5 a Es ist Sommeranfang = 21. Juni.
b Beide haben recht: Mit „Tag" bezeichnen wir die Gesamtzeit für eine Erdumdrehung (= 24 Stunden), aber auch die helle Tageszeit – im Gegensatz zur „Nacht".

6 An einer Sonnenuhr kann die Jahreszeit abgelesen werden, da der kürzeste Schatten des Stabs im Sommer kürzer als im Winter ist.

7 Wenn die Erdachse nicht schräg zur Umlaufbahn um die Sonne stünde, wären die Tage und Nächte das ganze Jahr gleich lang. Jeden Tag gäbe es genau 12 Tages- und 12 Nachtstunden. Auch der Sonnenstandswinkel zur Mittagszeit würde sich für einen Ort das ganze Jahr nicht ändern. Die Sonne würde täglich den Boden gleich lang und gleich stark erwärmen: Es gäbe keine Jahreszeiten.

8

9 Die drei Mondphasen kann man ähnlich wie im Material B auf Seite 187 (Bild 5) zeigen. Die Taschenlampe ersetzt den Tageslichtprojektor, der Kopf des Beobachters die Schülerinnen und Schüler in der Mitte und der Tischtennisball den Ball.
Vollmond: Stellung C (Bild 5, S. 187)
zunehmender Halbmond: Stellung B
abnehmender Halbmond: Stellung D

10 Bei einer Sonnenfinsternis ist die Reihenfolge der Himmelskörper: Sonne, Mond, Erde. Ein Teil der Erde wird vom Mond verdeckt.
Bei einer Mondfinsternis ist die Reihenfolge der Himmelskörper: Sonne, Erde, Mond. Der Mond wird von der Erde verdeckt.

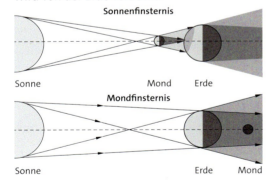

Blick ins Weltall – S. 217

1 Drei Himmelskörper am Nachthimmel: z. B. Sterne, Planeten, Mond

2 Ein Stern leuchtet von selbst, während ein Planet das Sternlicht streut und deshalb sichtbar ist.

3 In unserem Sonnensystem gibt es nur einen Stern: die Sonne. Alle anderen Sterne liegen außerhalb unseres Sonnensystems, da sich sonst die Planeten in unserem Sonnensystem auch um diese Sterne drehen würden.

4 Nach dem geozentrischen Weltbild war die Erde eine Kugel und das Weltall endlich. Sonne, Mond und Planeten drehten sich auf unveränderlichen Kreisbahnen mit konstanter Geschwindigkeit um die Erde. Die Sterne („Fixsterne") waren ganz außen auf einer Schale fixiert, die sich ebenfalls um die Erde drehte.
Nach dem heliozentrischen Weltbild kreist die Erde wie die Planeten um die Sonne, der Erdmond kreiste um die Erde. Die Fixsterne ruhen am Rand des Weltalls.
Galilei beobachtete, dass die Monde des Jupiter um den Jupiter kreisen und nicht um die Erde. Das widersprach dem geozentrischen Weltbild.

5 Nach dem geozentrischen Weltbild kreisen alle Himmelskörper um die Erde. Die Vorstellung von Planeten, die um Sterne kreisen, widersprach daher dem geozentrischen Weltbild.

6 Skizze: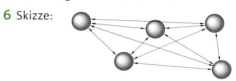

7 Himmelskörper, geordnet nach Größe des Gravitationsfelds: Sonne – Erde – Mond

8 Linsenteleskope bestehen im Wesentlichen aus zwei Sammellinsen. Eine Sammellinse nennt man Objektiv, weil durch sie das Licht vom Beobachtungsobjekt einfällt. Die andere Sammellinse ist das Okular am Auge des Betrachters. Das Objektiv erzeugt ein umgekehrtes Zwischenbild in der Brennweite der beiden Linsen. Man betrachtet mit dem Okular das Zwischenbild wie mit einer Lupe.

9 a Stern 1: A2, Stern 2: C3
b Stern 1 in Planquadrat A2 ist näher an der Erde als Stern 2, weil sein Sternsprung größer ist.
c Bei den restlichen Sternen kann kein Sternsprung beobachtet werden. Vermutlich sind sie zu weit entfernt, sodass ihr Sternsprung nicht zu beobachten ist.

10 Die Entfernung von Sternen außerhalb der Milchstraße lässt sich aus der Rotverschiebung bestimmen. Das Spektrum des Sonnenlichts enthält dunkle Linien, ebenso wie die Spektren von sehr weit entfernten Sternen außerhalb der Milchstraße. Die Linien in den Spektren der entfernten Sterne sind im Vergleich zur Sonne zum roten Ende des Spektrums hin verschoben. Diese Rotverschiebung ist umso größer, je weiter die Sterne entfernt sind.

Basiskonzepte

In vielen Bereichen der Physik sind ähnliche Regeln und Prinzipien erkennbar.
Sie werden von den Basiskonzepten beschrieben. Mithilfe der Basiskonzepte kann man
viele Themen der Physik im Zusammenhang betrachten und so besser verstehen.

Energie

Energie kann man sich als universellen Treibstoff vorstellen. Ohne Energie gäbe es kein Licht, keine Wärme, keine Bewegung und kein Leben. Beispiele in diesem Buch:

Elektrische Geräte wandeln elektrische Energie in andere Energieformen um. Dazu wird in Stromkreisen elektrische Energie transportiert. → 1
Seiten: 110–113, 124–127, 138–141, 152–155, 158–161

Die Sonne erwärmt unsere Erde und ermöglicht somit Leben.
→ 2 Wie unsere Sonne setzen alle Sterne viel Energie frei.
Seiten: 182–185, 194–197

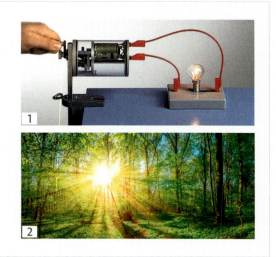

Wechselwirkung

Immer wenn Dinge oder Personen gegenseitig aufeinander wirken, sprechen wir von Wechselwirkungen. Beispiele in diesem Buch:

Wenn am Meer die Sonne untergeht, sehen wir das Wasser leuchten. → 3 Die Ursache ist die Reflexion des Lichts. Aber das Licht wird nicht nur reflektiert. Ein Teil wird vom Wasser absorbiert und erwärmt es. Nicht nur das Wasser hat eine Wirkung auf das Licht, sondern auch das Licht auf das Wasser. Gleiches trifft zu, wenn Licht auf Glas oder andere Oberflächen trifft.
Seiten: 56–59, 60–65, 72–75, 182–185

Elektrisch geladene Gegenstände zeigen anziehende oder abstoßende Wirkungen. → 4 Dabei wirken positiv und negativ geladene Teilchen aus der Ferne aufeinander.
Seiten: 118–121, 122–123

Die Planeten und die Sonne wirken über die Gravitationskraft aufeinander. → 5
Seiten: 202–203

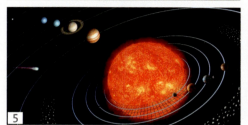

Struktur der Materie

Die Vorstellungen vom Aufbau aller Stoffe aus Teilchen sind die Grundlage für das Verständnis der uns umgebenden Welt. Beispiele in diesem Buch:

Abläufe und Wirkungen in elektrischen Stromkreisen können wir uns mit einem Teilchenmodell erklären. → 6
Seiten: 118–121, 124–127, 128–131, 166–167, 168–169

Bei der Deutung von Phänomenen im Weltall nutzen wir Modelle zum Aufbau der Materie, die sich bereits auf der Erde bewährt haben. → 7
Seiten: 194–197, 210–215

System

Ein System besteht immer aus mehreren Teilen, die aufeinander oder miteinander wirken. Man kann die Bedeutung der Einzelteile untersuchen, oder man betrachtet das System als Ganzes von außen. Beispiele in diesem Buch:

Das Auge ist ein System aus Linsen, Netzhaut und Nervenzellen. → 8 Das System muss bei Störungen durch zusätzliche Linsen (Brille) repariert werden.
Seiten: 44–47

Der Stromkreis ist ein System zur Energieübertragung. Wenn ein Teil fehlt, funktioniert das System nicht. Es wird durch technische Bauteile abgesichert. → 9
Seiten: 106–109, 124–127, 142–145

Im Weltall sind unterschiedliche Systeme zu beobachten, deren Deutung sich im Laufe der Geschichte verändert hat.
Seiten: 194–197, 198–201

Ein Teleskop ist ein System zur Beobachtung von Himmelskörpern. → 10 Es besteht aus unterschiedlichen Linsen.
Seiten: 204–209

Operatoren

Die meisten Aufgaben in diesem Buch beginnen mit einem Verb:
- **Nenne** drei Dinge, die für ein Schattenbild erforderlich sind.
- **Beschreibe,** wie sich das Bild der Flamme verändert.
- **Erkläre,** wie das Bild des Wals im Auge des Nautilus entsteht.
- **Erläutere** die Begriffe Schatten und Schattenbild.
- **Skizziere** den Aufbau des Stromkreises.
- **Untersuche** die Wirkung von Haartrocknern mit verschiedenen Wattzahlen.
- **Nimm Stellung** zu der Aussage: „Reiben erzeugt elektrische Ladung."

Diese Verben geben an, was du tun sollst. Sie werden auch als Operatoren bezeichnet. → 1

Operator	Das sollst du tun:
Nenne Gib an	Notiere Namen oder Begriffe. Verwende Fachwörter.
Beschreibe	Formuliere etwas so genau und ausführlich mit Fachwörtern, dass ein anderer es sich gut vorstellen kann.
Erkläre	Verstehe, wie etwas funktioniert oder aufgebaut ist. Führe die Funktionsweise und den Aufbau auf Regeln und Gesetze zurück.
Begründe	Gib die wichtigen Gründe oder Ursachen an.
Erläutere	Erkläre ausführlich anhand von einem oder mehreren Beispielen.
Vergleiche	Stelle Gemeinsamkeiten und Unterschiede z. B. in einer Tabelle dar.
Skizziere	Fertige ein ganz einfaches Bild an, das auf den ersten Blick verständlich ist.
Zeichne	Gib dir Mühe, ein genaues und vollständiges Bild anzufertigen.
Berechne	Stelle den Rechenweg dar und gib das Ergebnis an.
Ermittle Bestimme	Komme durch eine Rechnung, eine Zeichnung oder einen Versuch zu einem Ergebnis.
Untersuche	Erforsche einen Zusammenhang mit einem oder mehreren Versuchen. Mache dir vorher einen Plan. Führe Protokoll.
Nimm Stellung Bewerte	Entscheide dich, ob du einer Aussage zustimmst oder sie ablehnst. Begründe dann deine Entscheidung. Führe sie auf Regeln und Gesetze zurück.

1 Operatoren im Physikunterricht und ihre Bedeutung

Stichwortverzeichnis

Hinweis: Fett gedruckte Begriffe sind Lernwörter.

A

Absorption 21, 28, 73
Akkumulator (Akku) 111
Alpha Centauri 210
Ampelblitzer 93
Ampere (A) 87, 128, 147
Andromeda-Galaxie 195
Aristoteles 13
Asteroid 195, 227
Astrofotografie 207
Atom 118f., 146, 214
Atomhülle 118, 146
Atomkern 118, 146
Augapfel 44f.
Auge 44f., 48, 51
Augendusche 9
Augenlinse 44f.
Augenmuskel 44
Ausgleichsgerade 98
Außenleiter 142f.

B

Basiskonzepte 226f.
Batterie 106f., 124, 132f.
Batteriezellen 132
Berechnungen
 • Durchschnittsgeschwindigkeit 94f., 102
 • Energie/-kosten 158f., 162
 • Geschwindigkeit 82f., 89, 94
 • Leistung 153, 162
 • Mittelwert 86
 • Stromkosten 160
 • Stromstärke 155, 173
 • Weg 88
 • Widerstand 173
 • Zeit 89
beschleunigte Bewegung 94f., 102
Bessel, Friedrich 203
Bewegung
 • **beschleunigte** 94f., 102
 • **gleichförmige** 94f., 102
 • **ungleichförmige** 94f., 102
 • **verzögerte** 94f.
Bewegungsenergie 111, 124
Big Bang (Urknall) 211, 215
Bild 32f., 36f., 40, 42, 57

Bildentstehung 32f.
Bildfleck 36
Bildgröße 40, 42
Bildhelligkeit 32f., 36f., 50
Bildpunkt 36f.
Bildschärfe 32f., 36f., 50
Bildvergrößerung/-verkleinerung 40, 50
Bildweite 37, 40, 44, 50f.
Blende 32f., 44, 50
blinder Fleck 44
Blockbatterie 132
Brechung 60f., 76
 • am Prisma 66, 79
 • Glas/Wasser in Luft 60, 76
 • Licht 60, 62, 66
 • Luft in Glas/Wasser 60, 76
 • optische Hebung 61, 76
 • Spiegelbild 57, 76
 • Trugbilder 60, 64
Brechungswinkel 60, 76
Brenndauer 157
Brennglas 37
Brennweite 37, 40, 42, 44f., 50f., 204, 206, 216
Brille 44f., 51
Brillenstärke 47

C

Candela (cd) 87
chemische Energie 111
Chip 39
CMYK-Farbmodus 77
Computer, Messwertdiagramm (Methode) 100f.

D

Daumensprung 210
Demokrit 13
Diagramme (Methode) 98
 • Computerdiagramm 101
 • Radtour 97
 • un-/gleichförmige Bewegung 95, 98
Digitalkamera 39
Dioptrie (dpt) 47
Displayfarben 72
Durchlassen 21
Durchschnittsgeschwindigkeit 94f., 102
Dynamo 124, 128, 132, 141

E

Eigenschutzzeit 71
einfache Stromkreise 147
Einfallslot 56, 60, 76
Einfallswinkel 56, 60f., 76
Einheiten 84, 87
 • Abkürzung (Schreibweise) 83
 • **Ampere** (A) 128
 • Formelzeichen (Schreibweise) 83
 • Geschwindigkeit 83
 • Kelvin (K) 157
 • Kilometer pro Stunde (km/h) 83
 • **Kilowattstunde** (kWh) 158
 • Lumen (lm) 157
 • Meter pro Sekunde (m/s) 83
 • **Ohm** (Ω) 166
 • SI-System 87
 • Umrechnung 87
 • **Volt** (V) 132
 • **Watt** (W) 152, 157f.
 • **Wattsekunde** (Ws) 158
Einstein, Albert 13
elektrisch neutral 118f.
elektrische Energie 110f., 124, 128, 156, 158
 • **Spannung** 132
elektrische Energiequelle 124f., 129, 131f.
elektrische Geräte 132
elektrische Ladung 118f., 122, 146
elektrische Leistung 152, 156, 162
elektrische Spannung 132ff., 147
elektrische Stromstärke 147
elektrischer Stromkreis 124f.
elektrischer Widerstand 166, 168, 172f., 176
elektrisches Feld 122, 146
Elektrogerät 110f., 113f., 156, 158
 • Leistung 152f., 162
Elektromotor 107
Elektron 118f., 125, 215
Elektronenstrom 125, 129, 143, 146, 176
Elektrounfall 143
Energie 110f., 114, 124f., 153

 • Bewegungsenergie 111, 124
 • chemische 111
 • **elektrische** 110f., 124, 128, 158
 • Leistung 152
 • **Parallelschaltung** 139
 • Strahlungsenergie 111
 • thermische 110f., 124
Energieeffizienz 157
Energieformen 111, 114
Energiekette 111, 114
Energiekosten 158, 162
Energiekreislauf 124f.
Energielabel 161, 163
Energiequelle, elektrische 124f., 129, 131
Energiesparen 160f.
Energiesparlampe 68, 154
Energietransport 125, 139, 146
Energieumwandlung 111
Energieverbrauch
 • Haushalte 163
 • Lampen 157
Energiewandler 124
Erdachse 182f.
Erde 180, 182f., 186, 195, 216
Erdung 142f., 147
Erste-Hilfe-Kasten 9
Experimentieren 8, 10f., 14f.
Experimentierregeln 8f.

F

Fachraum Physik 8
Fahrradbeleuchtung 141
Fahrraddynamo 132
Fahrradlämpchen 132
Fahrradtacho 92
Farbaddition 72, 74, 77
Farbe 66f., 70, 72f.
Farbeindruck 72
Farbsubtraktion 73, 77
Farbtemperatur 157
Farbzerlegung 66f.
Fehlerstromschutzschalter 143
Feld, elektrisches 122, 146
Festwiderstand 176
 • **Kennlinie** 173
 • **Spannung** 173
Feuerlöscher 9
Fixstern 198
Formelzeichen 84
Fotowiderstand (LDR) 172, 176
Funkenüberschlag 137

229

Stichwortverzeichnis

G
Galaxie 195, 206, 229
- Abstand/Geschwindigkeit 213
- **Rotverschiebung** 211

Galilei, Galileo 13, 199
Gammastrahlung 209
Gegenstandspunkt 45, 50
Gegenstandsweite 37, 42, 50
Gehirn 44, 48
gelber Fleck 44
geozentrisches Weltbild 198
geradlinige Lichtausbreitung 24, 26, 32
Gesamtspannung 133
Geschwindigkeit 82 f., 102
- Berechnung 82 f., 88, 102
- und Bewegung 221
- in Natur/Alltag 90

Geschwindigkeitsmessung 93
Gewitter 116, 121
Glasfaser 61
Glaskörper 44
gleichförmige Bewegung 94 f., 102
Gleichstrom 131
Glimmlampe 120
Glühlampe 107, 154, 157
- Kennlinie 173
- Spannung 173

Gravitation 202, 216
Gravitationsfeld 202
Gravitationskraft 202
Große Bärin (Sternbild) 194, 196
Größen, physikalische 83 f.
Großer Wagen (Sternbild) 194, 196
Grundgröße 87

H
Halbmond 186
Halogenleuchte 68
Handykamera 43
Haushaltsspannung 136
Hauttypen 71
Hawking, Stephen 13
Hebung, optische 61
Heißleiterwiderstand (NTC) 172, 176
heliozentrisches Weltbild 199
Hilfsdreieck 88 f.
Himmelskörper 194 f., 202
- Gravitationsfeld 202

Hochspannung 137
Hornhaut 44
Hubble, Edwin 213, 215

I
Infrarot 77
infrarotes Licht (IR) 70
Infrarotlicht (Blitzlicht) 93
Infrarotstrahlung 70
Internationales Einheitensystem 87
Iris 44
IR-Licht 70

J
Jahresumlauf 182
Jahreszeiten 182 f., 190

K
Kabel (Leitung) 107, 125
Kabeltrommel 145
Kaltleiterwiderstand (PTC) 172, 176
Kelvin (K) 87, 157
Kennlinie 173
Kepler, Johannes 13, 199
Kern-Hülle-Modell 118, 146
Kernschatten 190
Kilowattstunde (kWh) 158
Klingel 107
Knopfzelle 132
Komet 195, 229
Konstantan 166 f.
Kontaktlinse 47
Kopernikus, Nikolaus 13, 199
Körperfarbe 72
Körperschluss 143
Kupferdraht 166, 168
Kurzsichtigkeit 44 f., 51

L
Ladung
- Anziehung/Abstoßung 118, 122, 146
- **elektrische** 118, 146
- positive/negative 118 f., 146
- un-/gleichartige 118, 146

Ladungsausgleich 119, 121
Ladungsprüfer 120
Ladungstrennung 121
Längenmaße 87
Längenmessgeräte 85
Lasersäule 93
LDR-Widerstand 172
LED-Lampe 132, 154, 157

Leistung
- Berechnung 153
- **elektrische** 152, 156, 162
- Lampen 157

Leitungsadern 142
Leitungsdraht 166
- Widerstand 168, 170 f., 176

Leitungsüberlastung 142
Lemaître, Georges 215
Leuchtstofflampe 157
- Spektrum 72

Licht 20 f., 26, 28
- absorbiertes 73
- **Absorption** 23
- Durchlässigkeit 23
- farbiges 66 f., 72 f.
- Farbtemperatur 157
- geradlinige Ausbreitung 24, 26, 32
- gestreutes 73
- an Grenzflächen 60 f.
- **infrarotes** 209
- reflektiertes 56 f.
- **Reflexion** 21
- und Schatten 190
- sichtbares 209
- **Streuung** 21
- **ultraviolettes** 209
- unsichtbares 70
- weißes 66, 68

Lichtausbeute, Lampen 157
Lichtausbreitung 24, 26, 28, 32
Lichtbrechung 60 f., 64, 66 f.
Lichtdurchlässigkeit 21, 28
Lichtempfänger 20 f., 28
Lichtfleck 32 f., 36, 50
Lichtjahr 210
Lichtleiter 61
Lichtquelle 20 f., 24, 28
Lichtschutzfaktor 71
Lichtspektrum 70
Lichtstrahl 24
- reflektierter 56

Lichtstrom 157
Lichtweg 24, 26, 28
- **Brechung** 60

Lichtzerlegung 64, 67
Lineal 85
Linse 40, 44 ff.
Linsenbänder 44
Linsenkamera 36
Linsenteleskop 204, 206, 208
Lochkamera 35, 36
Löschdecke, -sand 9
Löwe (Sternbild) 194, 196

Luftspiegelung 65
Lumen (lm) 157
Lupe 38

M
Magnet 14
Magnetfeld 122
Magnetsensor 92
Maßband 85
Masse 87, 202, 216
Maßzahl 84
Meitner, Lise 13
Messfehler 85
Messgenauigkeit 85
Messschieber 85
Messwert 84 f., 93
Messwertdiagramm (Methode) 98, 100 f.
Meteorit 195
Mikrowellenstrahlung 209
Milchstraße 195, 211, 227
Mischlicht 77
Mol (mol) 87
Momentangeschwindigkeit 94 f., 102
Mond 186, 188, 190, 195, 199, 207, 216
Mondfinsternis 188, 190
Mondphasen 186, 190

N
Nacht und Tag 180, 190
Naturwissenschaft Physik 10 f.
Nautilus 34
Nebel 24
Nebenregenbogen 69
Netzgerät 107, 109, 132
Netzhaut 44 f., 48
Netzhautbild 48
Neumond 186
Neutralleiter 142 f.
Neutron 215
Newton, Isaac 13, 74
Normalsichtigkeit 44
Not-Aus-Schalter 9
Notfalltelefon 9
NTC-Widerstand 172

O
Oberleitung 137
Objektiv 36, 42 f.
ODER-Schaltung 107, 114
Ohm (Ω) 166
Okular 204, 216
OLED 157
Operatoren 228
optische Hebung 61
Orion (Sternbild) 194

P

Parallelschaltung 114, 138 f.
- Energietransport 139
- Haushalt 147
- Lampen 139
- **Spannung** 138
- **Stromstärke** 139

Pegasus (Sternbild) 194
physikalische Größen 84
Planet 195, 199, 227
Powerbank 132
Prisma 77
Proton 118, 215
Proxima Centauri 210
PTC-Widerstand 172
Ptolemäus 198
Pupille 44

R

Radiostrahlung 209
Radioteleskop 209
Randall, Lisa 13
räumliches Sehen 48
Reflexion 21, 28, 56 f.
Reflexionsgesetz 56 f., 76
Reflexionswinkel 56
Regenbogen 54, 66 f., 69
Regentropfen 67, 69
Reibung 118 f.
Reihenschaltung 107, 114, 133
- Batterien 133
- Lampen 133
- **Spannung** 134

Restatom 118 f.
RGB-Farbraum 77
Ringmuskel 44
Röntgenstrahlung 209
Rotverschiebung 211, 213

S

Sammellinse 36 f., 40, 42, 45, 47, 50 f.
- **Brennweite** 42

Saturn (Planet) 195
Schalter 107
Schaltplan 106 f., 133 f.
Schaltung 107, 109
Schaltungselement Widerstand 172 f.
Schaltzeichen 107
Schatten 26, 28
Schattenbild 26, 28
Schattenlänge 180
Schmelzsicherung 142
Schutzkontakt 143
Schutzleiter 142 f.
Schutzmaßnahmen im Stromnetz 147

Schwarzes Loch 195
Seheindruck 48 f., 51
Sehen 20, 44
- räumliches 48

Sehnerv 44
Sehsinneszellen 44
Sicherheitseinrichtungen 10
Sicherung 142 f.
Sicherungsautomat 142
SI-Einheitensystem 87
Solarladegerät 132
Sommerdreieck 194
Sonne 194 f., 202, 216
- und Erde 180
- Gravitationsfeld 202
- Spektrum 211

Sonnenfinsternis 188, 190
Sonnenflecken 201
Sonnenkollektor 110
Sonnenlicht 67
- Spektrum 77

Sonnenschutz 71
Sonnenstand 183
Sonnenstands-App 183
Sonnenstrahlung 183
Sonnensystem 199, 201
Sonnenuhr 181
Sonnenuntergang 64 f.
Spannung 129, 153, 176
- elektrische 132 f., 135 f., 147
- gefährliche 136
- **Parallelschaltung** 138
- **Stromstärke** 153

Spannungsregler 109
Spannungsverteilung 133
Spektralfarben 66
Spektrum 66 f.
- Energiesparleuchte 68
- Halogenleuchte 68
- LED-Leuchte 68
- Leuchtstofflampe 68
- Sonnenlicht 66, 70, 77
- Sonnenstrahlung 70
- weißes Licht 66, 68

Spiegel 56 f., 76
- **Reflexion** 57

Spiegelbild 56 ff., 76
Spiegelteleskop 204 ff.
Steckdose 132
Steckdosenleiste 138
Sternbild 194 ff.
Sterne 194, 210 f., 216
Sternentfernung 210 f.
Sternhimmel 194
Sternkarte 196
Sternschnuppe 195
Sternsprung 210 f.

Stoffe, durchsichtige 60
Strahlenmodell 24, 28
Strahlung 209
- IR-Strahlung 70
- Sonnenstrahlung 183
- UV-Strahlung 70 f.

Strahlungsarten 209
Strahlungsenergie 111, 194
Streulicht 61
Streuung 21, 28, 73
Stromkosten 158 f., 163
Stromkreis 106 f., 129
- einfacher 147
- elektrischer 124 f.
- geschlossener/unterbrochener 106 f.

Stromkreisunterbrechung 142
Stromrechnung 158
Stromschlag 143
Stromstärke 128 f., 139, 153, 176
- elektrische 147
- **Parallelschaltung** 139
- **Spannung** 153

Stromstärkemessung 131
Stromstärkespiel 130
Stromüberlastung 143
Stromunfall 137
Stromunterbrechung 143

T

Tachometer 92, 94
Tag und Nacht 180, 190
Taster 107
Teilchenmodell 118
- elektrischer Widerstand 166

Tele-Einstellung 42 f.
Teleobjektiv 43
Teleskop 204, 206 f., 209, 216
Thales von Milet 198
thermische Energie 110 f., 124
Thermometer 175
Totalreflexion 61, 64, 69
- Glas 76
- Wasser 76

toter Winkel 58
Trugbild 55, 57, 61, 64 f., 76

U

ultraviolett 77
ultraviolettes Licht (UV) 70
UND-Schaltung 107, 114
ungleichförmige Bewegung 94 f., 102

Universum 215
- astronomische Entfernung 210 f.

Urknall (Big Bang) 211
Urknalltheorie 215
Ursprungsgerade 95
UV-Strahlung 70 f.

V

Venus (Planet) 195
Verhaltensregeln bei Gewitter 121
Versuche, elektrische (Methode) 109
Versuchsplanung (Methode) 170 f.
Versuchsprotokoll (Methode) 14 f.
Versuchsskizze 171
verzögerte Bewegung 94 f.
Vierfarbdruck 77
virtuelles Bild 57
Vollmond 186
Volt (V) 132

W

Watt (W) 152, 157
Wattsekunde (Ws) 158
Wechselstrom 131
weißes Licht 21, 73, 77
Weitsichtigkeit 44 f., 51
Weitwinkeleinstellung 42 f.
Weltall 198, 211, 216
- Ausdehnung 211
- Entwicklung 215
- Strahlungsarten 209

Weltbild 198 f., 201
Weltraumteleskop 209
Widerstand 129, 168, 170
- Abhängigkeit 168, 170, 176
- elektrischer 166, 172 f., 176
- technischer 172
- veränderlicher 172 f., 176

Z

Zerstreuungslinse 45, 47, 51
Zoomobjektiv 42
Zwischenbild 204, 216

Bildquellenverzeichnis

Fotos
akg: S. 199/6+7, Science Photo Library: S. 13/10, historic-maps: S. 198/1, Nimatallah: S. 199/5, PHOTO CNES: S. 189/7, Stocktrek Images: S. 201/5, S. 226/5 | **Bridgeman Images:** S. 13/7, Patrick Lecureuil/Novapix: S. 195/8, Basso Cannarsa/Opale: S. 13/12, De Agostini Picture Library: S. 13/9, Photo © Nicolò Orsi Battaglini /Galleria Palatina & Appartamenti Reali di Palazzo Pitti, Florence, Tuscany, Italy: S. 13/8, SZ Photo/Gerhard Blank: S. 13/11 | **Adobe Stock:** 06photo: S. 128/1, ChantalS: S. 111/8, Cesar Santana, All Rights Reserved/MAV Drone: S. 209/6, r, aleks_g: S. 140, S. 142/3, u, Alexandre Nunes: S. 71/5, Alexey Kuznetsov: S. 90/7, alexlmx: S. 132/Knopfzelle, amphotolt: S. 86/1, Andrey Burmakin: S. 22/4, Andrey Korshenkov.: S. 31/r, Animaflora PicsStock: S. 159/r., www.adobe.com/bht2000 l / u.l., Brocreative: S. 182/1, chones: S. 115/12, Composer: S. 181/4, Coprid: S. 130, S. 132/Handyakku, Daniel Berkmann: S. 228/o. r., DiversityStudio: S. 71/6, Dreadlock: S. 93/4, Eberhard RUDERT: S. 110/4, Evdoha: S. 110/2, Evgeny Korshenkov: S. 132/Powerbank, fabio lamanna: S. 197/6, Fiedels: S. 48/1, frenzelll: S. 5/m. l., S. 150/ja, goir: S. 85/o., grafikplusfoto: S. 182/2, Gundolf Renze: S. 83, Henrik: S. 1/o. r., IKO: S. 226/3, infinitalavita: S. 197/11, S. 217/7, stock.adobe.com/J.W.Alker/imageBROKER: S. 34/3, Janni: S. 96/7, Javier brosch: S. 70/1, John Smith: S. 226/2, johnmerlin: S. 96/1, Jörg Hackemann: S. 71/3, Jürgen Fälchle: S. 96/8, Kevin Norris: S. 209/7, l., Krisztin: S. 207/5, lllonajalll: S. 115/14, luchschen/luchschenF: S. 207/4, LVDESIGN: S. 29/6, Maksym Yemelyanov: S. 79/8, Marcel: S. 180/1, Marco2811: S. 137/2, marcus_hofmann: S. 227/9, Max Topchii: S. 71/2, michaeljung: S. 71/1, milangucic@gmail.com/astrosystem: S. 206/3, New Africa: S. 115/9, passmil198216: S. 195/10, S. 197/8, Petr Malyshev: S. 105/r., S. 110/3, photomelon: S. 132/Blockbatterie, photowahn: S. 93/6, PRILL Mediendesign: S. 145/7, Ralf Gosch: S. 96/5, Ramona Heim: S. 227/8, Robert Schneider: S. 96/3, Scott Griessel: S. 71/4, Sergej Toporkov: S. 158/1, Sergey Novikov: S. 27/7, Sompote Lee MD/LeeSensei: S. 135/, Stefan Schurr: S. 96/6, stefanholm: S. 96/2, S. 102/3, stockphoto-graf: S. 132/Steckdose, stuporter: S. 90/4, txakel: S. 102/5, Vlad Ivantcov: S. 85/l., S. 133/4, vovan: S. 197/9, S. 217/6, WavebreakMediaMicro: S. 90/5, yatcenko: S. 115/13, Yordan Rusev: S. 132/Solarladegerät | **ClipDealer GmbH:** Pregizer: S. 37/7 | **Cornelsen:** Heinz Mahler: S. 27/4, S. 226/1, Jochim Lichtenberger: S. 41/7, S. 64/3, S. 65/5, S. 210/3, Jochim Lichtenberger, Fahren: S. 29/7, Lothar Meyer: S. 92/2, Markus Gaa Fotodesign: S. 24/2+3, S. 37/4, S. 40/1, S. 43/4–6, S. 53/8, S. 60/2, l., 3, l., S. 62/3, S. 68/2, S. 74, S. 77/8, S. 106/1, S. 107/Bauteile, S. 109, S. 110/1, S. 122, S. 123/5, S. 124/1, S. 127, S. 129/4, S. 130/, S. 131/3-5, S. 132/Flachbatterie, S. 133/6, S. 135/5+6, S. 138, S. 140/1, S. 140/3, S. 154/3, S. 155/5, S. 168/1, S. 172/1, S. 226/4, Oliver Meibert: S. 203/7, Sven Theis: S. 35/4, S. 36/1+2, Thomas Gattermann: S. 149/4, S. 154/1, Volker Döring: S. 32/3, S. 34/2, S. 55/r., S. 57/3, S. 58/1, S. 62/2, S. 66/1, S. 79/7, S. 118/1, S. 123/6, S. 189/5, Volker Minkus: S. 4/u. l., S. 10, S. 11, S. 14, S. 23/5, S. 36/1, r.,+2, r., S. 38/2+3, S. 48/3, S. 52/4+5, S. 58/4, S. 60/1, S. 73/10, S. 78/6, S. 81/l., S. 111/5, S. 115/11, S. 117/l., S. 118, S. 120/6, S. 122/1, S. 132/2+3, S. 132/Fahrraddynamo, Netzgerät, S. 134/4, S. 152/1, S. 157, S. 167/7, S. 172/3, r., S. 176/9, S. 227/6, Wolfgang Schulz-Heidorf, Teltow: S. 75/4 | **Deutsche Bahn AG:** Uwe Miethe: S. 90/8 | **dpa Picture-Alliance:** Bünning, Blaschke, Derpmann: S. 32/1+2, imageBROKER: S. 191/7, S. 224/8, JOKER: S. 137/5, RoHa-Fotothek Fürmann/SZ Photo/Sueddeutsche: S. 181/5 | **Imago Stock & People GmbH:** S. 148/2, Jochen Tack: S. 145/6, S. 151/r., Leemage: S. 206/1, Science Photo Library: S. 70/3, S. 196/2, Ulmer: S. 4/m. l., S. 80, ZUMA Press: S. 195/9, S. 197/7, imago/Hohlfeld: S. 88/1, imago/Westend61: S. 81/r. | **interfoto e.k.:** CLICKALPS/Stefano Caldera: S. 186/1, Science & Society/Jamie Cooper: S. 207/2 | **mauritius images:** alamy stock photo/blickwinkel: S. 189/6, Keitma: S. 179/l., Lawren Lu: S. 24/1, Luis Baneres: S. 31/l., NASA Photo: S. 90/6, Nikita Roytman: S. 196/4, WorldPhotos: SS. 13/6, yon marsh Phototrix: S. 5/u. l., S. 164, Alamy/KHALED KASSEM: S. 3/m. l., S. 18, Michael Ventura: S. 122/2, sciencephotos: S. 122/3, Bruno Kickner: S. 67/4, Cavan Images: S. 19/l., Chromorange: S. 4/o. l., S. 42/1, S. 54, Detlev van Ravenswaay: S. 188/2, Fritz Pölking: S. 64/1, imageBroker/Norbert Probst: S. 134/, uwe umstätter: S. 165/r., Markus Hertrich: S. 56/1, Mito Images/Robert Niedring: S. 92/1, Norbert Eisele-Hein: S. 94/1, Photo Alto: S. 117/r., Pixtal: S. 169/6, Science Faction/Ed Darack: S. 188/1, Science Photo Library: S. 179/r., Science Source: S. 200/2, Yva Momatiuk & John Eastcott/Minden Pictures: S. 55/l. | **Nathan Grossman:** S. 156/1 | **Panther Media GmbH:** Rilo Naumann: S. 203/9 | **Science Photo Library:** RUSSELL KIGHTLEY: S. 46/4, Dorling Kindersley/UIG: S. 203/11, Giphotostock: S. 203/10, PEKKA PARVIAINEN: S. 121/7, REV. RONALD ROYER: S. 199/8, ROGER HILL: S. 5/o. l., S. 116, RUSSELL KIGHTLEY: S. 46/3, SAM OGDEN: S. 76/7, EUROPEAN SOUTHERN OBSERVATORY: S. 209/6, r., HARALD RITSCH: S. 215/1, S. 227/7, NASA: S. 6/o. l., S. 178/, S. 209/8, r., RONALD ROYER: S. 210/1, ROYAL ASTRONOMICAL SOCIETY: S. 198/2, Â: S. 210/1, o. l., APL/JHU/NASA: S. 193/ja, DETLEV VAN RAVENSWAAY: S. 209/8, l., European Southern Observatory/European South/Eht Collaboration: S. 195/11, EUROPEAN SOUTHERN OBSERVATORY/EUROPEAN SOUTHE/Stephane Guisard: S. 6/m. l., S. 192, Lodriguss, Jerry: S. 196/3, Pekka Parviainen/Pekka Parviainen: S. 69/7, S.BECKWITH, HJDF TEAM/STSCI/ESA, S.BECKWITH, HUDF/\"NASA: S. 193/ja | **STScI:** ESA/NASA/J. B. HOLBERG/M. BURLEIGH/M. BARSTOW/E. NELAN/M/H. E. BOND: S. 203/5, ESA/NASA: S. 209/7, r. | **Shutterstock.com:** air009: S. 3/m. r., S. 30, AndreyPopov: S. 151/l., AstroStar: S. 187/3, S. 204/1, S. 227/10, Craig Lambert Photography: S. 34/Wal, DMZ001: S. 43/7, Gts: S. 159/l., Iurii Stepanov: S. 105/l., Kenneth Dedeu: S. 166/2, Kjpargeter: S. 132/Batteriezelle, lbrix: S. 135, S. 137/8, life-literacy: S. 47/8, Lisa A: S. 72/1, lorenza62: S. 166/1, MarcelClemens: S. 203/6, Marco Barone: S. 20/1, Mauricio Graiki: S. 203/8, mimagephotography: S. 96/4, parinyabinsuk: S. 175/5, PHANTHIT MALISUWAN: S. 72/2 3, Piotr Wytrazek: S. 85/r., rangizzz: S. 183/Smartphone, Sergey Ryzhov: S. 165/l. ,Somchai Som: S. 154/4, Traveller Martin: S. 194/1, Triff: S. 194/2, S. 197/10, S. 217/8, S. 133/4, Vladimir Arndt: S. 111/6, xanders: S. 19/r., yevgeniy11: S. 111/7, You can more: S. 132/Autobatterie, Zuzha: S. 90/3

Illustrationen
Cornelsen: S. 225, Gattermann, T., Berlin: S. 9/Symbole, S. 143/7, Rainer Götze: S. 7, S. 8/2, S. 9/3, S. 12, S. 15, S. 17, S. 20/2+3, S. 21, S. 22/1+3, S. 23/6–9, S. 24/4, S. 25, S. 26/2+3, S. 27/5, S. 28, S. 29/8, S. 33, S. 34/1+3, L, S. 35/5, S. 36/3, S. 37/5+6+8, S. 38/1, S. 39, S. 40/5, S. 41/6, S. 42/2+3, S. 44, S. 45, S. 46/1+2, S. 48/2, S. 49/7+8, S. 50, S. 51, S. 52/1–3, S. 53/6, S. 56/2, S. 57/4, S. 58/2+3, S. 59/5, S. 60/2, r.,+3, r., S. 61/4–6, S. 62/1, S. 63, S. 64/2, S. 65/4, S. 66/2+3, S. 67/5, S. 68/1+3–6+8, S. 70/2+u., S. 72/4+5, S. 73/6, S. 73/7-9, S. 75/3, S. 76/1–6, S. 77/´0, S. 77/9–11, S. 78/1–5, S. 79/9, S. 82/2, S. 88/4, S. 89, S. 91/9+10, S. 92/3, S. 93/5, S. 94/2, S. 95, S. 96/9, S. 97, S. 98, S. 99, S. 100, S. 101, S. 102/4+6, S. 103, S. 106/2–5, S. 107/Schaltzeichen+Zeichnungen, S. 108/1, S. 112, S. 113/5, S. 114, S. 115/10, S. 118/2–4, S. 119/6-8S. 120/1–5, S. 123/7, S. 124/2–4, S. 125, S. 126/1–4, S. 127/5+6, S. 128/2, S. 129/3+6, S. 130/1+2, S. 133/5+7, S. 134/2+3, S. 136/1, S. 138/2+3, S. 139, S. 141/4+5, S. 142/2+4, S. 143/5+6, S. 144/1–3, S. 145/, S. 145/4+5, S. 146/1–4+6, S. 147, S. 148/1, S. 152/2, S. 153, S. 158/2+3, S. 160/3, S. 162, S. 163/7, S. 166/3–6, S. 168/2+3, S. 169/4, S. 170/1, S. 171, S. 173, S. 174/1, S. 175/4+6, S. 176/1–4+6, S. 180/2+3, S. 181/6, S. 182/3, S. 183, S. 184, S. 185/10, S. 186/2, S. 187/5, S. 188/3+4, S. 190, S. 194/3–8, S. 196/1, S. 198/3, S. 199/4, S. 203/3+4, S. 204/2+3, S. 205, S. 208/2–4, S. 210/2, S. 211/4, S. 212/1+3, S. 213/5+6, S. 216/1–4, S. 218/o. r., S. 219, S. 220/7, S. 221/6c, Inhouse: S. 108/2, S. 118/5, S. 122/4, S. 142/3, o., S. 146/5, S. 163/6, S. 172/2, 3, l., 3, m., S. 174/u. r., S. 176/5+7+8, S. 177/13, S. 185/6–9, S. 202/2, S. 2C6/Pfeile, S. 207/Pfeile, S. 212/2, S. 213/4, S. 217/5+9+10, S. 218/u. l., S. 222, S. 223, S. 224/5, S. 225, Laura Carleton: S. 26/1, S. 47/7, Matthias Pflügner: S. 8/1, S. 49/5+6, S. 59/6+7, S. 84/1, S. 113/6–9, S. 121/8, S. 138/1, S. 142/1, S. 156/2, S. 161, S. 200/1+3, S. 202/1, S. 208/1, Stephan Möhrle: S. 84/2, Tobias Dahmen, Utrecht/NL: S. 82/1

Tabellen

Größe	Zeichen	Einheit		Weitere Einheiten		Beziehungen
Temperatur	T	Kelvin	K	Grad Celsius	°C	$0\,K \mathrel{\widehat{=}} -273{,}15\,°C$ $0\,°C \mathrel{\widehat{=}} 273{,}15\,K$
Länge Strecke Weg	l, s	Meter	m	Meile Zoll Lichtjahr	mi " ly	$1\,mi = 1609\,m = 1{,}609\,km$ $1" = 0{,}0254\,m = 2{,}54\,cm$ $1\,ly = 9{,}4605 \cdot 10^{15}\,m$
Fläche	A	Quadratmeter	m^2	Hektar	ha	$1\,ha = 10\,000\,m^2$
Volumen	V	Kubikmeter	m^3	Liter	l, L	$1\,l = 1\,dm^3 = 0{,}001\,m^3$ $1\,m^3 = 1000\,l$
Masse	m	Kilogramm	kg	Tonne	t	$1\,t = 1000\,kg$
Dichte	ϱ	Kilogramm pro Kubikmeter	$\frac{kg}{m^3}$	Gramm pro Kubikzentimeter	$\frac{g}{cm^3}$	$1\,\frac{g}{cm^3} = 1000\,\frac{kg}{m^3}$
Energie	E	Joule	J	Kilowattstunde	kWh	$1\,J = 1\,Nm = 1\,Ws$ $1\,kWh = 3{,}6\,MJ$
Leistung Energiestrom	P	Watt	W			$1\,W = 1\,\frac{J}{s} = 1\,\frac{Nm}{s}$
Zeit	t	Sekunde	s	Minute Stunde	min h	$1\,min = 60\,s$ $1\,h = 60\,min = 3600\,s$
Geschwindigkeit	v	Meter pro Sekunde	$\frac{m}{s}$	Kilometer pro Stunde	$\frac{km}{h}$	$1\,\frac{m}{s} = 3{,}6\,\frac{km}{h}$
Stromstärke	I	Ampere	A			
Spannung	U	Volt	V			$1\,V = 1\,\frac{W}{A}$
Widerstand	R	Ohm	Ω			$1\,\Omega = 1\,\frac{V}{A}$

1 Physikalische Größen und ihre Einheiten